解玺璋 著

隐藏的文脉

北京书院述微

北京出版集团
北京十月文艺出版社

目 录

绪 论 001

黑暗乱世中的潜德幽光 035
　　——窦禹钧和窦氏书院

理学北上燕都记 058
　　——太极书院探秘

欲一乡兴起为善之心焉 089
　　——刘因与文靖书院

成于党争，毁于党争 109
　　——首善书院与东林党

濡染首善，邻德近光 140
　　——李三才与双鹤书院

容纳异端的胆识和度量 　　　　　　　　　151
　　——马经纶与闻道书院

抗倭名将的书院情结 　　　　　　　　　171
　　——记阮鹗与通惠书院

州县官吏的文化情怀 　　　　　　　　　182
　　——白檀书院纪事

兴贤育才铸金台 　　　　　　　　　　　195
　　——记金台书院

士夫官绅续书香 　　　　　　　　　　　227
　　——记潞河书院

山邑深秀，振作人文 　　　　　　　　　251
　　——记云峰书院

欲萃其英而迪之 　　　　　　　　　　　262
　　——记冠山书院（附缙山书院）

景仰前规，争自琢磨 　　　　　　　　　281
　　——记燕平书院（原谏议书院）

洵水汇文澜，盘峰环讲席 　　　　　　　303
　　——记近光书院（又名渔阳书院）

绪 论

一

有人问我,怎么突然想起要搞北京书院?说起来也不突然。很多年来,我们谈到北京文化,说得最多的,无非故宫、天桥、胡同、会馆之类。不是说这些不该说,而是觉得其中缺了点儿什么。细想起来,有一个群体,人们似乎很少提到,即生活于北京地区的士子和士大夫。究其原因,我以为,是没有找到一个可以言说这个群体存在价值的社会载体。就像人们说皇家文化有故宫,说市民文化有天桥,说京味文化有胡同,说名家文化有会馆,说士子和士大夫文化,也需有个依托和承载物。于是,我就想到了书院。

士子和士大夫与书院有一种天然的联系。书院是士子读书的地方,功能中固有应试举业的内容,但亦不尽然,并不全是应试教育,更重要的还是传道,延续道统,如韩愈所言,吾师道也。这个"道",既源于周公、孔孟、韩愈、朱熹的所谓道统,也关系到儒家两千多年的思想、学术传统。因而,在书院里,士子既要完成一般的课业,也要研读经传典籍,与老师一起探讨经传的学理和传承。而士大夫不仅以山长、讲师的身份承担着教学的使命,他们往往还是书院的创办者和管理者。这种带有鲜明中国特色的传统教学活动,背后隐含着一个深远的意义,也即教育、读书的终极目的,即对人格、人性与文化的塑造,由此对社会人心产生积极的影响,达到社会进步、移风易俗的效果。这自然也是儒家历来对理想教育和教育理想的想象和追求,即如孟子所言:"设为庠序学校以教之。庠者,养也;校者,教也;序者,射也。夏曰校,殷曰序,周曰庠;学则三代共之,皆所以明人伦也。人伦明于上,小民亲于下。"孟子形象地比喻为"君子之德,风也;小人之德,草也。草尚之风,必偃"。①

由此可见,由士子和士大夫所体现的书院文化,不同于故宫、天桥、胡同和会馆文化,有其自身的独特性,但又和社会生活的各个方面有着广泛而深刻的联系,至少书院的创办者希望通过对士子人格的培养,影响到社会生活的各个方面。也就是说,士人文化事实上构成了传统社会生活中的一股潜流,浸润、滋养着这个社会,使其不至于荒芜和破碎。然而,我们对于士人群体的思想观念、精神信仰、社会关系、生活方式、习俗礼俗诸多方面似乎都缺少必要的了解,所知也很有限,甚至还有许多误解,以及对他们的污名化。这大约就是在当今的传统文化热中这个群体的文化价值很少得到彰显和认同的原因之一。因而我想,对书院的书写,或许可以成为我们窥视这个群体私密生活的一种方式,从而揭示其文化价值的深刻意义和源远流长的内在原因。

---

① 杨伯峻《孟子译注》,第118页,中华书局1960年1月版。

二

书院最早现身于唐代。人们引证最多的材料，即清代才子袁枚在《随园随笔》中的一段记述："书院之名，起唐玄宗时，丽正书院、集贤书院，皆建于朝省，为修书之地，非士子肄业之所也。"[①]但是，据邓洪波先生《中国书院史》考证，在丽正、集贤书院之前，民间已有书院存在。而且，如果承认书院不仅仅是"修书"，而是集藏书、校书、修书、著书、刻书、读书、教书等功能于一体的文化教育机构，那么，就会得出丽正、集贤只有书院之名，而无书院之实的结论。至于最初由民间创办的书院，邓先生提到，至少有四座，在唐玄宗以前就已见诸各种文献，它们是湖南攸县的光石山书院、陕西蓝田的瀛洲书院、山东临朐的李公书院与河北满城的张说书院。他说，这几所书院都"是士人读书治学之所"，"要算中国历史上最早的书院了"。[②]

书院在唐代尚属草创时期，数量、质量都很有限，历经五代十国的战乱，至两宋而渐入高潮。北宋最终结束了军阀割据的乱象，奠定了政治、经济、文化全面发展的基础。虽无盛唐疆域之阔大，北有强辽压境，西南则大理、吐蕃各自为政，西夏又崛起于陕甘，朝廷面临着严重的挑战和威胁，但民间社会的活力却已释放出来，形成了强有力的发展势头。在朝廷尚无兴办官学之力

[①] 袁枚《随园随笔》卷上，第200页，江苏广陵古籍刻印社1991年9月版。
[②] 邓洪波《中国书院史》，第4页，武汉大学出版社2012年11月版。

的时候，民间的士人们首先奋起承担振兴教育的历史责任。即如吕祖谦《白鹿洞书院记》所言："国初，斯民新脱五季锋镝之厄，学者尚寡，海内向平，文风日起，儒生往往依山林，即闲旷以讲授，大率多至数十百人，嵩阳、岳麓、睢阳及是洞为尤著，天下所谓四书院者也。"[1]朱熹在《衡州石鼓书院记》中亦写道："前代庠序之教不修，士病无所于学，往往相与择胜地，立精舍，以为群居讲席之所，而为政者乃或就而褒之，若此山（指石鼓山），若岳麓，若白鹿洞之类是也。"[2]

精舍即书院的一种别称，先是汉代学者称其讲学之所为精舍，魏晋之后，则为道释两家尤其是修禅之人所专有，宋以后复为儒者所用。朱熹所言还提到一个情况，即北宋之初，朝廷固无力自办学校，但对民办书院则采取扶持褒扬的政策，使书院在社会上产生了相当大的影响。仁宗之后，朝廷既有能力复兴官学，遂使书院的处境变得十分尴尬。洪迈在《容斋随笔》中曾经提到："及庆历中，诏诸路、州、郡皆立学，设官教授，则所谓书院者尝合而为一。"[3]不过，官学的扩张似乎并未影响民间办学的热情，由于有以士人为主体的民间力量的支持，书院反而获得了可持续发展的动力。洪迈接着写道："今岳麓、白鹿复营之，各自养士，其所

---

[1] 吕祖谦《白鹿洞书院记》，陈谷嘉、邓洪波主编《中国书院史资料》，上册，第72页，浙江教育出版社1998年5月版。
[2] 朱熹《衡州石鼓书院记》，《中国书院史资料》，上册，第111页。
[3] 洪迈《容斋随笔》三笔卷第五，下册，第477页，上海古籍出版社1978年7月版。

廪给礼貌乃过于郡庠。近者巴州亦创置，是为一邦而两学矣。"①

书院在北宋的兴起和发展，固然仰仗了朝廷开明的文化政策，而更为内在的动力却是儒生复兴儒学道统的强烈愿望，也就是张载所说的"为往圣继绝学"的愿望。以孔子学说为代表的传统儒学思想原本是数千年来中国人的精神家园，但自"周道衰，孔子没，火于秦，黄老于汉。佛于晋、魏、梁、隋之间。其言道德仁义者，不入于杨，则入于墨；不入于老，则入于佛。入于彼，必出于此。入者主之，出者奴之；入者附之，出者污之。噫！后之人其欲闻仁义道德之说，孰从而听之"？②这是韩愈的看法。他自觉是继孟子之后可以传承儒学道统的人，很想扭转儒学衰微的局面，但以其一人之力几乎是不可能的。他在《进学解》中借学生之口言道："抵排异端，攘斥佛老，补苴罅漏，张皇幽眇。寻坠绪之茫茫，独旁搜而远绍。障百川而东之，回狂澜于既倒。先生之于儒，可谓劳矣。""然而公不见信于人，私不见助于友。跋前疐后，动辄得咎。暂为御史，遂窜南夷。三年博士，冗不见治。命与仇谋，取败几时。"③这里所说应是实情。唐宪宗元和十四年（819）元月，韩愈作《论佛骨表》，反对佞佛，惹怒宪宗，被贬为潮州刺史，遂有"一封朝奏九重天，夕贬潮州路八千。欲为圣明

---

① 洪迈《容斋随笔》三笔卷第五，第478页。
② 韩愈《原道》，《古文观止》，第299—300页，中华书局1987年1月版。
③ 韩愈《进学解》，《古文观止》，第312—314页。

除弊事，肯将衰朽惜残年"①的诗句。

宋代的士人则依托书院讲学，创建新说，传播自己的思想和主张，为儒学的复兴拓展了理论视野和思想基础，也为儒学的生存和发展获得了新的能量和动力。事实上，陆续形成的濂、洛、关、闽四大学派，无一不与书院密切相关。濂，指原居江西濂溪的宋初理学开山祖师周敦颐创立的学派，与他相关的书院就有四所，即修水（景濂）、萍乡之芦溪（宗濂）、江州（濂溪）和虔州（清濂）；洛，指定居于洛阳的北宋理学创始人程颢、程颐兄弟所创学派，他们幼年曾拜周敦颐为师，并先后讲学于嵩阳书院、明道书院、伊皋书院，从而创立了洛学，并为理学奠定了基础；关，指定居陕西关中、与"二程"同时的理学大师张载所创学派，他年轻时曾想投笔从戎，后听从范仲淹的忠告，儒生报国不一定要战死沙场，遂回乡潜心读书、讲学，终于成为宋代理学重要支派——陕西关学的创始人；闽，指宋代理学的集大成者，南宋理学大师朱熹所创学派。此外还有"二程"的学生杨时，理学因他而南传，他在无锡讲学一十八年，他创建的东林书院，又因其号龟山，而被称作"龟山书院"。他的学说经罗从彦、李侗而传至朱熹，由此开创了理学的全盛时代。而理学之外，范仲淹讲学的应天府书院、石介创建的徂徕书院、孙复所建的泰山书院、张栻主持的岳麓书院、吕祖谦创办的丽泽书院和陆九渊创办的象山书院等，也是不可忽略的宋代儒学大师们传播其学术思想的重要阵地。

---

① 韩愈《左迁至蓝关示侄孙湘》，《韩愈选集》，第122页，人民文学出版社2001年12月版。

总而言之，儒学在两宋的复兴和自新过程中，书院功不可没。时至南宋，经过几代人的不懈努力，书院已确立一套相当完善的教学制度和经营模式。作为传播思想文化、教书育人的重要机构，与官学相互补充，互为表里，又在历史上发挥了官学不可替代的作用，从而将我国古代的学术文化事业推进到一个空前繁荣的黄金时期。

三

为北京书院奏响序曲的，是创建于唐末五代的窦氏书院。尽管我们尚不能确定窦氏书院最初是否创建于北京地区，但创建书院的窦燕山（禹钧）曾在此地生活过，似无异议。有道是，"洎乎五代，天下大乱，干戈兴，学校废"，"遍查《五代史》，国子监徒存其名，郡国乡党之学，仅得一二学馆而已，书院无有也"。[1]这样看来，窦氏书院充其量也就是这"一二书馆"中的一所，而且是一所具有私塾性质的书馆。但在百业凋零、战乱不息的五代，它的存在，已属不易，如凤毛麟角，是十分珍贵和难得的。

如果一定要为北京书院找一个实实在在的起点，那么，则非元代的太极书院莫属。它是如今可考的北京城里的第一所书院。不仅如此，创建于蒙元太宗时期的太极书院还是元代书院的第一所。它的最大贡献或意义就在于，伊洛之学即程朱理学由此引入

---

[1] 盛朗西《中国书院制度》，第10页，华世出版社，1933年11月初版，1977年3月台一版。

北方。或曰，北方知有程朱理学是从江汉先生讲学太极书院开始的。杨惟中、姚枢这些在朝为官的士大夫，听了赵复的演讲，都为程朱理学所折服，并对周、程、张、杨、游、朱等理学家顶礼膜拜。《元史》儒学赵复传曾写道："（杨）惟中闻复论议，始嗜其学，乃与（姚）枢谋建太极书院，立周（敦颐）子祠，以二程（程颢、程颐）、张（载）、杨（时）、游（酢）、朱（熹）六君子配食，选取遗书八千余卷，请复讲授其中。"[1]

太极书院开办的时间虽然不长，但它播撒在元代开国前之大都的程朱理学的种子已经开花结果。黄宗羲在《宋元学案》中曾把北方的许衡、刘因和南方的吴澄并称"元朝三大儒"："有元之学者，鲁斋（许衡）、静修（刘因）、草庐（吴澄）三人耳。草庐后至，鲁斋、静修，盖元之所藉以立国也。"[2] 其中许衡、刘因都出自赵复门下，按照《宋元学案·鲁斋学案》所列师承表显示，赵复名下除许衡、刘因外，还有姚枢、窦默、杨奂、郝经、砚弥坚等，这些人的名下又有自己的学生、门人。从这里起步，程朱理学开始了在元大都，乃至北方的传播历程，可谓枝繁叶茂，代不乏人，子嗣不绝。全祖望说道："河北之学，传自江汉先生，曰姚枢，曰窦默，曰郝经，而鲁斋其大宗也，元时实赖之。"[3] 黄百家也

---

[1] 《元史》卷一百八十九，列传第七十六，儒学一，赵复传，第十四册，第4314页，中华书局1976年版。

[2] 黄宗羲《宋元学案》卷九十一，《静修学案》，第4册，第3021页，中华书局1986年12月版。

[3] 黄宗羲《宋元学案》卷九十，《鲁斋学案》，第4册，第2994页。

说："自石晋燕云十六州之割，北方之为异域也久矣，虽有宋诸儒迭出，声教不通。自赵江汉以南冠之囚，吾道入北，而姚枢、窦默、许衡、刘因之徒，得闻程朱之学以广其传，由是北方之学郁起，如吴澄之经学，姚燧之文学，指不胜屈，皆彬彬郁郁矣。"[1]

虽说书院之盛，莫盛于元，然而建于元大都的书院并不多，除了太极书院，见于历史记载的只有房山的文靖书院、昌平的谏议书院和同在昌平的韩祥书院。其中，文靖书院的创办者赵密、贾壤都是刘因的学生，他们创办书院，就是要以刘因的思想教育乡民，从而达到移风易俗的目的。他们的书院除了供奉孔子、朱熹等儒家先圣，还供奉老师刘因，立祠祀之。这是理学最早深入北京乡村的实例。至于谏议书院和韩祥书院，由于材料不足，对于二者的学术倾向和师承传续，所知寥寥，亦无从谈起。郝经有一篇《太极书院记》，其中把程朱之学的传承，以及在北方的传播过程、来龙去脉说得极为清楚：

> 书院之名不以地，以"太极"云者，推本而谨始也。书院所以学道，道之端则著于太极。宓犧画易，以之造始；文王重易，以之讬始；孔子赞易，以之原始。至于濂溪周子之图易，则又以为动静之几，阴阳之根，建极承统，开后世道学始。今建书院以明道，又伊洛之学传诸北方之始也。一以为名，五始并见，则幽都朔易，复一太极也。
>
> 初，孔子赞易，以为易有太极。一再传至于孟子，后之人不得

---

[1] 黄宗羲《宋元学案》卷九十，《鲁斋学案》，第4册，第2995页。

其传焉。至宋，濂溪周子创图立说，以为道学宗师，而传之河南二程子及横渠张子，继之以龟山杨氏、广平游氏，以至于晦庵朱氏。中间虽为京、桧、侂胄诸人梗踣，而其学益盛，江淮之间，粲然洙泗之风矣。金源氏之衰，其书浸淫而北，赵承旨秉文、麻徵君九畴始闻而知之，于是自称道学门弟子。及金源氏之亡，淮、汉、巴、蜀相继破没，学士大夫与其书遍于中土，于是北方学者始得见而知之，然皆弗得其传，未免临深以为高也。

庚子、辛丑间，中令杨公当国，议所以传继道学之绪，必求人而为之师，聚书以求其学，如岳麓、白鹿，建为书院，以为天下标准，使学者归往，相与讲明，庶乎其可。乃于燕都筑院，贮江淮书，立周子祠，刻《太极图》及《通书》《西铭》等于壁，请云梦赵复为师儒，右北平王粹佐之，选俊秀之有识度者为道学生。推本谨始，以"太极"为名，于是伊洛之学遍天下矣。呜呼！公之心，一太极也，而复建一太极，学者之心，各一太极矣，而复会于极。画前之画，先天之易，尽在是矣。使不传之绪不独续于江淮，又续于河朔者，岂不在于是乎！是公之心也，学者之责也，其为勉旃！年月日记。[①]

四

说到这里，有一个问题是不该回避的，即如何看待辽、金统治下北京的文化环境。辽、金先后统治北京近三百年。石敬瑭将

---

① 郝经《太极书院记》，《陵川集》卷二十六，第4册，第916—918页，山西古籍出版社2006年6月版。

燕云十六州献于辽，辽升幽州为南京（今北京），也称作"燕京"；后辽被金所灭，海陵王改燕京为中都；二者都把此地作为都城来经营，文化的发展和积累固有其自身的特点。辽以草原游牧民族进入农耕社会，包括家庭伦理、社会习俗、婚丧礼仪、饮食习惯、文化教育、宗教信仰在内的诸多方面都面临着严峻挑战。掌握辽统治权的契丹贵族既不得不对汉文化做出某种程度的妥协，又不甘心被汉文化所同化，儒生士子以及儒学在这里的处境就很尴尬。《辽史》列传文学有言："辽起松漠，太祖以兵经略方内，礼文之事固所未遑。及太宗入汴，取晋图书、礼器而北，然后制度渐以修举。至景、圣间，则科目聿兴，士有由下僚擢升侍从，骎骎崇儒之美。但其风气刚劲，三面临敌，岁时以蒐狝为务，而典章文物视古犹阙。"[1]话说得很实在。在儒生士子的眼里，辽固为化外之地，儒学不兴，亦不奇怪。而佛事在辽则被大力提倡，优礼僧徒，累次饭僧，动辄万人。穆宗应历年间（951—969），南京民间还出现过"千人社""千人邑""千人邑会"等组织，会众常以布施的方式支持赞助佛教事业。在朝为官的邑人王正在所撰《重修范阳白带山云居寺碑》中就记述了当地民众在住持谦讽的倡导下捐资修建云居寺的盛况，其中写道："但以谦讽等同德经营，协力唱和，结一千人之社，合一千人之心，春不妨耕，秋不废获。立其信，导其教。无贫富后先，无贵贱老少。施有定例，纳有常期。

---

[1]《辽史》卷一百三，列传第三十三，文学上，第5册，第1445页，中华书局1974年10月版。

贮于库司，补兹寺缺。"[1]这里所显示的，正是佛教对民众的影响，以及民众对佛教的热情。因而，此地文化习俗中积淀有大量的佛教因素，也是不难想象的。而云居寺"四大部经"的刻成，以及总数达五百余卷的《契丹大藏经》在南京刊刻印行，亦是辽代对佛教文化的重大贡献，即使在中国文化史上亦堪称盛举。

金人对汉文化的态度似与辽有所不同。统治阶层且不论，士人中，南来北往的，不绝于途。有奉使见留的，也有金取中原后，滞留北方的遗民。他们中汉文化修养深厚，能诗能文的人很多，这从元好问编纂的金代诗歌总集《中州集》中即可见一斑。该书十卷，收录金朝百年以来二百五十多位诗人的两千余首诗作。元好问本人即一代文宗，是"以诗存史"的大家，被誉为具有班、马之才的人物。而郝经在《太极书院记》中亦透露，赵宋南渡后，北方不乏致力于经学的儒士。文中提到的赵秉文、麻九畴，便"自称道学门弟子"。而《金史·文艺》亦有所表示："金初未有文字。世祖以来渐立条教。太祖既兴，得辽旧人用之，使介往复，其言已文。太宗继统，乃行选举之法，及伐宋，取汴经籍图，宋士多归之。熙宗款谒先圣，北面如弟子礼。世宗、章宗之世，儒风丕变，庠序日盛，士由科第位至宰辅者接踵。当时儒者虽无专门名家之学，然而朝廷典册，邻国书命，粲然有可观者矣。"[2]《金史》

---

[1] 王正《重修范阳白带山云居寺碑》，杨亦武著《房山碑刻通志》卷三，大石窝镇，第155页，学苑出版社2020年12月版。

[2]《金史》卷一百二十五，列传第六十三，文艺上，第8册，第2713页，中华书局1975年7月版。

说得很坦然，也很客观。当时的儒者是有研究经学的，如赵秉文，《金史》说他"自幼至老未尝一日废书，著《易丛说》十卷，《中庸说》一卷，《扬子发微》一卷，《太玄笺赞》六卷，《文中子类说》一卷，《南华略释》一卷，《列子补注》一卷，删集《论语》《孟子解》各一十卷，《资暇录》一十五卷，所著文章号《滏水集》者三十卷"[1]。实不可谓之少也。而麻九畴，《金史》说他少有文名，后"入遂平西山，始以古学自力。博通五经，于《易》《春秋》为尤长。兴定末，试开封府，词赋第二，经义第一"。又说他，"初因经义学《易》，后喜邵尧夫《皇极书》，因学算术，又喜卜筮、射覆之术。晚更喜医，与名医张子和游，尽传其学，且为润色其所著书。为文精密奇健，诗尤工致"。[2]但他们对程朱理学似乎都不甚了解，即所谓道学，也非伊洛之学。这里还提到了邵尧夫，邵氏固为北宋颇负盛名的理学大师之一。他治《易》学，好预言，隐居不仕。但颇关心时事，臧否人物，与理学开山祖师周敦颐、程颢、程颐齐名。他是河南洛阳人，故其学在北方有很大影响。刘因亦曾表示，他从赵复那里得到过邵氏的书。这些或可部分说明程朱理学传入北方之前此地的学术环境，既非文化沙漠，也非思想荒原，而是有其自身文化积淀的。不过，由于南北之间，消息不通，盛于南宋的理学，并未传入金人统治的北方，北方士大夫津津乐道的儒学不过经学章句而已。对于这种状况，元代后期著名学者许有壬在《雪斋书院记》里有一番话说得很明白："金源氏之有

---

[1]《金史》卷一百十，列传第四十八，赵秉文传，第7册，第2428页。
[2]《金史》卷一百二十六，列传第六十四，文艺下，麻九畴传，第8册，第2740页。

中土,虽以科举取士,名尚儒治,不过场屋文字,而道之大者盖漠如也。天相斯文,新安朱夫子出,性理之学遂集大成。宇宙破裂,南北不通,中原学者不知有所谓四书也。宋行人有箧至燕者,时有馆伴使得之,乃不以公于世,时出一论,闻者竦异,讶其有得也。"①

五

这样看来,仅就书院而言,北京在窦氏书院与太极书院之间毕竟有过长达二百余年的空白期。也就是说,当书院在两宋蓬勃发展之际,辽、金统治下的北京却如一潭死水,波澜不惊,不曾有过一所书院。直到蒙军灭了金国,建立大元,北京才有了一所可以称誉史册而填补空白的太极书院。据《日下旧闻考》记载:"书院之设,莫盛于元。设山长以主之,给廪饩以养之,几遍天下,其在京师者有太极书院。"②这在北京的确是破天荒之举,历史上,亦被视为元朝统治者从武力开国转向文化治国的一个标志。

其实,元朝自成吉思汗晚年已有改弦易辙的想法。特别是在破金中都,得了耶律楚材之后,成吉思汗亦能听从他的劝告,改变蒙古人对农耕文化的认识。法国历史学家勒内·格鲁塞在其名著《草原帝国》中就称赞耶律楚材,能"将中国文化潜移默化地

---

① 许有壬《雪斋书院记》,《中国书院史资料》,上册,第375页。
② 于敏中主编《日下旧闻考》卷四十九,城市,内城,南城,第三册,第775页,北京古籍出版社1983年5月版。

灌输给他的君主"[1]。太宗窝阔台即位后，有人甚至说，耶律楚材是成吉思汗留给窝阔台最好的遗产。此事确实影响到元代的文化政策，从太宗窝阔台到世祖忽必烈，都曾努力吸收、融合汉文化，特别对书院情有独钟，以为可以以此收服人心，从而达到长治久安的目的。

故而，当皇子阔出受命伐宋之时，太宗窝阔台便特命杨惟中为"军前行中书省事"，并诏命姚枢作为杨惟中的助手，随军行动，目的就是在战场上搜求儒、道、释、医、卜等特殊人才。其后主讲于太极书院的赵复和八千卷伊洛之书，就是这次战役的意外收获。世祖忽必烈入主中原之初，亦下诏保护书院。据《元史》本纪记载，世祖中统二年（1261）六月乙卯诏曰："宣圣庙及管内书院，有司岁时致祭，月朔释奠，禁诸官员、使臣、军马，毋得侵扰亵渎，违者加罪。"[2]元世祖的这种态度，对书院的生存和发展是极为有利的。从实际效果来看亦如此。即如《至正金陵新志》所载，至元十二年（1275）二月二十七日，当元军攻占集庆（今江苏南京）后，"大军入城，平章阿术占居明道书院，军士舁弃圣像野中。书院儒人古之学等诣丞相淮安王前，告给榜文，还复书院房屋租产，招安秀才。当奉钧旨，令书院依例复旧。由是，诸学弦诵不辍"[3]。这是战争进行中书院受到保护的例子。另据《元史》所载，同在中统二年，"始命置诸路学校官，凡诸生进修者，

---

[1] 勒内·格鲁塞《草原帝国》，第150页，江苏人民出版社2011年3月版。
[2] 《元史》卷四，本纪第四，世祖一，第1册，第71页。
[3] 《至正金陵新志》卷九，第35页，成文出版社1983年3月台一版。

严加训诲,务使成材,以备选用……二十三年(1286)二月,帝御德兴府行宫,诏江南学校旧有学田,复给之以养士。二十八年(1291),令江南诸路学及各县学内,设立小学,选老成之士教之。或自愿招师,或自受家学于父兄者,亦从其便。其他先儒过化之地,名贤经行之所,与好事之家出钱粟赡学者,并立为书院。"①

终元之世,类似的记载在《元史》中是很多的。无论官办、民办,书院都受到朝廷多种方式的保护、扶持和鼓励。这也表明,元朝对书院的政策不是临时性的权宜之计,而是一种稳定人心、维系士心、使社会维持和谐安定的根本性措施。不过也要看到,随着书院在南北各地的大肆推广,它越来越鲜明地表现出一种官学化的倾向。朝廷和各地政府对书院的控制亦明显地加强了。原本书院是作为独立于官学系统之外、重在私人讲学性质的一种学术组织,它固然也有为科举提供备选人才的功能,但其主旨还是探求儒学的义理和延续儒家的道统。然而,由于朝廷采取了一系列措施,使得书院逐渐被纳入官方教育体系之中。这些措施包括如下几个方面:

其一,改变元初随意创建书院,官府不加干涉,不闻不问的做法,要求凡有意创建书院者,须上报官府,至少是县一级,在获得县级官员的批准和赞成后,才能以县级官府的名义向上级申报,最终甚至要报请中书省批准。其二,由官方任命山长,列为学官,并给俸禄以养之。如《元史》所言:"凡师儒之命于朝廷者,曰教授,路府上中州置之。命于礼部及行省及宣慰司者,曰学正、

---

①《元史》卷八十一,志第三十一,选举一,第2032页。

山长、学禄、教谕,路、州、县及书院置之。"[1]其三,书院生徒与官学学生待遇相同,"自京学及州县学以及书院,凡生徒之肄业于是者,守令举荐之,台宪考复之,或用为教官,或取为吏属,往往人材辈出矣"[2]。其四,学田为书院之命脉,没有学田则没有收入,书院亦无法维持其正常运转。而元代书院的学田,除了从前朝继承和民间捐助的部分,更多的则来自官府划拨的官田官地,这是书院的经济命脉掌握在官府手中的主要原因。及仁宗皇庆年间,将朱熹的《四书章句集注》尊为生徒的必修课,并规定考试出题、答案均以此为准。于是,功利所在,士子争趋,书院也只能跟着科举的指挥棒转,也即盛朗西所说:"终元之世,书院之学亦不外讲求程朱之学而已。"[3]由此可见,朱熹学说在北方的传播,是和书院的官学化同步展开的。而书院的官学化又为朱熹学说被提升为在整个社会居支配地位的学术思想创造了条件,进而使朱学成了具有权威性质的官方哲学。

六

于是我们看到,元代成了书院发展史上的转折点,或者说,元代在书院发展史上画了一道线,前面两宋是书院自由发展的阶段,后面元、明、清是书院日益官学化的时期。不是说两宋书院

---

[1]《元史》卷八十一,志第三十一,选举一,第2032页。

[2] 同上书,第2033页。

[3]《中国书院制度》,第67页。

没有官学化的倾向，北宋朝廷亦有过振兴官学的努力，而南宋宁宗期间也发生过针对朱熹和道学即理学的"庆元党禁"，道学被斥为"伪学"，禁毁六经、四书等书籍，但两宋毕竟是中国思想史上继先秦、魏晋之后，又一个思想自由发展的时期，政治、文化政策相当宽松，思想流派纷纷涌现，除了与理学相关的濂、洛、关、闽和邵雍的术数之学外，还有陆象山的心学，以及范仲淹、王安石、欧阳修、孙复、石介等人革新政治的学说和浙江永嘉学者的事功之学。所有这些都要拜书院之赐，宋代学术精神所寄在书院，绝非虚言。

明代延续了元代尊朱熹、重"四书"、将书院与科举捆绑在一起，并置于朝廷监管之下的做法。盛朗西引《续文献通考》有曰："初，太祖因元之旧，洪武元年，立洙泗、尼山二书院，各设山长一人。"①这个山长，不久改称训导，已非学界名流，而是朝廷官员，拿朝廷的俸禄。永乐皇帝又钦定"五经"、"四书"、《性理大全》，作为科举考试的统一教材，并在北京增设国子监。士子读书因而受限，遂造成书院讲学之风的衰落和士子的知识贫血症。盛朗西曾有言："宋元之间，书院最盛，至明而浸衰。盖国家网罗人才，士之散处书院者，皆聚之于两雍，虽有书院，其风不盛。"②两雍即国学、官学的代称。这是明初的情形，并延续了百年之久。这期间，书院基本处于沉寂而默默无闻的状态。而与明初书院冷落局面形成鲜明对照的则是明代官学的兴盛。

---

① 《中国书院制度》，第77页。
② 同上书。

北京则直到嘉靖年间，才有了建于延庆居庸关的叠翠书院。有明以来，这里一直都是防御蒙古骑兵侵扰的前线，大批军人驻守于此。为了给守边士兵的子弟提供一个读书场所，监察御史萧祥曜借居庸旧有之泰安寺，稍加修葺，改为书院。而明中叶以后书院的复兴，则与王阳明、湛若水创建学派，聚徒讲学互为因果。钱穆在《中国近三百年学术史》中曾讲到明代书院兴衰之缘由，他说："明承元旧，又编"五经"、"四书"、《性理大全》，然后往者书院私人之讲章，悬为朝廷一代之令申。亦犹夫熙宁之三经矣。功利所在，学者争趋，而书院讲学之风亦衰。其弊也，学者惟知科第，而学问尽于章句。阳明良知之学，即针对当时章句训诂功利之见而发。其随地讲学之所，据《年谱》所载，有龙冈书院，有贵阳书院，有濂溪书院，有稽山书院，有敷文书院，盖亦南宋以来私家讲学旧辙，与朝廷国学科举生员之所治者，绝然异趣。而同时有湛若水，与阳明平分讲席，生平所至，必建书院以祀其师陈白沙。及阳明没，而四方建书院以祀者尤夥。实则书院讲学，明与朝廷功令相背。"[1]钱穆是从学术应有的独立、自由精神出发，肯定王阳明、湛若水书院讲学的价值和意义。由此他看到了王阳明与朱熹的共同之处，他说："阳明之树异于朱子，犹朱子当日所以树异于汉唐诸儒。阳明之推本象山，亦无异于朱子推本伊洛。象山在明，伊洛在宋，亦俱非当时朝廷科举之所尊也。就此一端言之，则朱子、阳明，所论虽异，意趣则一。"[2]这也成为

---

[1] 钱穆《中国近三百年学术史》，第7—8页，商务印书馆1997年8月版。
[2] 同上书，第8页。

影响明代书院命运的关键。就像伊洛在北宋，朱熹在南宋，都曾被朝廷以伪学申禁一样，王阳明、湛若水亦被廷臣斥为邪学，嘉靖皇帝亦有禁毁书院之举。但似乎作用不大，书院讲学之风虽一时受挫，却并不稍辍。至万历朝，张居正当国，他痛恨书院讲学，意欲遍撤天下书院，仍不能奏效。仅北京在嘉靖、万历年间就建有叠翠书院、通惠书院、杨行中书院、白檀书院、后卫书院、闻道书院、双鹤书院和首善书院。其中闻道书院和首善书院都因牵扯到学术见忤于朝廷，而遭受厄运。特别是首善书院，既建于京师之内，而主持清议，议论风生，为党争所困，终以东林的名义，毁于魏忠贤之手，成为阉党尽毁天下书院的牺牲品。

清朝皇帝对书院的态度也表现得很纠结。可以想象的是，清初当权者面临着十分严峻的局面。南明政权仍在南方进行有组织的武装斗争，以图复国；而李自成、张献忠的农民军也在南北转战，并有联明抗清之势；再有就是很多士人对异族新政权并不认同，表现出一种不合作、不入仕的态度。他们大多延续明末书院讲学的方式，表达其精神所寄和学术根底。这是清初当权者最不希望看到的情形。他们既认为书院讲学导致了明朝的败亡，自然担心以东林为代表的自由讲学、清议朝政、臧否人物、互结党援的流风余韵浸淫于新朝，因此，他们一方面采取抑制书院的做法，强化对书院的控制，顺治九年（1652）就有诏令要求："各提学官督率教官、生儒，务将平日所习经书义理，着实讲求，躬行实践。不许别创书院，群聚徒党，及号召地方游食无行之徒，空谈废业。"①《清会典》亦明言："凡书院义学，令地方官稽查焉。"②雍正皇帝的反应尤为激烈。登基初始，元年四月十八日（1723年5月22日）即诫诸臣勿蹈朋党恶习。谕称："诸大臣内不无立党营私者，即宗室中亦有之。"③七月二十日（8月20日），又"从御史张懋诚奏，命礼部会同翰林院拣选乡试文章之佳者，经裁定后颁发刊印，'以式儒林，以诏文治'。有私行选编，擅行刊刻者严禁"④。九月二十六日（10月24日），更"从史贻直奏，禁今人生祠书院，现存者改为义学。谕称：'嗣后，如有仍造生祠书院者，将本官及为首之人，从严治罪。现存之生祠书院，除确系民间追思盖造者外，一律改为义学'"⑤。四年四月（1726年5月），江西巡抚裴㣲度以白鹿洞书院已经修葺，请颁书籍，赐匾额，却遭到拒绝。雍正皇帝还有一番说辞："朕临御以来，时时以教育人材为念，但期实有益于学校，不肯虚务课士之美名。盖欲使士习端方，文风振起，必赖大臣督率所司，躬行实践，倡导于先。劝学兴文，孜孜不倦，俾士子观感奋励，立品勤学，争自濯磨，此乃为政之本。至于设立书院，择一人为师，如肄业者少，则教泽所及不广；如肄业者多，其中贤否混淆，智愚杂处，而流弊将至于藏垢纳污。

---

① 《古今图书集成·选举典·学校部》卷三百八十三。转引自《中国书院史》，第476页。
② 《中国书院制度》，第131页。
③ 《清史编年》第四卷，第17页，中国人民大学出版社2000年8月版。
④ 同上书，第30页。
⑤ 同上书，第39—40页。

若以一人教授，即能化导多人俱为端人正士，则此一人之才德即可以膺辅弼之任、受封疆之寄而有余。此等之人，岂可易得？当时孔子至圣，门弟子三千余人，而史称身通六艺者仅七十有二，其余不必皆贤。况后世之以章句教人者乎？是以朕深嘉部议，不肯草率从裴㣉度之请也。其奏请颁发未备之典籍，亦不知未备者是何等书，不便颁发。至于奏请特赐匾额，常年既经圣祖仁皇帝赐以御书，朕亦不必再赐。"①这些做法显然抑制了清初书院的发展。

而雍正所说却有点强词夺理。他是皇帝，这且不去管他。但他说康熙曾给白鹿洞书院赐匾额，则确有其事。康熙二十五年（1686），御书"学达性天"同时赐给了白鹿洞书院和岳麓书院。此事说明清廷对待书院还有另外一面。也就是说，皇帝和朝廷毕竟还要"时时以教育人材为念"，而有数百年历史传承的书院在教民育人方面确有官学所不能替代的优势。因此，在社会政治危机趋于缓和之后，清廷势必要放宽书院政策，康熙皇帝给很多书院赐书赐额，就是要显示朝廷对书院的关怀和支持。北京金台书院的前身大兴义学就曾得到过康熙皇帝所赐御书"广育群才"。但同时并未放松对书院的管理，雍正、乾隆一直强调挑选书院管理者的标准，即政治上要可靠，德行要高尚，学识要优秀，目的是在笼络人心的同时又防止书院滑向明末清议朝政之路，从源头上阻断明遗民利用书院反清的一切可能，将书院疏导引入当权者设计的发展轨道。

---

① 《中国书院史资料》，中册，第856页。

清代书院政策之有效，也因为有康、雍、乾三朝之文字狱的配合。思想既不自由，遂影响到士人的治学和讲学。宋明学者都有不为相则为师，得君行道，以天下为己任的理想和情怀，由明入清的学者最初或仍抱此理想，但乾隆一句"以天下治乱为己任尤大不可"①，便把清代学者都打入故纸堆中。虽然梁启超把汉学在民间的兴起，看作对朝廷提倡程朱理学的一种抵抗和反动，但学者乃以论政为大戒，钳口不敢吐一言，亦是事实。于是，清代书院要生存，只剩下三种可能："一为讲求理学之书院，一为考试时文之书院，一为博习经史词章之书院。"②

七

书院的兴衰优劣，与许多条件相关，其中有硬件，如校舍、田产、资金，也有软件，如山长和讲师；有外部因素，如朝廷政策、社会环境、地理位置，也有内部原因，如办事人的学养、素质。这些都可能影响到书院的追求和品位，并进而影响到当地的士风、民风，从而构成了当地文脉的部分内涵。

梁启超曾作《近代学风之地理的分布》一文，就讲到在一定的社会地理环境中，学者可以做什么，以及有什么是做不到的。他指出，有的人并不"悉听环境所宰制"，他们可以改造环境，支配环境，给环境带来新的面貌。譬如他举例言之："有一陆子（九

---

① 转引自钱穆《中国近三百年学术史》，第2页。
② 《中国书院制度》，第154页。

渊），而江右承其风者数百年。有一朱子（熹），而皖南承其风者数百年。虽在风流歇绝之后，而其精爽之薰铸于社会意识中不可磨灭，遇机缘而辄复活。倘其时不有朱陆其人，或有之而其所努力者或稍怠，则全部学术史恐非复如今所云云也。"[1]但还有另一种可能，由于人的有限性和局限性，环境对人的支配力，"其伟大乃不可思议"。他举阮元为例——阮元督粤，创办学海堂，于文教收获至丰，给两广学风、士风带来新的气象，且影响深远，至今不辍；督云贵，虽则也很努力却很难见到成效——说明人有时也会受制于环境，在广东能做得很好的事，到了云贵却未必行得通。

联想到清代的北京书院，何以多属于考试时文之书院？原因应是多方面的。首先，作为元、明、清三朝的都城，北京特殊的人文地理环境，不能不影响到北京书院的生存和发展方向。一方面，可以享受到京师作为首善之地的优越性，"我朝隆儒崇道，魁士辈出，京师为首善区，圣教之所涵濡，经师之所传述"。既在天子脚下，朝廷身边，阳光雨露随时都可能洒向某一所书院，金台、潞河都有过切实的感受。但它们也很难像理想中的岳麓、东林、白鹿洞、嵩阳、关中书院那样，办成以名家讲学相标榜的书院；更不能像王阳明、阮元、张之洞那样，为自己的学术理想和主张办一所书院；甚至做不到像京外的莲池书院那样，始终坚持自己的学术理想和主张。北京的书院大多表现为一种庸常的状态，很少表现出特立独行的风格。即使是所谓官学化，也与外省有所

---

[1] 梁启超《近代学风之地理的分布》，《饮冰室合集·文集》之四十一，第五册，第50页，中华书局1989年3月版。

不同，并不以道学或理学为重，而是以科考、时文为重。

这是一种情况。不过，在明清之际的北京，还有一个不容忽视的重要情况，即书院的创办者绝大多数是当地的官员，他们聘请的山长、讲师，亦多为致仕、病休，或罢官后居京的官宦。他们中很少有大儒和学界领袖式的人物，虽然都有进士、举人的名分，也读过不少儒学典籍，但其学问、素养并不敢恭维。这些人创办书院的动机，多数是为了履行为官的责任和义务。他们为官一任，施政一方，无不想为地方做些有益的事，常常是下车伊始，先拜孔圣人，再考察学校、书院，见到书院倾圮毁坏，便捐俸修建。但通常他们都是"飞鸽"牌，而非"永久"牌，"知"一州、"知"一县的时间都不会很长，有时书院刚刚建成或尚未建成，他们就转迁别处去了。这似乎也是北京书院难有更大作为的原因之一。

当然，也不能说北京书院没有过儒学大家和学术领袖。元代的太极书院就有过赵复、杨惟中、姚枢、郝经、刘因、许衡等硕儒；明代的首善书院也聚集了冯从吾、高攀龙、邹元标等一班名流；而马经纶的闻道书院，有李贽加盟，在易学研究方面有过卓越贡献。即使在清代，主讲金台书院的亦有王昆绳、陈木斋、陈句山、顾虞东、姚汝金诸先生；潞河书院则有理学名臣张伯行，清代有三位本朝官员从祀孔庙，他是其中之一，还有擅长经史校勘的张云章，以及学行俱佳的董元度、诗人李调元和财政学家王茂荫等；做过同治、光绪两代帝师的翁同龢，也曾主讲于昌平的燕平书院。尽管如此，北京的书院整体上仍为舍讲学而尚考课，常常是由山长课题，或者由地方官员课题，除了岁考，还有月考，每月一考，或数月一考，目的就在于训练生徒以应付科举考试。

八

北京的书院，只有三所开办在都城之内，即元代的太极书院，在金中都内；明代的首善书院，在宣武门内；清代的金台书院，在前门外金鱼池；其余的，都建在城郊州县。这种现象为我们思考书院在厚民风、兴教化方面的功能和作用，提供了一个独特视角。

历史上，国人的教育是由儒家负责的。儒的最初职业就与教育相关。儒学的开创者孔夫子，终其一生，都以教书育人为职业，号称弟子三千，贤人七十二。按照儒家所想象的上古三代的盛况，曾有一位名叫"契"的人教以人伦，后经孟子概括为五伦，即"父子有亲，君臣有义，夫妇有别，长幼有序，朋友有信"。[1]他还设想了通过学校进行人伦教育的方式，这其实构成了儒家教育的核心内容，也就是将教育学生懂得做人的道理、学会做人、做个好人，作为教育的根本宗旨和目的。而受过教育的人再以自身的言行去影响周围的人。这也就是孟子所说的"人伦明于上，小民亲于下"[2]。

因此，后世无论官学还是书院，书院亦无论重讲学、重学术还是重科举时文，人伦教育都是必有的内容。化民成俗亦历来被办教育者视为终极目标。像元代的赵密、贾壤，先是受教于容城刘因，后回到家乡房山，创办文靖书院，特别标榜其办学目的为

---

[1]《孟子译注》，第125页。
[2] 同上书。

"欲一乡兴起为善之心焉"。如果我们考虑到元初房山一代的乡风民俗，就不难看出书院创办者在此传播程朱理学的用心之良苦，颇有点孟子所说"吾闻用夏变夷者，未闻变于夷者也"①的味道。王阳明在谈到兴办书院的目的时亦指出："古圣贤之学，'明伦'而已。……是故'明伦'之外无学矣，外此而学者，谓之异端；非此而论者，谓之邪说；假此而行者，谓之伯术；饰此而言者，谓之支辞；背此而驰者，谓之功利之徒，乱世之政。虽今之举业，必自此而精之，而谓不愧于敷奏明试；虽今之仕进，必由此而施之，而后无忝于行义达道。"②我于是想到辜鸿铭在《中国人的精神》里谈到中国何以没有西方人所谓宗教时曾经说过的："中国人之所以没有对于宗教的需要，是因为他们拥有一套儒学的哲学和伦理体系，是这种人类社会与文明的综合体儒学取代了宗教。人们说儒学不是宗教，的确，儒学不是欧洲人通常所指的那种宗教。但是，我认为儒学的伟大之处也就在于此。儒学不是宗教却能取代宗教，使人们不再需要宗教。"③他进而还谈到儒学能做到这一点的原因："欧洲的哲人们未能将其学说变为宗教或等同于宗教，其哲学并没有被普通民众所接受。相反，儒学在中国则为整个民族所接受，它成了宗教或准宗教……这就是欧洲哲学与儒学最大的不同——一个是仅为学者所研究的哲学，另一个则不仅是学者所

---

① 《孟子译注》，第125页。
② 王守仁《万松书院记》，王涵编著《中国历代书院学记》，第125—126页，商务印书馆2017年8月版。
③ 辜鸿铭《中国人的精神》，第41页，海南出版社1996年4月版。

研究的哲学，而且得到中华民族的信仰，成为宗教或相当于宗教的东西。"①

说到这里，我们不得不对州县地方官员表示一种敬意。他们努力办学的结果，是把学者看重的道学、理学、儒学，简化为人人可以理解的伦理规范，传至民间。儒学能为普通民众所接受，他们是传播中的最后一棒。他们创办书院最看重两个方面，一是移风易俗，教化民众，一是明经取士，为国选才，故有所谓"得天下英才而教育之"的豪迈。而说到底，二者在儒家的教育理念中其实是一回事，或曰一事而两面。前者讲的是，受到"明伦"教育的士君子，以德化人，通过自身的表率作用，推己及人，造福乡里，形成知书达礼的乡风。这或许是一个长期的潜移默化、濡染熏陶的过程，难收立竿见影之效。而后者讲的就是如何造就一个明义理，修其德，心系天下苍生，具有先忧后乐使命感和责任感的士君子。而化民成俗就内化为他们的使命。他们也许未有如陆九渊、朱熹在思想史、学术史上的地位和影响力，但其思想和作为，还是会影响到当地的士风学风、民风民俗，从而深刻影响到北京文脉的构成。

九

书院的命运终结于清末的维新变法运动，北京的书院亦如是。而书院存在的合理性、必要性受到质疑，首先是由于科举制度、

---

① 《中国人的精神》，第46—47页。

八股时文的牵连。至于科举制度、八股时文，很久以来就是有识之士攻击的目标。最冠冕堂皇的理由就在于强调义利之辩，认为"书院立教，不当诱以科名利禄之说"①。再有从正面提出要求的，即书院应以读经为主，读经是根本，训诂、章句、名物、典章，只是读经的工具。而读经又不能急于求成，科举的问题即在于"人期速效"，"读经未毕，辄孜孜焉于讲章时文，迨其能文，则遂举群经而束之于高阁，师不以是教弟子，弟子不以是学，当是时不惟无湛深经术、明体达用之儒，即求一二明训诂、章句、名物、典章者亦不可多得"②。亦有言辞更为激愤的。冯桂芬在其著名的《校邠庐抗议》中记载了一位龙岩孝廉名饶廷襄者的酒后狂言，他说："明祖以枭雄阴鸷猜忌驭天下，惧天下瑰伟绝特之士起而与为难，以为经义诗赋皆将借径于读书稽古，不啻传虎以翼，终且不可制。求一途可以禁锢生人之心思材力，不能复为读书稽古有用之学者，莫善于时文，故毅然用之。其事为孔孟明理载道之事，其术为唐、宋英雄入彀之术，其心为始皇焚书坑儒之心。抑之以点名、搜索防弊之法，以折其廉耻；扬之以鹿鸣、琼林优异之典，以生其歆羡。三年一科，今科失而来科可得，一科复一科，转瞬而其人以老，不能为我患，而明祖之愿毕矣。意在败坏天下之人才，非欲造就天下之人才。"坐在旁边的林则徐听了他的这番"狂言"，亦举杯相属曰："奇论，宜浮一大白。"③

---

① 葛其仁《书院议》，《中国书院史资料》，下册，第1950页。
② 戴钧衡《桐乡书院四议·课经学》，《中国书院史资料》，下册，第1953页。
③ 冯桂芬《校邠庐抗议》，第37页，上海书店出版社2002年1月版。

虽然说的是"狂言",却也道出了一些事实。因而到了西方列强压迫日甚一日,大清帝国在与西方列强对抗中一败再败,西方学术文化借坚船利炮的优势席卷中国之际,这个问题就更加突出了。几乎所有关心国家、民族命运的人都意识到了这种危机。郑观应的《盛世危言》就有专章讲到如何培养造就、发现选择国家急需的有用之才,而科举最大的问题,即"所学非所用,所用非所学"。他建议朝廷,即使不能对科举考试进行改革,也应有所变通,"于制艺之外,习一有用之学,或天文,或地理,或算学,或富强之事,苟能精通制艺,虽不甚佳,亦必取中。如制艺之外,一无所长,虽文字极优,亦置孙山之外"。他还建议朝廷,"先令各直省建设西学书院,遴选精通泰西之天文、地理、农政、船政、算化、格致、医学之类,及各国舆图、言语、文字、政事、律例者数人,为之学习,或即以出洋官学生之学成返国者当之"。[①]

朝廷内也有官员发出变法改革的声音。继顺天府尹胡燏棻上疏要求把省会书院改制为学堂,变法自强后,光绪二十二年(1896)五月,刑部左侍郎李端棻亦奏请"推广学校以励人才"一折,提议有步骤地将各地书院改为学堂。总理衙门在议复李侍郎所奏时指出:"查该侍郎原奏所陈各节,大抵以时事多艰,人才凋乏,朝廷之旁求虽切,荐剡之奇杰罕闻,因推原于立学之方,育才之术,蕲以树风声而开趋向,浅学扩其闻见,通才益便精研,其在于今,诚为切要。"这里所说是比较切近实际的,而且对"该侍郎所谓推广学校励人才而资御侮之意"深表理解,亦提出若干

---

① 郑观应《盛世危言·考试》,《中国书院史资料》,下册,第1957—1958页。

落实办法。①戊戌变法期间，改书院为学堂，更成为一个重要议题。光绪二十四年（1898）五月，康有为上奏《请饬各省改书院淫祠为学堂折》，把西方列强的兴起归结为国民教育的普及，因而提出："奏为请改直省书院为中学堂，乡邑淫祠为小学堂，令小民六岁皆入学，以广教育，以成人才。……泰西变法三百年而强，日本变法三十年而强，我中国之地大民众，若能大变法，三年而立。欲使三年而立，必使全国四万万之民，皆出于学而后智开而才足。我皇上若辨之既明，审之既定，行之以勇，则与二三大臣，聚精会神于兴乡学而开民智之事，昼夜课功，以全力赴之，其效之大小，必有与皇上心力之多寡以相应者。臣为我皇上思兴学至速之法，凡有二焉：我各直省及府州县，咸有书院，多者十数所，少者一二所，其民间亦有公立书院、义学、社学、学塾，皆有师生，皆有经费。惜所课皆八股试帖之业，所延多庸陋之师，或拥席不讲，坐受修脯者。其省会间有及考据词章之学者，天下数所而已，师徒万千，日相率为无用之学，故经费虽少，虚靡则多。今既罢弃八股，而大学堂经济常科皆须小学、中学之升擢，而中学、小学直省无之，莫若因省府州县乡邑，公私现有之书院、义学、社学、学塾，皆改为兼习中西之学校，省会之大书院为高等学，府州县之书院为中等学，义学、社学为小学。"②

光绪皇帝随即颁布了《改书院为学校上谕》，责令各省督抚

---

① 《总理衙门议复左侍郎推广学校折》，《中国书院史资料》，下册，第1985—1986页。
② 康有为《请饬各省改书院淫祠为学堂折》，《中国书院史资料》，下册，第2466—2467页。

绪 论 / 031

"督饬地方官各将所属书院处所、经费数目，限两个月详复具奏，即将各省府厅州县现有之大小书院，一律改为兼习中学、西学之学校"①。可惜，戊戌变法不久即因慈禧政变而告失败，书院改学校一事亦被叫停。直到两年后，在庚子事变和《辛丑条约》的巨大压力下，慈禧太后启动新政，各地书院才陆续改为学校。此事或可告一段落，但匆忙之间完成的历史任务，也不可避免地留下一些遗憾，不能不令人惋惜。

其实，在变法进行中，就有稳健派官员和学者表示过担忧和疑虑。曾经主持保定莲池书院的吴汝纶在给朋友的信中说得很明白："蔼翁欲立西学，此时殊难得师，且苦经费无出，若不能别筹经费，但就现有之款，则不能有益于西学，转大有损于中学，似非计也。且西学至难，若但购已译之书阅之，则书院中高才生已优为矣，然无大益。其专门之学，宜弃百事为之，乃可望成，且非有师授，不能冥悟。而得其中西交涉及西国政法各书阅之，可以增长见识，不为迂腐守旧之谈，若持此以任国家大事，仍无当也。但为目前计，仍以令书院诸生加西学一门功课为简捷办法，若别立书院，不惟得师难，经费难，即学徒亦不易得。"②这番话说得很实在，是从实际出发，考虑到了现有条件和可能性。张之洞在落实光绪皇帝兴办学堂谕旨时，亦曾向总署表示，此事不能急于求成。他在介绍省城和十府及一直隶州已将书院改为学堂后说道："此外八府州一律改章，惟一时断难得教习多人，每堂先设教

---

① 光绪《改书院为学校上谕》，《中国书院史资料》，下册，第2470页。
② 吴汝纶《答贺松坡书》，《中国书院史资料》，下册，第1964页。

习二员：一教中学经书史事，一教算学、洋文。如各府能自行延访通晓西学、西政之师，则多设教习、教员尤善，须一年后方能渐臻周备。此外通省六十七州县，已饬一律就所有书院改为学堂。惟州县书院经费尤少，断难敷一学堂之用，多无肄业生斋舍，有者亦止数间，尚须筹款充用。且州县小学堂尤须多设，每县一学，亦无大益，只可相机董劝。"又说："大县较易，僻县较难，期以明年六月，必能一律办成，只能量力经营，循序渐进。总之，科举既变，风气自改，务求实效，不在欲速。"①

在历史大潮的裹挟下，稳健、保守的声音有时就显得很微弱，常常被湮没在激进的、理想主义的喧嚣中。而靠行政命令，整齐划一，一刀切完成的改革，虽然看上去很美，却很容易留下后遗症。多年后，胡适在《书院制史略》中就谈道："古时的书院与现今教育界所倡的'道尔顿制'精神大概相同。一千年以来，书院实在占教育上一个重要位置，国内的最高学府和思想的渊源唯书院是赖。盖书院为我国古时最高的教育机关。所可惜的，就是光绪变政，把一千年来书院制完全推翻，而以形式一律的学堂代替教育。要知我国书院的程度，足可以比外国的大学研究院，譬如南菁书院，它所出版的书籍，等于外国博士所作的论文。书院之废，实在是吾中国一大不幸事。一千年来学者自动的研究精神，将不复现于今日了。"②

---

① 张之洞《致总署书》，《中国书院史资料》，下册，第2472—2473页。
② 胡适《书院制史略》，《胡适全集》第20卷，第111页，安徽教育出版社2003年9月版。

虽然如此，书院精神幸未绝迹。谢国桢作《近代书院学校制度变迁考》就曾提到："自光绪之季，放（仿）效欧西，创立学校，垂三四十年，其间学制，迭有变更，卓识之士，渐知学校功课庞杂，且过于机械，一人之智力有限，难以精工，是以学鲜专门，士乏良识，是吾国学界之一大缺点也。乃仿英国大学之制，及昔日书院之设，五四运动以后，北京大学爰有研究所国学门，清华学校有研究院之设。使学子得有专门之研究，思想有自由之发展，晚近吾国虽忧患频仍，学术则不无进步，是均梁任公、蔡子民诸先生提倡之功，而研究院之制度，则犹具书院之雏形焉。"[1]

这样看来，北京大学研究所国学门和清华大学研究院，或者倒可以看作北京书院的余绪啊！

---

[1] 谢国桢《近代书院学校制度变迁考》，《张菊生先生七十生日纪念论文集》抽印本，第304—305页。

黑暗乱世中的潜德幽光

——窦禹钧和窦氏书院

一

北京书院的历史十分悠久,据说可以追溯到一千多年前的五代时期。后周有个谏议大夫叫窦禹钧,曾在北京的昌平境内[①]创办了一家书院,后人称作"窦氏书院",这便是北京书院之滥觞。

窦禹钧何许人也?这个名字听着觉得很陌生,不知为何方神圣。但他另有一个名字,听起来那是如雷贯耳。《三字经》有言:"窦燕山,有义方,教五子,名俱扬。"这里的"窦燕山",便是窦禹钧的别称。科举时代的士子文人,哪个没读过《三字经》?哪个不羡慕窦氏一家的"五子登科"?窦燕山的鼎鼎大名,自然是家喻户晓,妇孺皆知了。

[①] 窦氏书院最初创办于何地,是个争论不休的问题,至今没有令人信服的答案。一说天津蓟州区;一说北京昌平区,昌平内又有龙母庄、瓜园村、沙河窦各庄三种说法;另有一种多地说,因窦禹钧后遭战乱,离开幽州,转徙河北、山东、河南、陕西多地,有人猜测,书院非办于一地,而是流动式的。这里暂依昌平一说。

第一个称窦禹钧为"窦燕山"的，也是一位历史上名声、地位都十分显赫的人物。此人即冯道，字可道，号长乐老，五代时的名臣，死后追封瀛王，曾因"事四朝，相六帝"[①]而被史臣批评为大节有亏，欧阳修所撰《新五代史》便称其"无廉耻者"[②]。他与窦禹钧是唐末天祐年间的老同事，同在幽州节度使刘守光的衙门中做过"掾吏"。他曾作诗称道窦氏一门的优秀："燕山窦十郎，教子有义方。灵椿一株老，仙桂五枝芳。"这首诗在社会上广为流传，"缙绅多讽诵之，当时号为'窦氏五龙'"[③]。名人效应，古今皆然。窦燕山被尊为与孟母齐名的育儿模范，不能不说与冯道的这首诗大有关联。南宋著名学者王应麟编著《三字经》，采用窦燕山的事迹，就是从冯道诗中获得的灵感。

　　窦燕山既已如此名声显赫，那么，我们总该对他的身世有所了解；他的五个儿子都曾登科入仕，"笑傲"官场，其中有些什么奥妙，也是我们很好奇的；五代时的燕赵，战乱频发，很少有平静的时候，以他命名的这所书院，又是如何得以生存的，书院宗旨又是什么，这些都是我们所关心的。今天的人们很喜欢扒名人的底，那是因为有互联网提供便利。我也想扒一扒窦燕山的底，

---

① 《旧五代史》卷一百二十六，周书列传六，第五册，第1666页，中华书局1976年5月版。

② 《新五代史》卷五十四，杂传第四十二，第二册，第611页，中华书局1974年12月版。

③ 《宋史》卷二百六十三，列传第二十二，第26册，第9094页，中华书局1985年6月版。

结果发现，这个人好像从历史中蒸发了，居然找不到一点蛛丝马迹。

起初我想，此人官虽不大，至少也是个谏议大夫，官居正四品，五个儿子又很争气，还有办书院的善举，史书就算不曾大书特书，记下一笔也是应该的。然而，我错了！我曾试着把《新五代史》和《旧五代史》列传中的窦姓人物都挑出来，列成表，逐个排查，就像侦探办案子一样，其结果却很令人失望，在这两部官方史籍中，居然没发现窦禹钧的身影。我又用同样的办法将《新唐书》与《旧唐书》翻了一遍，亦毫无所获。其实，我应该想到，一个唐朝末年北方边塞节度使府中的小吏，新旧五代史都不收的人，怎么可能入唐史呢！

但我不肯相信这样一个人物真能湮灭在历史尘埃之中。我甚至想，就是挖地三尺，也要把他找出来。有一天，我抱着侥幸心理翻阅《宋史》，在列传目录中查找窦姓人物。我不负天，天亦不负我，在这里，窦禹钧的踪迹终于被我从茫茫人海中发现了。《宋史》卷二百六十三，列传第二十二中，有一篇《窦仪传》，开篇是这样介绍传主家世的："窦仪字可象。蓟州渔阳人。曾祖逊，玉田令。祖思恭，妫州司马。父禹钧，与兄禹锡皆以词学名。"[1]

收获《窦仪传》，仿佛在我面前打开了一扇门，隐约可以窥见窦禹钧斑驳的身影。据传文所言，他是蓟州渔阳人。蓟州古称"渔阳"，唐朝设蓟州，便以渔阳为州的治所，所辖包括今天的北京东北、天津北部，以及河北唐山、承德一部，恰在燕山一脉，冯道称他"燕山窦十郎"，一点没错。他的祖父做过玉田（今属唐山市）

---

[1]《宋史》卷二百六十三，列传第二十二，第26册，第9093页。

县县令，父亲做过妫州（今河北怀来）司马，都是职位不很高的官吏。有人称他"官二代"，其实很勉强。他还有个哥哥，叫窦禹锡，据说，兄弟二人都在词学方面有很深的造诣，但今天我们已经欣赏不到他们的词作了。而唐朝天祐末年，他曾出任"幽州掾"，这是幽州节度使衙门中负责文书的一个小吏。唐朝末年，有两个天祐年号，先是唐昭宗李晔在公元904年改年号为"天祐"，尚不及一年，昭宗被权臣朱温所弑，其第九子辉王李祚（后改名柷）被立为昭宣帝。这位唐朝末代皇帝连年号都不敢更张，只能继续沿用前朝年号。三年后，即天祐四年（907），朱温篡唐，废了昭宣帝，建国称帝，史称"后梁"。这样看来，窦禹钧出任"幽州掾"的"唐天祐末年"，或即公元907年。而这一年，恰好是五代的初始之年。

此后，窦禹钧的仕途一直平淡无奇，无大惊喜，《窦仪传》说他"历沂（山东临沂）、邓（河南邓州）、安（湖北安陆）、同（陕西渭南）、郑（河南郑州）、华（陕西华县）、宋（河南商丘）、澶州（河南濮阳）支使判官"[①]，这仍然是个服务于节度使、观察使，类似秘书的属官，职位不高，主要职责为协理政务，聊备差遣。其间他一直辗转于山东、河南、湖北、陕西等地，没有回过渔阳老家。直到后周初年，他才做了户部郎中，官职仅在从五品上，仍属于户部的一般工作人员。后周世宗显德年间（954—960），他被擢举为太常寺少卿，为正四品，负责礼乐、郊庙、社稷、陵寝之事。退休时为右谏议大夫，是个专掌议论的言官，并享有"赐

[①]《宋史》卷二百六十三，列传第二十二，第26册，第9092页。

金紫"的荣耀。

在退休之后不久,窦禹钧就病逝了。《窦仪传》在讲到窦仪奏请废童子、明经二科并条贯考试次第得到世宗认可后写道:"俄以父病,上表解官。世宗亲加慰抚,手封金丹,俾赐其父。父卒,归葬洛阳。诏赐钱三十万,米麦三百斛。"[①]此时应为周世宗显德二年(955)。据传中所记,窦仪在料理了父亲的丧事之后,便随世宗征伐淮南去了,时为显德三年(956)的春至五月间。由此我们得知,窦禹钧是在显德二年(955)去世的。这时,距五代的终结,北宋的创立还有五年。看来,窦禹钧的宦途几乎与五代相始终。

二

窦禹钧的身世在《窦仪传》中所用笔墨并不很多,其中对窦氏书院甚至都没有提及。这自然是可以理解的。毕竟,传主是他的儿子窦仪,而非他本人。查宋代另有一篇文章,或许可以弥补《窦仪传》的遗憾。文章名为《窦谏议录》,载于《范仲淹全集》范文正公别集卷第四中,是专为窦禹钧而作的。文章不长,兹录于此:

窦禹钧,范阳人,为左谏议大夫致仕。诸子进士登第,义风家法,为一时标表。冯道赠禹钧诗云:"燕山窦十郎,教子以义方。灵

[①]《宋史》卷二百六十三,列传第二十二,第26册,第9093页。

椿一株老，仙桂五枝芳。"人多传诵。禹钧生五子：长曰仪，次曰俨、侃、偶、僖。仪至礼部尚书，俨礼部侍郎，皆为翰林学士；侃左补阙，偶左谏议大夫、参知政事，僖起居郎。

初，父禹钧家甚丰，年三十无子。夜梦亡祖亡父聚谓之曰："汝早修行，缘汝无子，又寿算不永。"禹钧唯诺。禹钧为人素长者。先，家有仆者，盗用过房廊钱二百千，仆虑事觉，有一女年十二三，自写券系于臂上云："永卖此女，与本宅偿所负钱。"自是远逃。禹钧见女子券，甚哀怜之，即时焚券，收留此女，祝付妻曰："养育此女，及事日，当求良匹嫁之。"及女笄，以二百千择良匹，得所归。后旧仆闻之归，感泣诉以前罪，禹钧不问。由是父子图禹钧像，日夕供养，晨兴祝寿。公尝因元夕往延庆寺烧香像前，忽于后殿阶侧拾得银二百两、金三十两，遂持归。明旦侵晨，诣寺守候失物主。须臾，见一人泣涕至，公问所因，其人具以实告曰："父犯刑至大辟，遍恳至亲，贷得金银若干，将赎父罪。昨暮以一相知置酒，酒昏，忽失去。今父罪已不复赎矣。"公验其实，遂与同归，以旧物还之，加以恻悯，复有赠赂。其同宗及外姻甚多贫困者，有丧不能自举，公为出金葬之。由公葬者，凡二十七丧。亲戚故旧孤遗有女未能嫁者，公为出金嫁之。由公嫁者，孤女凡二十八人。故旧相知与公有一日之雅，遇其窘困，则必择其子弟可委以财者，随多寡贷以金帛，俾之兴贩，自后由公而活族者数十家。以至四方贤士，赖公举火者不可胜数。

公每量岁之所入，除伏腊供给外，皆以济人之急。家惟素俭，器无金玉之饰，室无衣帛之妾。于宅南构一书院四十间，聚书数千卷。礼文行之儒，延置师席。凡四方孤寒之士，贫无供须者，公咸为出之，无问识不识。有志于学者，听其自至。故其子见闻益博。凡四方之士，由公之门登贵显者，前后接踵来拜公之门，必命左右扶公坐受其礼。及公亡，蒙恩深者，有持心丧三年，以报其遗德。

先是，公之亡祖亡父梦中告以无子及寿数不永。后十年，复梦其亡祖亡父告之曰："汝三十年前实无子分，又寿促，我尝告汝。今汝自数年以来，名挂天曹阴府，以汝有阴德，延算三纪，赐五子，各荣显。仍以福寿而终，死后当留洞天，充真人位。"言讫，复祝禹钧曰："阴阳之理，大抵不异。善恶之报，或发于见世，或报于来世，天网恢恢，疏而不漏，此无疑也。"禹钧愈积阴功。年八十二，沐浴别亲戚，谈笑而卒。五子八孙，皆贵显于朝廷。后之称教子者，必曰燕山窦十郎云。

某祖与窦公故人，祖尝录于书册，以示子孙为法。惜其不传天下，故录以示好善者，庶见阴阳报应之理，使恶者知所见戒焉。参知政事范仲淹述。[①]

范仲淹是北宋名臣，文章大家，他的名篇《岳阳楼记》，曾被选入《古文观止》，并不输于韩、柳、欧、苏。他与窦氏兄弟虽未同朝为官，但前后只隔数十年，窦氏一家的声望，他应该有所耳闻。故他的这篇文字，信息量很大，只在个别地方与《窦仪传》有些差异，比如说窦禹钧是范阳人，而非渔阳人；以左谏议大夫致仕，而非以右谏议大夫致仕，姑且存而不论。这里最激动人心的，是他证实了窦氏书院的存在，而且规模不小，有校舍四十间，

[①]《窦谏议录》，《范仲淹全集》（二），第448—450页，中华书局2020年5月版。

图书数千卷,且礼聘道德学问都很优秀的儒生作为教师。书院的经营方针亦是惠民的,无论有钱没钱,认识不认识,四方孤寒之士,只要是有志向学的,都可以来此读书求学,拿不出学资的,都由窦氏供给。据说,朝堂之上的显贵,有不少就出自这所书院。而作为书院的创办者,窦禹钧的收益只是"其子见闻益博"。这也证明了,窦氏书院起初很可能就是家塾,是为儿子或族中子弟读书而设的。冯道的诗也透露了这方面的信息,他赞许窦禹钧的,正是他的教子而有义方。《三字经》把"窦燕山,有义方,教五子,名俱扬",放在"昔孟母,择邻处,子不学,断机杼"之后,也可见其用心,说明窦燕山在其心目中是与孟母地位相同的家教模范。

这篇文稿提供了不少细节以丰富窦禹钧的身世,比如说他"家甚丰",所以才有实力开办书院;又说他年三十而无子,这样才引出祖父、父亲曾两次托梦给他。一次是在他三十岁的时候,提醒他要早积阴德,多做善事,否则,他只能是短命的和无后的。第二次是在十年之后,自从听了两位长辈的教诲,他做了许多积阴德的善事,两位长辈再次托梦给他,并向他透露了"天机":由于他多年积德行善,感动了上苍,不仅赐给他五个儿子,而且还延长他的寿命三个纪。古时以十二年为一纪,三个纪就是三十六年。所以,他最终活到八十二岁,"以福寿而终,死后当留洞天,充真人位"。

文稿用了很大篇幅专门介绍窦禹钧所做的那些善事。除了开办书院,周济族人,为故旧遗孤的婚丧嫁娶提供帮助,济人之急,而自家则"惟素俭,器无金玉之饰,室无衣帛之妾"外,有两个故事是后世广为流传的,一个是说,有个仆人盗用了家主的钱,害怕受到处罚，逃跑前把女儿留下顶账，并写了一张券书系在女儿的手臂上，其中写道："永卖此女，与本宅偿所负钱。"窦禹钧见到这张卖女的券书，很可怜这个女孩儿，当即就把券书烧了，并嘱咐妻子："养育此女，及事日，当求良匹嫁之。"果然，女孩儿到了出嫁的年龄，他像嫁女儿一样，为女孩儿操办了婚事。仆人在外面听说了此事，非常愧疚，跑回来认罪，窦禹钧并没有追究。仆人很感动，在家里供了窦禹钧的画像，早晚为他祈福。

另一件事是说，元宵节那天，窦禹钧去延庆寺烧香，在后殿侧面的台阶上拾到银二百两，金三十两。当时天色已晚，找不到失主，他只好持回家中。第二天一大早，他便赶到寺里，守候失主。不久，便看见一人泣涕而至。他上前询问缘由，原来，这个人的父亲犯了死罪，做儿子的，恳求至亲，才借得这些金银，以赎父罪。没想到，昨天傍晚与一相知喝了些酒，竟把金银丢了，如今父亲的罪也不能赎了。窦禹钧听了他的诉说，核实了情况，便将捡到的金银还给了原主。他还动了恻隐之心，另外赠了一些金银给这个失主。

窦禹钧的故事后来出现了许多版本，特别是在南渡之后，社会上流行的一些劝善类笔记、小说，对此多有辑录，我见到的就有《乐善录》《厚德录》《善诱文》等数种，其中的主要内容大都来自范仲淹抄录的这篇文稿。这里有一点需要澄清的是，当今许多学者引述此文，都把范仲淹视为本文的作者。其实，他在文稿最后曾透露了这篇文字的来历："某祖与窦公故人，祖尝录于书册，以示子孙为法。惜其不传天下，故录以示好善者，庶见阴阳报应之理，使恶者知所见戒焉。"也就是说，他的先祖是第一个抄录此文的人，因与窦禹钧是老朋友，曾把窦氏的事迹写下来，用以教育子孙。而范仲淹不希望这样的文字被埋没，所以才"录以示好善者"，求得警世和喻世的作用，务使更多的人能够懂得阴阳报应的道理，弃恶向善，约束自己的行为。

据楼钥所编《范文正公年谱》记载，范仲淹抄录此文是在宋仁宗庆历三年（1043）九月庚辰，原作题为《述窦谏议阴德录》。让我们好奇的是，范仲淹称其先祖曾与窦禹钧为"故人"。从楼氏年谱及富弼所作《范文正公仲淹墓志铭》中得知，范仲淹的四世祖名隋（随），唐懿宗咸通二年（861）曾担任幽州良乡主簿。此时距窦禹钧出任幽州掾尚有四十余年，他们是如何成为"故人"的，我们亦无从考究。不过，范仲淹抄录此文时，距窦禹钧去世尚不足百年，距窦禹钧长子窦仪去世也只有七十七年，他所抄录的这篇文稿，又来自最直接的第一手材料，可信度应该是比较高的。有人或许以为，两次托梦的细节不大可信，应出于作者或讲述者的虚构。然而，托梦究竟是窦禹钧自述，还是"故人"编造，其实并不重要，其目的不过要证明因果报应之不爽，这样的情节对当时的人来说是很容易接受的，并不觉得离奇和虚假。即使在科学广泛传播的今天，也还有人会相信类似的故事，这一点也不奇怪。尽管如此，其主要情节和细节均不为《宋史》的作者所采用，似乎也因其太过荒诞不经，有悖于名教，非儒家正统所能接受。

20世纪初，在河南洛阳出土了一块残碑，后经罗振玉考证，知为窦禹钧墓志。墓志虽已残缺不全，但至少证明了《宋史·窦仪传》和范仲淹抄录的《窦谏议录》所述是有事实依据的。志中有云："入梁，寻佐沂州军事。"①沂州即今山东临沂一带，五代时，先后隶属于梁、唐、汉、周。窦禹钧既有入梁之举，说明他在五代之初就已离开幽州，投奔后梁去了。后梁是五代的第一代，《水浒传》开篇有一首小诗说得很明白："朱李石刘郭，梁唐晋汉周；都来十五帝，拨乱五十秋。"这里的朱，即朱温；梁，即后梁。唐哀帝天祐四年（907），朱温废了哀帝李柷，创建梁朝，史称"后梁"，是为"五代"之始。此后又有后唐、后晋、后汉、后周，共五个朝代，后世遂称为"五代"。在这短短的五十三年中，换了八姓十三个皇帝，改了五次国号，每代传袭，多者十余年，少的只有三四年。

五个朝代统治时间都不长，其所辖疆域也有限，不过华北和关中地区，南邻淮汉平原，北至易州、雄州、莫州、沧州一线。但他们无一例外都想将幽州收入囊中。幽州自古便是北方军事重镇，中原王朝的"北门锁钥"。唐朝曾设置幽州节度使，又称"范阳节度使"或"卢龙节度使"，是天宝十节度使之一。其管辖范围包括幽州（今北京）、蓟州（今天津蓟县）、妫州（今河北怀来县）、檀州（今北京密云区）、易州（今河北易县）、定州（今河北定州市）、恒州（今山西大同市）、莫州（今河北任丘北）、沧州（今河北沧州市）等九个州。让唐明皇感到刻骨铭心的"安史之乱"，就发生在这里。唐末及五代初，刘仁恭、刘守光父子割据于此，这期间，此地成为藩镇豪强的必争之地。先是后梁发兵攻打刘仁恭，被刘守光击败，刘仁恭亦被其抓捕并幽禁。不久，其

---

① 罗振玉辑《芒洛冢墓遗文三编》1917年刊本一卷，第68—69页。

兄刘守文率兵讨伐刘守光，几经混战，刘守文兵败被杀。此后，囚父杀兄的刘守光自封为大燕皇帝，又有李克用之子李存勖发动各地军队将幽州攻陷，从而结束了刘氏父子在幽州的统治。此事发生在913年，这样看来，窦禹钧离幽"入梁"的具体时间，不会早于梁取代唐之后，或晚于刘守光夺位自立之前，就在907年至913年之间。

记住这个时间点很重要，很有可能，窦氏书院的创办与此大有关联。此事我们暂且放下不表，先看窦禹钧"入梁"之后，"积年不调"[①]，不知过了多久，也许自河东节度使、晋王李存勖出兵灭了后梁，建立后唐之后，他则归入"唐晋二朝，历邓、安、同三府观察支使郑州"云云。证之《宋史·窦仪传》，与志所书基本吻合。志中特别提到，"公曰，不能遇时则当远害"，又云"宁从污染能保家者不使颠陈倘伪（缺）物尽张于虎口"，以及"公星行草莽之内途（缺）如神异乎昼伏宵行扶老携幼既免夺攘"[②]等，都提醒我们注意，窦禹钧离开幽州，远走他乡，曾有过挈妇将雏，逃避战乱的经历，直到入梁为官，才安定下来。

三

综合《宋史·窦仪传》和《窦谏议录》所述，窦禹钧卒于后周显德二年（955），享年八十二岁。那么，由此上推八十二年，

---

① 罗振玉辑《芒洛冢墓遗文三编》1917年刊本一卷，第68—69页。
② 同上书。

即唐懿宗咸通十五年（874），便是他的生年。而三十三年后，即907年，朱温灭唐后，窦禹钧三十三岁。如果真像我们推算的这样，他离开幽州"入梁"必在907年至913年，也就是说，不晚于三十九岁，他的前半生是在幽燕度过的。老同事冯道所以称他"燕山窦十郎"，恰是基于唐宋以来以地望称人的习俗。此后他有过一段颠沛流离的经历，起因或是墓志中所言"不能遇"，这里的遇，应是知遇；而不遇，即得不到上司的赏识和重用，所以"当远"。具体而言，说明他在幽州节度使刘守光这里干得并不称心如意，看不到什么前途，不得不远走他乡，去另寻出路。

而让他真切地看到希望的，却是子嗣的繁衍。他得子自中年始，总共得了五个儿子，依次为窦仪、窦俨、窦侃、窦偁、窦僖。长子窦仪出生时，他已年近四十，很可能就在全家去幽入梁的途中。据《宋史·窦仪传》所载，窦仪死于宋太祖乾德四年（966），享年五十三岁，这样算来，他的生年应为913年。而次子窦俨则"生于沂州临沂县"，这是《窦俨墓志》中明确记载的，时间为"梁贞明五年（919），岁在己卯，正月九日戊寅"[1]，当是窦禹钧入梁后"寻佐沂州军事"的时候。他享年四十二岁，死时应是961年。另据《宋史·窦仪传》所载，四子窦偁死于宋太宗太平兴国七年（982），享年五十八岁，故生年当为924年。至于三子窦侃、五子窦僖生于何时，目前尚不得而知。

现在看来，窦禹钧能够留名后世，应得益于他的五个儿子。

---

[1] 转引自张骁飞《北宋窦俨墓志疏证》，《宁波大学学报（人文科学版）》第28卷第4期，2015年7月，第50页。

窦氏五子个个都很有出息，"皆相继登科"①，成为世人所瞩目的望子成龙的奇迹。窦仪是他的长子，他几岁开始读书，我们并不清楚，不过，《宋史》说他"十五能属文，晋天福中举进士"②。晋天福是后晋高祖石敬瑭的年号，时为936—941年，而天福中应该就是938年或939年，是他二十五六岁的时候，可谓年轻有为。窦仪之后，《宋史》对其四个兄弟的出处也略有提及。次子窦俨，"幼能属文，既冠，举晋天福六年（941）进士"③；三子窦侃，"汉乾祐初（948）及第"④；至于四子窦偁，"汉乾祐二年（949）举进士"⑤；五子窦僖，"亦中人材尔"⑥。

不能不让人羡慕啊！短短十年之间，窦氏一门，便有五人登进士第，这样的盛举，在整个科举史中，恐怕也是绝无仅有的。难怪冯道写诗赞叹："燕山窦十郎，教子以义方。灵椿一株老，仙桂五枝香。"窦氏五子中，又以长子窦仪、次子窦俨的成就最为突出。时人亦曾有言："昆仲材业，仪、俨尤著。"⑦《宋史·窦仪传》与近年所发现的《窦仪墓志》《窦俨墓志》都对二人的功绩有较为

---

① 《宋史·窦仪传》卷二百六十三，列传第二十二，第26册，第9094页。
② 同上书，第9092页。
③ 同上书，第9095页。
④ 同上书。
⑤ 同上书，第9097页。
⑥ 同上书，第9098页。
⑦ 宋文莹《玉壶清话》卷二，见《中华野史·宋朝卷一》，第348页，泰山出版社2000年1月版。

详尽的介绍。他们的宦途主要集中在晋、汉、周三朝，都是由周入宋的"老臣"，年纪虽不甚大但资历老，入仕早。赵匡胤"陈桥兵变"时，窦仪官拜兵部侍郎，窦俨也拜为翰林学士，判太常寺。宋朝建立后，赵匡胤为了稳定政局，安抚人心，对原后周的文武大臣一概留用。宋太祖建隆元年，窦仪被任命为工部尚书、翰林学士，并且"奉诏重定《刑统》，为三十卷"①；不久又加礼部尚书。去世时只有五十三岁，"及仪卒，太祖悯然谓左右曰：'天何夺我窦仪之速耶！'盖惜其未大用也"②。可见，赵匡胤对窦仪的死是深感惋惜的，《宋史》特别提到，如果不是赵普嫉妒，从中作梗，赵匡胤很想提拔他做宰相的。

窦俨在宋初亦拜礼部侍郎，负责制定礼乐典章，"祠祀乐章，宗庙谥号多俨撰定，议者服其该博"③。可惜，太祖建隆二年（961）他就病逝了。《宋史》对其兄弟有很高的评价："俨性夷旷，好贤乐善，优游策府凡十余年。所撰《周正乐》成一百二十卷，诏藏于史阁；其《通礼》未及编纂而卒。有文集七十卷（《墓志》记为七十八卷）。俨与仪尤为才俊，对景览古，皆形讽咏，更迭唱和至二百篇，多以道义相敦励，并著集。"④而《宋史》所载，窦仪亦有文集四十五卷。古来墓志固有"谀墓之风"，但《窦仪墓志》以四六骈体形象地说明窦氏兄弟的好处，犹有值得称道之处："俱擅

---

① 《宋史·窦仪传》卷二百六十三，列传第二十二，第26册，第9093页。
② 同上书，第9094页。
③ 同上书，第9097页。
④ 同上书。

价于儒林,咸策名于贡部。昔尧年八凯,不登俊造之科;荀氏六龙,尚欠文章之称。岂比夫连翩射策,次第升朝,埙篪合奏于宫悬,轩盖交驰魏阙者哉!故近代言弟兄之盛者,推窦氏为首焉。"[1]

四

窦禹钧青史留名,因子而贵,固也。但其故事最初得以广泛传播,却是在南宋之时。《范仲淹全集》收录《窦谏议录》一文,特在文末说明:"又见《善诱文》卷一。"[2]应是范仲淹文集的编者所为。查《善诱文》,《四库全书总目》子部杂家类存目曾有介绍:"一卷,(内府藏本)宋陈录撰。录不知何许人,自称丹穴老人,其书皆通俗劝善之言,盖明袁黄等之所祖。前有嘉定辛巳其弟炼序,末有木石居士虞舜徒跋,皆以阎罗王为说,词旨颇鄙。"[3]故《善诱文》又称《丹穴老人善诱文》,书中果然存有《窦谏议阴德记》一文。当然,范仲淹绝不会见过此书,更不会抄录书中的文章。其弟陈炼所作序文告诉我们,这本书编定于嘉定十四年辛巳,这是南宋宁宗赵扩的年号,即1222年,距范仲淹逝世的北宋仁宗皇祐四年(1052),中间隔了170年。也就是说,不是范仲淹抄录此书,

---

[1] 转引自赵振华《北宋窦仪墓志疏证》,《湖南科技学院学报》第26卷第10期,第114页。
[2]《窦谏议录》,《范仲淹全集》(二),第450页。
[3]《四库全书总目》上册,卷一二四子部杂家类存目一,第1066页,中华书局1965年6月版。

此书倒是在文末注明，文章来自范仲淹所记。

另有一部《乐善录》，其中也收录了窦禹钧的事迹。书中写道：

> 窦禹钧年三十，未获嗣。夜梦祖父谓曰：汝年过无子，又寿不永，当早修阴德。禹钧唯诺。家仆盗用数百千钱，惧事发，遂遁。写券系女臂曰：卖此女以偿欠。公悯而嫁之。仆感泣，归诉前罪。公置不问。由是图公像，日焚香以祝公年。又尝入佛寺，得遗银二百两，金三十两。黎明，复入院以伺失者。果一人涕泣而至。公问其故，曰：为父犯大辟，遍告诸亲，贷得此物，用赎父罪，昨暮失去，不复赎矣。公验实还之，更有所赠。又内外姻娅，有丧不能举，有女不能嫁者，公一切周旋。岁之所入，除伏腊供给外，皆以周急。家尚俭，建书院四十间，藏书万卷，延文行师儒，有志于学者，听其自至。是以由公门而贵者，前后接武。公历官至左谏议大夫，致仕义风家法，实一时标准。生五子，并登第。仪，礼部尚书；俨，礼部侍郎；侃，左补阙；偁，参知政事；僖，起居郎。[①]

书中所述基本上也是对范仲淹《窦谏议录》的复制，只是更简略而已。此书现有两个版本流行于世，一为二卷本，一为十卷本，二者关系是很明显的，即前者出自后者，是后者的一个选本。而后者似乎久已亡佚，乃至清代编辑《四库全书》时，只见到二卷本，未见到十卷本。直到1928年张元济到日本访书，带回宋刊

---

① 李昌龄编撰《乐善录》（二卷本），第3页，中华书局1991年版。（丛书集成初编所选，《稗海》《稗乘》皆收有此书，《稗海》在前，故据以排印。）

本《乐善录》，国人才看到这本书的全貌。由书中序、跋所记可知，编者李昌龄，字伯崇，蜀人。据说，他读了《南中劝诫录》一书而"深有契于其心，遂博览载籍，旁搜异闻，凡有补于名教者，增而广之，分为十卷"[1]，才完成了《乐善录》一书。

此书成于南宋孝宗隆兴二年（1164），早于《善诱文》的南宋宁宗嘉定十四年（1222）。而另有一书名《厚德录》，也成于南宋孝宗之时。编者李元纲，字国纪，钱塘人，是个秀才，他几乎全文抄录了《窦谏议录》，编入书中。这几位编纂者所以看重这个故事，大致是两条，其一是窦禹钧教子有方，有"五枝芳"的美誉，让人羡慕；其二则不出窦禹钧先人所言"阴阳之理，大抵不异。善恶之报，或发于见世，或报于来世，天网恢恢，疏而不漏，此无疑也"[2]的范围。简而言之，不过劝人为善，亦如《乐善录》序文所言："使家家藏此书，以广天下乐善之风。"[3]而"劝善"的背后，则以祸福因果报应为说辞，所谓"因戒而得善报者则编之，因不戒而得恶报者则不敢编也"[4]。这里既有儒家传统的厚德仁爱观念，更多的还是善有善报，恶有恶报，因果报应的民间信仰。

---

[1]《乐善录》序，李昌龄编《乐善录》（十卷本），据私藏涵芬楼辑续古逸丛书影印宋绍兴刻本。
[2]《窦谏议录》，《范仲淹全集》（二），第450页。
[3]《乐善录》（十卷）。
[4] 丹穴陈录撰《善诱文》，弟陈炼序。《丹穴老人善诱文》全一册。

五

奇怪的是，在目前所能看到的材料中，说到窦氏书院，都显得语焉不详。最早且最详尽的对窦氏书院的介绍，要数范仲淹抄录的那篇《窦谏议录》，其中写道："于宅南构一书院四十间，聚书数千卷。礼文行之儒，延置师席。凡四方孤寒之士，贫无供须者，公咸为出之，无问识不识。有志于学者，听其自至。故其子见闻益博。凡四方之士，由公之门登贵显者，前后接踵来拜公之门，必命左右扶公坐受其礼。及公亡，蒙恩深者，有持心丧三年，以报其遗德。"[1]这段文字告诉我们，这是一所具有相当规模的书院，房有四十间，书有数千卷，并且聘有专门的授课先生，教授生徒。书院服务于社会大众，凡四方孤寒之士，贫困无力出资者，只要有志向学，书院一律免费。许多朝中显贵都出身于这所书院，他们以崇敬之情，对窦氏施以门人之礼；窦氏去世后，一些蒙受深恩者，为了感谢其扶危济困的大德，竟有持心丧三年，怀三年之哀的。

不过，由于材料所限，我们仍然不晓得这家书院是何时创办的，办了多久，又坐落在哪里？至于书院的宗旨、办学的理念和方针、教学的内容和方式，也就更无从谈起了。按照《窦谏议录》的说法，先人托梦第一次是在他三十岁的时候，十年之后再次托梦，他应该已经离开幽州入梁了。这期间，他做了许多善事，包

---

[1]《窦谏议录》，《范仲淹全集》（二），第450页。

括"于宅南构一书院",既如此,这所书院创办于幽州地区的可能性是很大的。著有《北京书院史》的赵连稳先生也认为:"窦氏书院位于今北京市昌平区。"①昌平区教师进修学院的张学军先生更进一步确认:"窦氏书院就在昌平区(县)十三陵地区已撤并的古村龙母庄附近。"②

此一判断的前提,是窦氏一族曾经生活于此地。冯道的诗、范仲淹所录《窦谏议录》和《宋史·窦仪传》,以及宋初一些文人的笔记,包括近年出土的《窦仪墓志》《窦俨墓志》,都可以提供相应的证据。不过,无论范阳还是渔阳,都是一些笼统的说法。到了明清两代,陆续才有了关于窦氏居住地的具体说法。明末大儒顾炎武在《昌平山水记》中就曾写道:"而东山口内二里景陵果园之旁有古槐一株,其大数十围,中空,可容十人坐,相传为燕山窦氏庄,自陵木尽而槐亦伐矣。"③明人蒋一葵的《长安客话》、明人李贤的《明一统志》,明人谢杰撰写、沈应文续写的《顺天府志》,明末清初孙承泽的《天府广记》,清人查慎行的《人海记》,清初谈迁的《枣林杂俎》《康熙昌平州志》,清人李卫的《雍正畿辅通志》,于敏中等编纂的《日下旧闻考》,以及黄廷桂的雍正《四川通志》,这些典籍文献,都有相关的记载。计有渔阳说、范阳说、蓟州说、昌平说、宛平说、涿州说、良乡说、遵化说,乃至四川宜宾说。其中有些,如四川宜宾说,是关于窦氏墓葬地的

---

① 赵连稳《北京书院史》,第22页,研究出版社2014年12月版。
② 张学军《窦氏书院最初创建考略——兼论龙母庄村名演变》。
③ 顾炎武《昌平山水记》卷上,第14页,北京古籍出版社1980年10月版。

猜测，随着《窦禹钧残墓志》《窦仪墓志》《窦俨墓志》相继出土，这已不成问题，倒是窦氏庄和窦氏书院，还须费些周折。

明末清初，距窦禹钧生活的五代，中间隔着六七百年。顾炎武在昌平一带实地考察，见过"燕山窦氏庄"的可能性已经很小。这是因为，在他到此一游的二百余年前，此地已被官家选中用于建造陵墓，也就是后来所谓"明十三陵"。无论"燕山窦氏庄"，还是那株古槐，"此皆在陵山以内者也"①，而"山陵龙脉所在"②，自然不允许私人宅院打扰了皇帝的好梦。其实，"燕山窦氏庄"在明皇陵建造之前很可能就已经消失了。从五代经南北宋、辽、金、元，这里一直是兵家征战之地，战火无情，何以独怜这座庄园？而窦禹钧当年举家南迁，留下一座荒废的庄园，其命运又能好到哪里去？顾炎武所以判定此处为"燕山窦氏庄"故址，除了依据当地传闻，再有就是那株"古槐"。他路过此地的时候，槐还在，是他亲眼所见的。但即使这株标志性的古槐，最终也没能躲过"陵木尽而槐亦伐"③这一劫。明亡后，这株古槐也随之消失了。另据记载，顾炎武的"田野调查"，除了足迹必至，还雇有两匹骡子，驮了许多书，每到一地，都将考察所得与典籍文献参看比较，并记下沿途的所见所闻。因此，也不排除他认定此地曾有一座"燕山窦氏庄"，是引经据典的结果。

我们姑且相信顾炎武所说，这里"相传为燕山窦氏庄"。那

---

① 《昌平山水记》卷上，第14页。
② 同上书。
③ 同上书。

么，窦禹钧的书院是不是就建在这座庄园的"宅南"呢？如果这座庄园的"宅南"真的曾"构一书院"，那么，它又建于何时呢？我们知道，昌平这个地方，唐五代时是幽州的属地，由幽州节度使管辖。而且，窦禹钧是做过"幽州掾"的。但他在913年前后，便"避乱徙居河南"①，投奔后梁去了。他即使在此办过书院，也只能是在举家迁徙之前。而这个时候，他的长子窦仪尚未出生。这样看来，窦氏书院首先是一所"义塾"，而非"家塾"。自创办之始，它就是服务众人而非个人的，不管认识不认识，只要是有志于学的，书院都欣然接纳。幽燕之地不同于江浙，也不同于中原、关中和齐鲁，甚至不同于巴蜀，金元建都前，文化一直处于边缘，发展比较缓慢，尤其是在五代十国那个乱世，割据政权频繁更迭，战祸频发，文化建设更谈不上。邓洪波的《中国书院史》统计五代十国时期创建的书院，共计十三所，北方的幽燕，即今日北京地区，只有窦氏书院一所。也正是这所书院，维护礼义风俗于干戈戚扬之中，承担起挽救斯文于不坠的社会责任，成为黑暗乱世中的一线光明。诚如钱穆先生在《五代时之书院》②中所比拟的，此即所谓"潜德幽光"也。

书院源起于唐代，据邓洪波先生考证，有唐一代，唐诗和各种地方志中所载的书院，不少于五十所，其中没有一所属于北京地区。事实上，蒙元建都北京之前，窦氏书院是北京地区曾经有

---

① 杜大珪《名臣碑传琬琰集》卷107《窦参政偁》。
② 钱穆先生此文发表于《贵善半月刊》2卷17期，时间为1941年11月，是最早的专论五代书院的文章，但失之过简。

过的唯一一所书院。它开启了北京书院从无到有的历史进程，而其开创者便是俗称"窦燕山"的窦禹钧。此书院既为初创，自然不能像成熟期的书院那样面面俱到，但其基本功能和作用，如征求图书、存续典藏、讲学授业、读书备考，都已具备了正规书院的应有形态，而且，其规模也是相当可观的。诚然，这所书院在北京地区存在的时间也许不长，随着窦氏一族"徙居河南"，书院的搬迁是不容置疑的。即使在流亡中，窦禹钧似乎也没有放弃书院，他的五个儿子能够进士登第，仙桂齐芳，就得益于这所书院，窦禹钧也因此获得了"义风家法"[①]，与孟母三迁相伯仲的美誉，名扬千年而长存。而窦氏书院在北京地区的短暂存在，则给北京留下了一颗文化的种子，在经历了漫长的两宋和辽、金之后，终于在元代蓬勃生长起来。

[①]《窦谏议录》，《范仲淹全集》（二），第450页。

理学北上燕都记

——太极书院探秘

一、元代"文治"的序幕

虽然许多民间传说都称窦禹钧创办的"窦氏书院"是北京地区的第一座书院，一些专家、学者似乎也乐于接受这种说法，但细究起来，还是觉得很勉强。事实上，北京地区第一家完备书院的名誉应该属于元太宗窝阔台末年由杨惟中等人创建的"太极书院"，此所谓实至名归，当之无愧也。

太宗窝阔台末年，也即太宗十二年（1240）庚子和十三年（1241）辛丑。此时距元军攻占金中都（今北京市）的1215年，已经过去二十五年，离元世祖忽必烈定国号为大元，改中都为大都，还有近三十年，至于元大都的建成，更是至元二十二年（1285）的事了。也就是说，太极书院的创建比元大都的建成还早四十多年。这是来自北方蒙古草原的统治者接受儒家学说的最早尝试，也是其从"马上夺天下"向文化治天下转型的一个标志。

蒙元发动对金国的战争，应在元太祖六年，金卫绍王大安三年辛未，时为公元1211年。仅仅用了四年时间，蒙古军队就横扫河北、山东、山西的大部分地区,并迫使金国放弃了中都(今北京西南),迁移至南京(今河南开封)。元太祖即成吉思汗,统率蒙古铁骑,东征西讨,武功卓著,《元史》说他"深沉有大略,用兵如神,故能灭国四十,遂平西夏,其奇勋伟迹甚众"[1]。然而,历史没有给他留下"文治"的时间,聊补此憾的是,他给自己的继承人留下了一份宝贵的遗产,即坚信"为天下者岂可不用治天下匠"[2]的耶律楚材。

耶律楚材字晋卿,辽东人氏,祖辈、父辈都在金国为官,他也做到开州(今重庆开州区)同知。金贞祐二年(1214),金章宗放弃中都燕京,迁都南京,耶律楚材被辟为左右司员外郎,留守燕都。第二年,中都被蒙军攻陷,从被俘的金国官员中,元太祖发现他是个人才,遂派人向他征询治国大计,随后又任命他为辅臣。据《元史》所称,他"博极群书,旁通天文、地理、律历、术数及释老、医卜之说,下笔为文,若宿构者"[3],可见是个诸葛孔明式的人物。他随侍于元太祖左右,尽其所能劝说蒙军放弃屠城滥杀的恶习,建立最初的制度规范。不过,耶律楚材的才能得以充分发挥,却是在元太宗窝阔台执政以后。太宗是成吉思汗的第三个儿子,据《元史》评价:"帝有宽弘之量,忠恕之心,量时度力,举无过事,华夏富庶,羊马成群,旅不赍粮,时称治平。"[4]

---

[1]《元史》卷一,本纪第一,太祖,第25页。
[2]《元史》卷一百四十六,列传第三十三,耶律楚材,第3456页。
[3] 同上书,第3455页。
[4]《元史》卷二,本纪第二,太宗,第37页。

这大约得益于他对耶律楚材的信任和重用，而耶律楚材自然也没有辜负他。君臣二人可谓如鱼得水。为君者，从谏如流，为臣者，尽忠尽责。在耶律楚材的扶持下，太宗得以创建元朝最初的一系列国家制度和机构，以及国朝的礼仪规范。太宗三年（1231）辛卯，即设立中书省，以耶律楚材为中书令，国朝大政均由耶律楚材主之。太宗四年（1232）壬辰，太宗南征，很快便拿下了金国南京。此时，耶律楚材又向太宗提出"遣人入城，求孔子后"的建议。事后证明，这一举措非同小可。据《元史》记载，孔子五十一代孙元措就是此时在汴梁城里被找到的，太宗特下诏袭封他为衍圣公，付以林庙地，还敕修了孔子庙和浑天仪。这一"诏"让天下的读书人大为感动。耶律楚材遂顺势下令"收太常礼乐生，及召名儒梁陟、王万庆、赵著等，使直释九经，进讲东宫。又率大臣子孙，执经解义，俾知圣人之道。置编修所于燕京，经籍所于平阳，由是文治兴焉"[1]。太宗六年（1234）甲午，金亡。"太宗始定中原，即议建学，设科取士"，随后"设国子总教及提举官，命贵臣子弟入学受业"[2]。太宗九年（1237）丁酉，耶律楚材又奏请太宗，通过科举，选拔儒臣。他说："制器者必用良工，守成者必用儒臣。儒臣之事业，非积数十年，殆未易成也。"太宗认同他的说法，"乃命宣德州宣课使刘中，随郡考试，以经义、词赋、论分为三科，儒人被俘为奴者，亦令就试，其主匿弗遣者死。得士

---

[1]《元史》卷一百四十六，列传第三十三，耶律楚材，第3458页。
[2]《元史》卷八十一，志第三十一，选举一，第2032页。

凡四千三十人，免为奴者四之一"。①这里还有一个小插曲，太原路转运使吕振、副使刘子振，被查出有经济问题，欲治罪。太宗责问耶律楚材："卿言孔子之教可行，儒者为好人，何故乃有此辈？"耶律楚材回答得也很巧妙："君父教臣子，亦不欲令陷不义。三纲五常，圣人之名教，有国家者莫不由之，如天之有日月也。岂得缘一夫之失，使万世常行之道独见废于我朝乎！"②听了他的这番话，太宗的疑虑才消除了。在一次蒙古诸王的聚会中，太宗亲执酒杯赐给耶律楚材，并发自肺腑地说道："朕之所以推诚任卿者，先帝之命也。非卿，则中原无今日。朕所以得安枕者，卿之力也。"③

二、太极书院的两位"助产士"

元太宗窝阔台于十三年（1241）辛丑冬十一月病逝。后三年（1244），甲辰夏五月，耶律楚材也走完了他的辉煌人生。而作为他的政治遗产，"文治"的舞台毕竟搭建起来了。接下来我们就会看到，另有一些重要人物将陆续登场，他们便是太极书院的创办者。第一个出场的便是杨惟中。郝经所作《太极书院记》写道：

> 庚子（1240）、辛丑（1241）间，中令杨公当国，议所以传继道学之绪，必求人而为之师，聚书以求其学，如岳麓、白鹿，建

---

① 《元史》卷一百四十六，列传第三十三，耶律楚材，第3461页。
② 同上书，第3462页。
③ 同上书，第3460页。

为书院,以为天下标准,使学者归往,相与讲明,庶乎其可。乃于燕都筑院,贮江淮书,立周子祠,刻《太极图》及《通书》、《西铭》等于壁,请云梦赵复为师儒,右北平王粹佐之,选俊秀之有识度者为道学生。推本谨始,以"太极"为名,于是伊洛之学遍天下矣。①

这里的"中令杨公"即杨惟中,字彦诚,弘州(地处今河北省阳原县和宣化县西南)人。他在"金末,以孤童子事太宗,知读书,有胆略,太宗器之。年二十,奉命使西域三十余国,宣畅国威,敷布政条,俾皆籍户口属吏,乃归,帝于是有大用意"②。这"大用意"是否与创办太极书院有关,我们不得而知,但太极书院的创办,杨惟中确是第一关键人物。时当太宗七年(1235)乙未,皇子阔出受命(一说曲出,另说库春)③伐宋,杨惟中被任命为"军前行中书省事"。他的使命显然不是排兵布阵,而是另有所求。蒙古军队所向披靡,连续攻克宋朝的枣阳、光化等军,光、随、郢、复等州,以及襄阳和德安诸府。于是,杨惟中从俘获的数十万人中,"凡得名士数十人,收伊洛诸书送燕都"。这才有了后来"立宋大儒周敦颐祠,建太极书院,延儒士赵复、王粹等讲授其间,遂通圣贤学,慨然欲以道济天下"的一番事业。④

---

① 元郝经著《陵川集》卷二十六,第四册,第917—918页。
② 《元史》卷一百四十六,列传第三十三,第3467页。
③ 关于二太子的名字,《元史》杨惟中传为"阔出",太宗本纪为"曲出",《中国书院史》作库春,不知所本。
④ 《元史》卷一百四十六,列传第三十三,第3467页。

谋建太极书院的另一个关键人物即姚枢。他是杨惟中的追随者、合作者,亦是他的下属。据《元史·姚枢传》记载:"姚枢字公茂,柳城人,后迁洛阳。少力学,内翰宋九嘉识其有王佐略,杨惟中乃与之偕觐太宗。岁乙未,南伐,诏枢从惟中,即军中求儒、道、释、医、卜者。"这是太宗赋予他们的重要使命。"会破枣阳,主将将尽坑之",姚枢便拿出太宗的诏书,与主将据理争辩,说明坑杀被俘之人并非太宗诏书的本意。不久"拔德安,得名儒赵复,始得程颐、朱熹之书"①,遂为太极书院的创建奠定了基础。

三、赵复的死而复生

上面三段引文都提到一个叫"赵复"的人,他是德安破城后被俘的几十万人之一,曾挂俘籍。幸运的是,他遇到了正在渴求人才的杨惟中、姚枢,正所谓"一经品题,便作佳士",由于杨、姚二人的干预,他便脱离了俘籍,不久又去了燕都。后来他受邀主讲太极书院,自然顺理成章。此人《元史·儒学》有传,传中记述他的身世、遭际、学问、造诣,以及他对儒学、理学的贡献,是颇为可观的。其中写到他与杨惟中、姚枢相识相知,北上燕都的经历,既传奇,又让人痛彻心扉,唏嘘不已。

赵复字仁甫,江西德安人,尝家居江汉之上,以江汉自号,学者称之为"江汉先生"。太子阔出受命伐宋,攻占德安,几十万德安人都成为战俘,赵复就在其中。此时,杨惟中正在军前行中

---

①《元史》卷一百五十八,列传第四十五,第3711页。

书省事，而他的合作者，与他同创太极书院的另一位关键人物姚枢，亦"奉诏即军中求儒、道、释、医、卜士，凡儒生挂俘籍者，辄脱之以归"①。赵复就以这种方式被杨、姚二人从战俘中解救出来，免于一死。姚枢和他交谈后，觉得他不是个寻常士人，希望他能随自己到北方去。但赵复拒绝了他的请求，因为，他的九族亲人都在这场战争中被杀害了，他正陷于巨大的悲恸之中。姚枢担心他寻短见，把他留在自己的帐中同宿。夜里醒来才发现，虽然寝衣还在，人却不见了。姚枢骑马在战场上的死人堆里搜寻很久，都没能发现他的身影。直到行至江边，才看见披头散发光着脚的赵复，仰天而号，似乎想要投水自尽。姚枢赶紧拉住他，对他说，就这么死了，有什么意义呢？"汝存，则子孙或可以传绪百世。随吾而北，必可无他"。听了姚枢的劝告，赵复勉强随之来到燕都。②

这个故事还有另一个版本，见于元代名儒许有壬所作《雪斋书院记》。雪斋是姚枢在辉州（今河南辉县市）苏门山的讲学之地，姚枢后以"雪斋"为号，人称雪斋姚公。他是营州柳城（今辽宁朝阳）人，他的先祖作为后唐的使者出使契丹，因故留居于此。祖父、父亲都曾做过金朝的官，遂辗转来到中原，姚枢即生长于洛阳。他自幼读书刻苦，自期甚高，在与杨惟中一起参加对宋"南伐"中，亦不辱使命。"辛丑（1241年，太宗十三年），赐金符，

---

① 《元史》卷一百八十九，列传第七十六，儒学一，第4313页。

② 这个故事参见《元史·赵复传》卷一百八十九，列传第七十六，儒学一，第4313页。

为燕京行台郎中。"①太宗窝阔台不久便去世了。他死后，他的儿子贵由被立为皇帝，是为定宗，但朝政操纵在太后乃马真氏手中。元定宗是个庸懦之辈，在位三年，没有什么作为。在这种情况下，恰好姚枢的同事兼上司牙鲁瓦赤，"惟事货赂，以枢幕长，分及之"。姚枢既不肯同流合污，便借此机会弃官而去。他"携家来辉州，作家庙，别为室奉孔子及宋儒周惇（敦）颐等像，刊诸经，惠学者，读书鸣琴，若将终身"②。"雪斋先生"之名亦由此而得之。元顺帝至正七年（1347），有监察御史建议，此地应设立为书院，以资纪念。此时距姚枢去世的元世祖至元十七年（1280），已经过去了半个多世纪。他的后人请求许有壬为之做篇文章。但他的墓碑已经有了铭文，是其侄牧闇所作，而"书院尚未有记"，此事只能恳请有壬先生。许有壬亦欣然命笔。因为，他对姚枢倾慕已久，很推重他"首倡道学"的功绩，认为他"阐明道学，其功大焉"。在其所作《雪斋书院记》中，他也提到姚枢与赵复的那段经历：

> 拔德安，得江汉先生赵复仁甫，与之言，信奇士，出所为文数十篇，以九族殚残，不欲北，留帐中一夕，惟寝衣求存，至水裔，与欲投溺而未入也，公晓以徒死无益，遂还，尽出程朱性理之书付公。公得之，躬行实践，发明授徒，北方经学盖自兹始。③

---

① 《元史·赵复传》卷一百八十九，列传第七十六，儒学一，第4313页。
② 《元史》卷一百五十八，列传第四十五，姚枢，第3711页。
③ 许有壬《雪斋书院记》，《中国书院史资料》，上册，第375—378页。

这段叙事与前面所引《赵复传》有两点不同：其一，赵复当时并未随姚枢来到燕都，只是把自己收藏的"程朱性理之书"送给了姚枢；其二，姚枢虽未能将赵复带回燕都，但他带回了赵复赠送的书籍，并且"躬行实践，发明授徒"，北方有经学，姚枢是开创者。

四、"短命"的太极书院

许有壬是元末名儒重臣，曾历事仁宗至顺帝七朝，凡五十余年，在许多人看来，他的讲述自然要比《元史》更接近事实真相。毕竟，受命编修《元史》的李善长、宋濂等都是明朝人，而修史的时间又很短，非常仓促。证诸《元史·姚枢传》，其中也曾提到他从赵复那里得到过"程颐、朱熹之书"，却未提及他与杨惟中请赵复主讲太极书院一事，让人感到十分蹊跷。细读本传发现，恰好是在筹建太极书院的辛丑年（1241），姚枢离开燕都，隐居辉州苏门山，而太极书院此时似乎还在筹建之中，尚未建成。《太极书院记》的作者郝经，也是筹建太极书院的主要参与者之一，他有一首悼念王粹（字子正）的诗《哀王子正》，其中这样写道：

> 鹿去中州道不行，先生今日死犹生。
> 长鲸万里朔风急，独鹤一天秋月明。
> 拟见斯文还太极（时方作太极书院，未毕），遽收浩气反元精。
> 世无程邵知音少，云黯燕山恨不平。[1]

---

[1] 郝经《哀王子正》，《陵川集》卷十三，第二册，第414页。

诗中小注出自诗人之手。王粹同为筹建太极书院的重要参与者，曾被选作赵复的助手。但他也在书院筹建期间离开了燕京，并于癸卯年（1243）九月不幸去世，最终没有见到太极书院的正式建成。

太极书院开始筹建是在元太宗十二年（1240）或十三年（1241），此时不仅元大都的规划建设远未开始，甚至连金中都的修复尚来不及进行。金宣宗贞祐三年（1215），中都陷落，蒙古大军破城而入，虽有中都和平投降，蒙古军未大开杀戒的说法，但乱兵焚烧金宫室，大火烧了一个多月未能熄灭，却也是实情。宋端平元年（1234），宋使来到这里，王楫陪他凭吊亡金宫室，看到的还是"瓦砾填塞，荆棘成林"。[①]以至于忽必烈初来燕京，也只能住在位于燕京东北郊琼华岛上的大宁宫内。由此可见，太极书院想要找到一处合适的院所并不容易，范围大约就在金中都旧城之内，但年深日久，确切的位置已不可考。

看来，太极书院开办的时间应该不会很长。按照郝经在《哀王子正》诗中所述，1243年书院尚未建成，而赵复又于1247年离开书院，南游东平府和济南去了，那么，书院很有可能只存在于1243年至1247年。这期间，先是姚枢于1241年离开燕都，回了辉州苏门山；随后，杨惟中亦于定宗（1246—1248）即位后被派往山西处理案件，平定叛乱，离开了燕都。太极书院的创办，没有杨惟中是不可想象的。他既不在，官方的支持也就难以为继了。赵复的南游恐怕就与杨惟中离开燕都有关。他从燕都出发，渡卢

[①]《日下旧闻考》卷二十九，第二册，第428页。

沟，走白沟，先到保定，住在郝经家里。《元史·郝经传》记载："郝经字伯常，其先潞州（今山西长治市）人，徙泽州（今山西晋城市）之陵川（今山西陵川县），家世业儒。"祖父、父亲都是教书先生。金末战乱，郝家避居河南鲁山（今河南鲁山县）。"金亡徙顺天。家贫，昼则负薪米为养，暮则读书。居五年，为守帅张柔、贾辅所知，延为上客。二家藏书皆万卷，经博览无不通。"①赵复恰于此时途经这里。年仅二十五岁的郝经尚未入仕，而他对赵复却不陌生，因而担负起接待赵复的职责。这期间，他还写下诗文数篇，计有《听角行》《后听角行》《南楼书怀赠赵丈仁甫》《送仁甫丈还燕》诗四首，以及《与汉上赵先生论性书》和《送汉上赵先生序》两篇文章。他在《后听角行序》中提到赵复的此次行程：

丁未（1247）冬十有一月，汉上赵先生仁甫宿于余家之蜗壳庵。霜清月冷，角声寥亮，乃作《听角行》以赠其行。②

一年后，赵复告别郝经，行至济南，与老朋友、诗人杨弘道相见。他与杨弘道有过同样的经历，当年都是杨惟中、姚枢从"俘籍"中搭救出来的。因而，虽有难处，杨弘道对他仍以客待之。杨弘道尝作《送赵仁甫序》表白："愚虽敬受其书，而所居僻陋，不足以馆君；因病止酒，又不能与君对酌。但日相从游，听

---

① 《元史》卷一百五十七，列传第四十四，第3698页。
② 郝经《后听角行序》，《陵川集》卷十二，第386页。

其谈辨而已。"①杨弘道是诗人,理学不是其所长,但对赵复则"尊其所学"。他说道:"德安赵君仁甫,承学之士也。士有穷达,其穷数也,其达学也,征之赵君,信然。"②这里所谓"数",可以理解为人的气数、命运,也就是说,士人的困顿与显达,可以从赵复的经历中看得很清楚。他的气运不佳,赶上战乱,亲族尽亡于兵戈,他自己也陷于"俘籍",几乎性命不保,这便是他的所谓"穷";但他又是幸运的,他的学识得到杨惟中、姚枢这些朝廷权贵的赏识,从而改变了他的命运。杨弘道于是写道:"君始北徙,羁穷于燕。已而,燕之士大夫闻其议论证据,翕然尊师之,执经北面者二毛半焉。"③学生当中,头发花白之人就占了一半。《元史·儒学·赵复传》亦载:"自复至燕,学子从者百余人。"④元代著名学者许衡、郝经、刘因都是他的学生,"皆得其书而尊信之。北方知有程朱之学,自复始"⑤。这便是杨弘道所看到的赵复的达于学。

---

① 杨弘道《送赵仁甫序》,转引自魏崇武《赵复理学活动述考》,《信阳师范学院学报》(哲学社会学版),1995年第1期。
② 同上书。
③ 同上书。
④ 《元史》卷一百八十九,列传第七十六,儒学一,第4314页。
⑤ 同上书。

五、赵复的"穷"与"达"

郝经也同赵复讨论过"穷达"的问题。他在《送汉上赵先生序》中便开门见山指出:"穷先生者,此行也,达先生者,亦此行也。"[1] 这里所说的"此行",应该就指赵复北上燕都。他认为,赵复此行,从个人遭际的角度,以平常世俗的眼光来看,从花柳繁华之地来到茹毛饮血的异邦,如何不"穷"呢?但有些事不能以寻常的眼光或个人的遭际来判断,如果换个角度来看,赵先生此行不仅不能称之为"穷",甚至可以称之为"达"呀!他的理由是"变"和"天下",于是他说道:"先生尝蹈夫常矣,而未蹈乎变也;尝行夫一国矣,而未行乎天下也。"这固是赵先生的局限性,现在,"天其或者欲由常以达变,由一国以达天下欤"?赵先生当然不能违背上天的意志,他追随天意,来到北方,眼界亦随之大大地拓展开来:

> 昔之所睹者,江、汉、荆、衡而已。今也仰嵩高,瞻太华,涉大河之惊流,视中原之雄浸,太行、恒、碣,脊横天下。昔之所游者,荆、吴、闽、越而已,今也历汴洛,睨关陕,越晋卫,观华夏之故墟,睹山川之形势,见唐、虞、三代建邦立极之制,齐鲁圣人礼仪之风,接恒岱之旷直,激燕赵之雄劲。昔之所学者,富一身而已。今也传正脉于异俗,衍正学于异域,指吾民心术之迁,开吾民

---

[1] 郝经《送汉上赵先生序》,《陵川集》卷三十,第1034页。

耳目之蔽，削芜漫，断邪枉，破昏塞，俾六经之义、圣人之道，焕如日星，沛如河海，巍如泰华，充溢旁魄，大放于北方。如是，则先生之道非穷也，达也。

在这里，郝经对赵复选择北上燕都是给予充分肯定的。在他看来，士之穷达不在于是否遭逢患难或夏变于夷，而一定要看道和理是不是能够发扬光大，赓续绵延，即所谓"为往圣继绝学"。所以，他不由得感叹："噫！仲尼穷于行而达于圣，孟轲穷于行而达于贤，史迁穷于行而达于史，杜甫穷于行而达于诗，韩愈穷于行而达于文。果穷也邪？此行也，人视先生以为大穷，经则以为大达。先生可纵轨扬辔，沛胸中之浩浩，骛通逵之坦坦，劲行而无虑矣。"①

六、赵复不死的理由

郝经的这篇序文，貌似为赵复所作之辩护词。由此我们或可猜测，赵复选择北上燕都，主讲太极书院，在士人群体中还是很有些争议的。宋元之际，改朝换代，不同于汉取代秦，晋取代汉，唐取代隋，宋取代唐，这里，除了王朝更替之外，还有一重"异族"入主中原，以夷变夏的意味。因而，汉族士人面对这种局面，心情就比较复杂。尤其在宋代，理学盛行，纲常伦理是很讲成仁取义，尊礼守节的，"饿死事小，失节事大"并非专门针对妇

---

① 《送汉上赵先生序》，《陵川集》卷三十，第1034页。

人,这种贞节观对士人的行为也有一定的约束力。当年,选择"死节""取义"的士人并不少,文天祥就是其中最著名的代表人物。

但赵复没有一死了之。他不是没有死的理由。他是信奉理学的,理学对士子的要求他很清楚。更何况,他的"九族"都死于元军之手,他要跨过这道坎儿在情感上也是很难的。但他最终毕竟选择了与杨惟中、姚枢合作,其间有怎样的心路历程,从有限的文献材料中,我们能否找到一些蛛丝马迹呢?

我们先看《元史·儒学·赵复传》记载,其中写到姚枢劝他切莫轻生时说了一番话:"汝存,则子孙或可以传绪百世,随吾而北,必可无他。"[1]姚枢给出的理由是,留得青山在,不怕没柴烧,也就是说,人在还可以传续后代,人死,就真的绝于世了。赵复听从他的劝告,勉强随他来到燕京。

同是姚枢所言,还有另一种说法,姚枢之子姚燧在《序江汉先生事实》中也提到姚枢说过的一番话:"果天不生君,与众已同祸。爱其全之,则上承千百年之统,而下垂千百世之绪者,将不在是身耶?徒死无义。可保君而北无他也。至燕,名益大著。北方经学,实赖鸣指。游其门者,将百人,多达材其间。"[2]

据说,魏源在《元史新编》中也曾提到姚枢劝解赵复的一番话,却又有所不同:"枢晓以'布衣未仕,徒死无益,不如随吾而北,可以传学教化'。"[3]

---

[1] 《元史》卷一百八十九,列传第七十六,儒学一,第4313页。
[2] 姚燧《牧庵集》卷四,第47页,中华书局1985年新一版。
[3] 魏源《元史新编》,转引自魏崇武《赵复理学活动述考》。

三句话都出自姚枢之口，表达了三个意思，主旨分别是"传宗"、"传道"与"求仕"，至于哪句话起了作用，我们亦不得而知。可知的，一是赵复始终不曾"仕元"，也就是没做过元朝的官。元世祖忽必烈未登基前曾在"潜邸"召见他，向他询问"取宋"的方略，他回答道："宋，吾父母国也，未有引他人以伐吾父母者。"①由此可见，他在原则问题上并不糊涂。其二，虽然他人在燕都，但心存故乡，"尝有江汉之思"。②元代书法家鲜于枢在其《困学斋杂录》中存录赵复的两首诗，就流露了这样的思绪。其中一首为《寄皇甫庭》，大约作于离开江南之时，皇甫庭已不可考。诗云：

　　　　寄语江南皇甫庭，此行无虑隔平生。
　　　　眼前漫有千行泪，水自东流月自明。

　　诗中表明了他的心迹。另一首诗为《自遣》：

　　　　醉乘鸾驭到仙家，彩笔云笺赋落霞。
　　　　老去空山秋寂寞，自锄明月种梅花。③

---

① 《元史》卷一百八十九，列传第七十六，儒学一，第4314页。
② 孙承泽《天府广记》上册卷三，第31页，北京古籍出版社1982年1月版。
③ 鲜于枢《困学斋杂录》，《四库笔记小说丛书》（外十四种），第4页，上海古籍出版社1993年7月版。

七、赵复与元好问

据说，南游回到燕都后不久，赵复去向不明。按照诗中透露的消息，他最终可能做了隐士，到山中隐居去了；或者落叶归根，重回江汉，也说不定。《元史·儒学·赵复传》中所记载的他给元好问的赠言，也许能从另一侧面说明赵复的诉求究竟是什么："元好问文名擅一时，其南归也，复赠之言：以博溺心，末丧本为戒，以自修读《易》，求文王、孔子之用心为勉。"①赵复何以要对元好问说这番话？其中的隐情便是，元好问曾因与耶律楚材和忽必烈走得很近而招致谤伤，赵复劝他以修己为本，即着眼于此。"博溺心"一语出自《庄子·缮性》篇："文灭质，博溺心，然后民始惑乱，无以反其性情而复其初。"②意思就是说，文饰破坏本质，博学沉溺心灵，然后民众就会迷乱，无法再回到本性并复归初心。而这种本性与初心正是赵复所向往和追求的。

不过，《元遗山先生年谱》的作者凌廷堪认为，赵复的这番话，"先生亦未必以为然也"。③他的理由在于元好问写给赵复的两首《赠答赵仁甫》诗。其一：

---

① 《元史》卷一百八十九，列传第七十六，儒学一，第4315页，中华书局1976年4月版。
② 陈鼓应注译《庄子今注今译》，第405页，中华书局1983年4月版。
③ 孔凡礼编《元好问资料汇编》附录一，第444页，学苑出版社2008年4月版。

我友高御史，爱君旷以真。

昨朝识君面，所见胜所闻。

江国辞客多，玉骨无泥尘。

轩昂见野鹤，过眼无鸡群。

想君夜醉浔阳时，明月对影成三人。

散著紫绮裘，草裹乌纱巾。

浩歌鱼龙舞，水伯不敢嗔。

何意醉梦间，失脚堕燕秦。

万世一旦暮，万里犹比邻。

世无鲁连子，黑头万蚁徒纷纷。

君居南海我北海，握手一杯情更亲。

老来诗笔不复神，因君两诗发兴新。

都门回望一大笑，袖中知有江南春。①

其二：

南冠牢落坐贫居，却为穷愁解著书。

但见室中无长物，不闻门外有轩车。

六朝人物风流在，两月燕城笑语疏。

寒士欢颜有他日，晚年留看定何如。②

---

① 狄宝心校注《元好问诗编年校注》，第三册，第1109页，中华书局2011年1月版。
② 同上书，第1112页。

这两首诗中既有赞许也有质疑，故凌廷堪认为，"其称之不过如此"。也就是说，元好问对赵复及其赠言是有所保留的，并不完全认同，而赵复的人生理念则借此得以充分地表达，使我们对赵复的认知多了一些生动的事例。他始终是把"爱人以德"，传续道统，奉为自己的职守并付诸实践的。

八、两种理学，两种儒生

因而，赵复之于太极书院，可谓灵魂式的人物。他的存在，标志着太极书院不是一所一般的书院，而是奉程朱理学为正统，学续千秋的教育机构，是元中央政府为各级地方政府办学树立的榜样。一直以来就有"金以儒亡"的说法，自命为"后金"的清廷看在眼里，自皇太极开始，就一再强调"满洲传统"，"国语骑射"。据说，在北京日坛附近的校场，立过一块石碑，碑文大意如下：

> 金亡于学习汉人风俗，以致逐渐文弱，终为蒙古所灭。我朝自关外入主中原，即因人民习武善战，故能一举灭明。凡我满人以金人为前车之鉴，勿蹈覆辙，如能保持原有风气，始免为人破灭。①

清廷是否吸取了金人的教训暂且不谈，事实上，自元代起，

---

① 转引自周思成《隳三都：蒙古灭金围城史》，第13页，山西人民出版社2021年1月版。

官方都把程朱理学、四书五经规定为科举考试的内容，既以科举为鹄的，其所以为教也，不过制义、章句、诗赋之类，目的都是奔着科名爵禄去的。因此，很久以来，凡有攻击科举制度的，都拉四书五经、程朱理学来陪绑。特别是在清末，科举被视为政治落后、愚民误国的根源，四书五经、程朱理学更是难辞其咎。以至于后来检讨科举之弊时，仍把科举之恶归结为考试内容的"不足致用"。这里或有官方出于自身目的，把四书五经、程朱理学官学化，抽掉它的精神实质，把它变成僵化的、愚弄士子的工具的一面，也有一般士子对它的误解、误读，仅仅视其为改变命运的敲门砖。

然而，赵复心目中的程朱理学却是一种至高无上的精神，一种贯穿了五千年的文脉道统，绝非考试工具那么简单。《元史·儒学·赵复传》对太极书院的宗旨和教学内容有较为详细而具体的表述：

> 惟中闻复论议，始嗜其学，乃与枢谋建太极书院，立周子祠，以二程、张、杨、游、朱六君子配食，选取遗书八千余卷，请复讲授其中。复以周、程而后，其书广博，学者未能贯通，乃原羲、农、尧、舜所以继天立极，孔子、颜、孟所以垂世立教，周、程、张、朱氏所以发明绍续者，作《传道图》，而以书目条列于后；别著《伊洛发挥》，以标其宗旨。朱子门人，散在四方，则以见诸登载与得诸传闻者，共五十有三人，作《师友图》，以寓私淑之志。又取伊尹、颜渊言行，作《希贤录》，使学者知所向慕，然后求端用力之方备矣。枢既退隐苏门，乃即复传其学，由是许衡、郝经、刘因皆得其

书而尊信之，北方知有程朱之学自复始。①

赵复是要传道的，这个"道"的源头就是"太极"。郝经曾是太极书院的学生，他作《太极书院记》，对太极书院的办学宗旨也有极为深刻的阐述：

> 书院之名不以地，以"太极"云者，推本而谨始也。书院所以学道，道之端则著于太极。宓羲画易，以之诒始；文王重易，以之诒始；孔子赞易，以之原始。至于濂溪周子之图易，则又以为动静之几，阴阳之根，建极承统，开后世道学始。今建书院以明道，又伊洛之学传诸北方之始也。一以为名，五始并见，则幽都朔易，复一太极也。②

九、何以"太极"

郝经这番话简明扼要地说明了书院以"太极"命名的理由，以及道学与太极的关系。既然建书院是为了明道，那么，称书院为"太极"则恰如其分。不仅如此，他们还在书院内为周敦颐建了一座周子祠，按时祭拜，并以程颢、程颐、张载、杨时、游酢、朱熹六人配享。祠内墙壁上还刻了周敦颐的《太极图》、《通书》和张载的《西铭》。这个规格是很高的，可以看作元统治者的一种

---

① 《元史》卷一百八十九，列传第七十六，赵复传，第14册，第4313—4315页。
② 郝经《太极书院记》，《陵川集》卷二十六，第四册，916页。

姿态，意在表明对宋儒道学传统的认可和接纳，也表明了宋代理学的根本就在这里。

为什么理学（道学）以"太极"为标志呢？这就要说到儒学在宋代所经历的那场革命性变革。隋唐以来大的趋势是佛盛儒衰，"中国学术系统，不传于儒而传于释老，盖数百年于兹矣"[①]。这便引起了一些儒学士大夫的反抗。首先做出反应的是唐代的韩愈（昌黎），他曾因一篇《论佛骨表》得罪了唐宪宗，而被发配潮州。钱穆说过："韩氏论学虽疏，然其排释老而返之儒，昌言师道，确立道统，则皆宋儒之所滥觞也。"[②]

至于宋朝，对儒学的改造则分道两途，吕思勉认为，首途"当推安定（胡瑗，字翼之，泰州如皋人，世居安定，学者称'安定先生'）、泰山（孙复，字明复，晋州阳平人，退居泰山，学者称'泰山先生'）、徂徕（石介，字守道，奉符人，居徂徕山下，鲁人称为'徂徕先生'）。黄东发谓'本朝理学，虽至伊洛而精，实自三先生始'是也"[③]。钱穆部分地赞成这种看法，他不仅将宋学复兴的功绩赋予了安定、泰山、徂徕三位先生，而且特别强调，他们所发扬的宋学精神，即所谓"道德仁义圣人体用，以为政教之本"者，正是"宋儒所以自立其学以异于进士场屋之声律，与夫山林释老之独善其身而已者也"。[④]他的意思概言之即："夫不为

---

① 陈钟凡《两宋思想述评》，第1页，东方出版社1996年3月版。
② 钱穆《中国近三百年学术史》，上册，第2页。
③ 吕思勉《理学纲要》，第24页，东方出版社1996年3月版。
④ 钱穆《中国近三百年学术史》，上册，第3页。

相则为师,得君行道,以天下为己任,此宋明学者帜志也。"①

另一途则以周、程、张、邵为代表。周即周敦颐,字茂叔,道州营道人,知南康军,家庐山莲花峰下,有溪合于湓江,取营道故居濂溪名之。他作《太极图说》和《通书》,在宋儒中是首创。程指二程,即程颢(字伯淳,洛阳人,学者称"明道先生")、程颐(字叔正,初称"广平先生",后居伊阳,改称"伊川先生"),颢为兄,颐为弟,兄弟二人年轻时同受业于濂溪,年长后主要靠自学。"然周子以主静立人极,明道易之以主敬,伊川又益之以致知,其学实一脉相承。朱子又谓二程之学,出自濂溪;后人遂尊为理学之正宗焉。"②张即张载,字子厚,凤翔郿县横渠镇人,他的学问在二程之间,敦厚崇礼,非常纯正,不过伊川谓其"苦心极力之象多,宽裕温和之气少",后人尊之,遂不如濂溪之甚。邵为邵雍,字尧夫,范阳人,曾祖家衡漳,幼从父迁河南,元祐赐谥康节,后人遂以"康节先生"称之。康节之学偏于数,即术数之学。这门学问在中国研究的人不多,理学家亦不认其为正宗。诚然,宋学能在中国思想史、学术史上独树一帜,自成一家,这五位先生都有为理学开拓、奠基之功。③

至于造成宋代学术取向的原因,梁启超认为主要是两条:其一,自六朝隋唐以来,物质文化繁荣发达,"建筑、文学、美术、音乐等等都呈现历史以来最活泼的状况。后来,这种文明烂熟的

---

① 钱穆《中国近三百年学术史》,上册,第2页。
② 《理学纲要》,第26页。
③ 参考《理学纲要》,第26页。

结果，养成社会种种惰气。自唐天宝年间两京陷落，过去的物质文明已交末运，跟着晚唐藩镇和五代一百多年的纷乱，人心愈发厌倦，所以入到宋朝，便喜欢回到内生活的追求，向严肃朴素一路走去"。其二，自"隋唐以来，印度佛教各派教理尽量输入，思想界已经搀入许多新成分，但始终儒自儒，佛自佛，采取一种不相闻问的态度。到了中晚唐，两派接触的程度日渐增加，一方面有韩愈一流人据儒排佛，一方面有梁肃、李翱一流人援佛入儒。到了两宋，当然会产出儒佛结合的新学派。加以那时候的佛家，各派都衰，禅宗独盛。禅宗是打破佛家许多形式和理论，专用内观功夫，越发与当时新建设之道学相接近，所以道学和禅宗，可以说是宋元明思想全部的代表"[1]。

梁启超继续发挥自己的这种看法："道学派别，虽然不少，但有一共同之点，是想把儒家言建设在形而上学——即玄学的基础之上。原来儒家开宗的孔子不大喜欢说什么'性与天道'，只是想从日用行为极平实处陶养成理想的人格。但到了佛法输入以后，一半由儒家的自卫，一半由时代人心的要求，总觉得给孔门学说找补些玄学的作料才能满足。于是从'七十子后学者所记'的《礼记》里头抬出《大学》《中庸》两篇出来，再加上含有神秘性的《易经》作为根据，来和印度思想对抗。'道学'最主要的精神实在于此。"[2]

不过，钱穆似乎并不认同梁启超的这些观点，他断言："后人

---

[1] 梁启超《中国近三百年学术史》，第2—3页，东方出版社1996年3月版。
[2] 同上书，第3页。

以濂溪为宋学开山,或乃上推之于陈抟,皆非宋儒渊源之真也。"又说:"近世论宋学者,专本濂溪太极图一案,遂谓其导源方外,与道、释虚无等类并视,是岂为识宋学之真哉!"①他坚信,安定、泰山、徂徕三位先生与范仲淹、王安石辈才是宋学的主流。他对宋学亦有所总结:"故言宋学精神,厥有两端:一曰革新政令,二曰创通经义,而精神之所寄则在书院。革新政治其事至荆公而止;创痛经义,其业至晦庵而遂。而书院讲学,则其风至明末之东林而始竭。"②

十、朱熹思想的另一面

究竟谁是宋学的开创者并代表着宋学的精神,我们无意断此公案。这里只就赵复的学术传承而言。虽然他不是朱熹的入室弟子,但他自认为是私淑弟子,所以,传播其思想更是不遗余力。再有一点,安定、泰山、徂徕三位先生的思想与致力于政治改革的范仲淹、王安石的主张,自徽、钦二帝北狩之后,已被宋统治者日益冷淡,打入冷宫,其代表人物王安石尤被污名化;而元代政治,南人、儒生的地位本就很低,能在政治上有所作为的只是极少数,更不可能接受宋学中主张"革新政令"的一脉。至于南宋,朱熹作为集周、邵、张、程之大成的理学一派之完成者,脱颖而出,主导了宋学的方向。《宋史·道学传》有言:

---

① 钱穆《中国近三百年学术史》,第4、6页。
② 同上书,第7页。

朱熹字元晦，一字仲晦，徽州婺源人……故熹之学既博求之经传，复遍交当世有识之士。延平李侗老矣，尝学于罗从彦，熹归自同安，不远数百里，徒步往从之。其为学，大抵穷理以致其知，反躬以践其实，而以居敬为主。尝谓圣贤道统之传散在方册，圣经之旨不明，而道统之传始晦。于是竭其精力，以研穷圣贤之经训……黄榦曰："道之正统待人而后传，自周以来，任传道之责者不过数人，而能使斯道章章较著者，一二人而止耳。由孔子而后，曾子、子思继其微，至孟子而始著。由孟子而后，周、程、张子继其绝，至熹而始著。"识者以为知言。①

这里所述，道出了朱子之学的渊源与传承。据《朱熹年谱长编》，朱熹卒于宋宁宗庆元六年（1200），享年七十一岁。上距程颐去世，已近百年。而李侗学于罗从彦，罗从彦学于杨时，杨时则为程氏兄弟之弟子。这样看来，朱熹自以其学接续程门之传，是不错的。黄榦所说，朱熹亦自命之。简而言之，朱熹的形上之学，既以周敦颐之《太极图说》为骨干，而以邵康节所讲之术数，张载所说之气，以及程氏兄弟所谓形上形下及理气之分融会贯通，自成一家。赵复在太极书院所讲授的，大约就是这一套。

但这里对朱子之学或有一点误解，也可以说是偏见，这一点我们可以从余英时对"宋代士大夫政治文化的研究"中得到启发。先是梁启超说，宋学最主要的精神，是用力于内求，专在内观上

---

① 《宋史·道学三·朱熹》卷四百二十九，列传一百八十八，第36册，第12751、12769—12770页。

下功夫，走玄学的、形而上的路线，是一种专讲"心、性、理、气"的性理之学。梁启超讲得比较笼统，而且，他的目的主要是想说明清代思潮对于宋明理学的反动，以经世致用纠正宋明理学的空疏、虚无、浮伪和冥思。其后则有钱穆断言，"革新政治其事至荆公而止"，直到明末之东林，才恢复"本经义推之政事"[①]的传统。但余英时的研究告诉我们，另有一些事实真相是很容易被人们所忽略的。他言道："在一般哲学史或理学史的论述中，我们通常只看到关于心、性、理、气等等观念的分析与解说，至于道学家的政治思想与政治活动，则哲学史家往往置之不论，即使在涉及他们的生平时也是如此。"[②]在他看来，从现代学术分类的角度，这固然有其道理在，但有意无意之间却也造成了一个相当普遍的印象，好像儒学进入南宋以后就"内转"了。而他想强调的一个重要事实却是："即以最有代表性的理学家如朱熹和陆九渊两人而言，他们对儒学的不朽贡献虽然毫无疑问是在'内圣'方面，但是他们生前念兹在兹的仍然是追求'外王'的实现。"[③]

余英时在《朱熹的历史世界》这部书中通过大量的历史文献和事实，详细论证了朱熹和他的追随者是如何理解和处理"内圣"与"外王"的关系的。他们坚信，"外王"首先必须建立在"内圣"的基础之上。王安石熙宁变法的失败，在他们看来，就在于他把

[①] 钱穆《中国近三百年学术史》，上册，第7页。
[②] 余英时《朱熹的历史世界》上，第11页，生活·读书·新知三联书店2004年8月版。
[③] 《朱熹的历史世界》上，第11页。

"外王"建立在错误的"性命之理"上面。不过，余先生并不否认，在南宋的政治环境中，"外王"也好，"得君行道"也好，甚至作为"天下之共治者"或"天下之论治者"也好，都只能是理学家们的内心诉求，是可望而不可即的理想秩序。事实上，在朱熹去世之前的十几年里，曾有过三件大事发生，都可视为朱子之学遭遇的重大挫折：一件是宋孝宗淳熙十年（1183）陈贾"请禁伪学"，一件是十五年（1188）的林栗奏劾朱熹，再有就是"庆元党禁"。宋宁宗庆元年间即1195—1200年，朱熹就是1200年去世的。可以说，朱熹去世前，朱子之学，或理学、道学已经被边缘化了。因此，《宋史·道学一》有云："道学盛于宋，宋弗究于用，甚至有厉禁焉。后之时君世主，欲复天德王道之治，必来此取法矣。"[1]

十一、理学在元的复兴

《宋史》说出了一个基本事实，不为宋用的道学，在元代却成为君臣共同追捧的对象。从太宗到世祖，几十年里，颁布了一系列有助于程朱理学传播的政策和措施。太极书院的创办只是其中之一。学生中，许衡、刘因最有名，人称"元北方两大儒"，[2] 与南方的吴澄一起，被黄宗羲尊为元代学者中的"三先生"。刘因字梦吉，保定容城人。家里世代为儒，祖父、父亲都仕于金，因而把他归入元初的"金遗民"。其实，刘因最初还是做了元朝的官的，

---

[1]《宋史·道学一》卷四百二十七，列传一百八十六，第36册，第12710页。
[2] 黄宗羲《宋元学案》卷九十一，《静修学案》，第4册，第3022页。

有旨令他教授宫中近侍子弟，他也是即时应命的。只是不久便因老母中风，请还家省亲，又逢母亲不幸病逝，在家丁忧守制，遂不复出。后世祖以集贤学士、嘉议大夫诏征，他上书宰相，说明自己因身体患病不能奉诏前行。世祖虽然说了"古有所谓不召之臣，其斯人之徒欤"的话，但并没有为难他。两年后，他便去世了，享年四十五岁。仁宗"延祐中，赠翰林学士、资善大夫、（上）护军，追封容城郡公，谥文靖"。又因他曾讲学静修书院，人称"静修先生"。著有《四书精要》三十卷，阐发程朱理学，病中还完成一部《易系辞说》。黄宗羲作《宋元学案》，特列《静修学案》以记之。①

许衡字仲平，怀州河内（今河南沁阳）人，世代为农。后"往来河洛间，从柳城姚枢得伊洛程氏及新安朱氏书，益大有得。寻居苏门，与枢及窦默相讲习。凡经传、子史、礼乐、名物、星历、兵刑、食货、水利之类，无所不讲，而慨然以道为己任"②。许衡后来成为元代理学重臣，元代学者尊其为"儒师""儒宗"，明清学者称他为"朱子之后一人"，长久以来被视为儒家道统在元朝的接续者。他还通过其影响力将朱熹的《四书集注》定为科举考试的标准，使其成为真正影响全社会读书、讲学之风的官方用书。可见程朱理学在元代是如何受到推崇的。元代著名学者虞集在《考亭书院重建文公祠堂记》中对元代重视朱子之学的情形做了精彩的描述，他写道："国家提封之广，前代所无，而自京师通都大府

---

① 事见《元史》卷一百七十一，列传第五十八，第13册，第4007—4010页。
②《元史》卷一百五十八，列传第四十五，许衡，第12册，第3716—3730页。

至于海表穷乡下邑，莫不建学立师，授圣贤之书以教乎其人。群经四书之说，自朱子折衷论定，学者传之，我国家尊信其学，而讲诵授受必以是为则，而天下之学皆朱子之书。书之所行，教之所行，道之所行也。"①

元代重视程朱理学是一种国家行为，而太极书院亦是官办书院，这也显示出北京的思想文化从一开始就建立在官方背景的基础上，区别于岳麓、丽泽、象山、白鹿洞书院，以及宋遗民所办书院的民间色彩。来自草原、刚刚占据中原大地的元统治者所看重的，正是程朱理学可以为他们的统治提供一种合法性，以及所谓收服民心的作用。明代大儒湛若水就曾从宋亡元兴的高度给予太极书院兴道学之教极高的评价：

> 孟子曰："吾闻用夏变夷，未闻变于夷者也。"臣尝愤胡元入主中国，旷古所无之大变。及观史至杨惟中与姚枢奋然兴起道学，而叹其有以也。岂非用夏变夷者乎？夫蒙古夷狄也，乃能兴道学之教，而堂堂大宋乃禁锢道学，指为伪学，使天理民彝之在人心澌灭殆尽，以陷于夷狄禽兽之归，尚为不变于夷狄耶？欲其不亡难矣！元儒刘因诗云："王纲一紊国风沉，人道方乖鬼境侵。生理本直宜细玩，蓍龟千古在人心。盖叹宋也。"②

---

① 《中国书院史资料》，上册，第429页。
② 湛若水《圣学格物通》卷四十七，第五册，第1807—1808页，广西师范大学出版社2015年9月版，同治资政堂刊本。

其实，对于南宋的统治者与官僚集团来说，党禁也好，禁伪学也好，可谓醉翁之意不在酒，他们所针对的也并非程朱理学，而是担心理学家们借传播理学，结为私党，侵犯他们的权力和利益。如果我们再看看清代康熙皇帝是怎么说的，也许会有更深切的理解。他在《御批续资治通鉴纲目》中写道：

> 呜呼！道学之有益于人国也，岂小补哉！盖人有华夷之辨，道无华夷之分，中国用之则中国尊，而外夷不能为之侮，夷狄用之则夷狄强，而中国不能为之固。中国失此必亡其国，夷狄得此必昌其国，是知道学者，国家之根本，生民之命脉。宋自安石之后迭相攻击，不少假借。至于理宗之世，方得舒伸，盖以斩伐于前而不甚滋蔓矣。相彼蒙古立国之初，而能尊重吾道于干戈扰攘之秋耶，盖亦深契吾道之有裨于家国故也。吁，元之兴也，宋之亡也，岂无自哉！君子不以国之南北而没其善，可也。孔子曰"有教无类"，岂徒言哉！[①]

由此再看太极书院，其在元代的重要性和局限性也就不言自明了。

---

① 《御批续资治通鉴纲目》卷二十，文渊阁《四库全书》本。转引自《中国书院史》，第273页。

欲一乡兴起为善之心焉

——刘因与文靖书院

元世祖至元年间,在大都城郊外房山县西南七十里处,有个叫抱玉里的村庄。这里依山临水,是个山清水秀的好地方。据当代房山文史学者杨亦武先生考证,元代三大书院之一的文靖书院,就坐落在这里。创办人是元代经学大师刘因的两个弟子,一个叫赵密,一个叫贾壤。他们都是本地人,书院就设在贾家庄园内。最初或是一家村塾或家塾,为亲族、子侄提供一个读书的场所,即所谓"敷教于家"。渐渐地,名声远播,十里八乡都听说了抱玉里的贾教授有真才实学,人又很讲道义,尊亲敬老,善待乡里,许多有志于学的年轻人,纷纷慕名前来,书院繁盛时,"远近学徒恒百余人"。[①]多年后,元朝末代皇帝元顺帝为表彰这家书院尊师重教,将程朱理学传入北方乡村,专门为之题写了匾额,取刘因的谥号,赐名曰"文靖书院"。

关于文靖书院,最早的记载不见于元而见于明朝初年。永乐

[①]《处士贾君墓表》,苏天爵《滋溪文稿》卷第十九,第321页,中华书局1997年1月版。

皇帝当年打算修一部地理总志，任务交给了夏原吉等人，可惜，书未修成而人已亡。直到明代宗景泰五年（1454），为完成此业，重新组织人力、物力纂修，时至七年（1456）五月，终将此书编成，是为《寰宇通志》。而书成之际，恰逢夺门之变，景泰帝退位，书亦受到牵连，未能颁行。此后英宗为了抹杀景泰帝的功绩，遂命李贤等人编修了一部《大明一统志》。随着《大明一统志》的颁行，《寰宇通志》竟遭毁版，只有很少一部分留存下来，其中的内容则被后来的一些人所摘引。清初学者朱彝尊就在《日下旧闻考》中摘引了关于"文靖书院"的内容：

> 文靖书院在房山县西南七十里抱玉里，元里人总管赵密、宣德府教授贾壤尝从容城刘因游，归以其学教乡人，乃建书院立祠祀之，因以见其学之所从来。元赐额曰"文靖书院"，国子祭酒苏天爵为记。[1]（《寰宇通志》）

其实，《大明一统志》也采用了《寰宇通志》的内容，只是未注明来源和出处。至有清一代，从张吉午的《康熙顺天府志》，李卫的雍正《畿辅通志》，穆彰阿的嘉庆《大清一统志》，周家楣、缪荃孙的《光绪顺天府志》，乃至孙承泽的《天府广记》，统统采用了同样的内容，只有《光绪顺天府志》和《日下旧闻考》提到了雍正年间已废弃的信息，而《康熙顺天府志》将其列入"古迹"一栏中，说明在雍正之前还是有迹可循的。明万历三年（1575），

---

[1]《日下旧闻考》卷一百三十，京畿房山，第2089页。

马永亨修《房山县志》,也曾将其作为"房山八景"之一加以介绍,并以时人张才的一首诗为证:

> 紫翠丛中构草堂,先生独坐讲虞唐。
> 云笼几席琴书润,花扑轩窗笔砚香。
> 化雨自能沾士类,书声时听度邻墙。
> 嵩阳白鹿千余载,美誉应同永播扬。①

廖飞鹏、高书官所修《民国房山县志》卷八亦载此诗,其中第二句为"横经独坐讲虞唐",似不如前引诗句明白自然。总之,文靖书院在元、明两代延续二三百年,竟未留下更多的文献史料。尽管有国子祭酒苏天爵曾经作过《文靖书院记》的传说,但此文已佚,具体写了什么如今已不得而知。因此,对于文靖书院具体的创办时间、规模、内部管理模式、人事安排、财政、办学主旨和教学内容,以及生徒情况,我们只能从现有的片言只语中揣摩和钩沉。但有一点是可以确认的,即赵密、贾壤主持下的文靖书院的最大贡献,是将程朱理学从庙堂带到了乡村,从书斋引向了社会,从而改善了此地的民风民俗。元顺帝为之题写匾额,恐怕也是看重这一点。

文靖书院涉及三个关键人物,即创办者赵密、贾壤和他们的老师刘因。先说赵密。此人《元史》无传,只有一篇苏天爵所作

---

① 转引自杨亦武《元代抱玉里文靖书院》一文,《房山文史资料》,第二十八辑,房山政协编,2014年版。

《元故鹰房都总管赵侯墓碑铭》，记载了他的身世和经历。苏天爵（1294—1352）是元代重要的历史学者兼历史文献记述者，参与过多种名家史传和帝王实录的编撰工作，他所撰写的碑铭、行状，在当时就享有极高的声誉，为研究有元一代的政治、经济、文化所必备，可信度是很高的。他笔下的赵密，祖居奉圣州矾山县，此地今属河北省张家口市涿鹿县矾山镇，其东南与北京市门头沟区接壤。赵密的祖父名柔，应该是当地的豪强。《元史》有《赵柔传》，称他"有胆略，善骑射，好施予"[1]，或是水浒梁山一流人物。金末战乱，兵匪猖獗，他率领家族避难西山，据险而设栅栏，以保乡井平安。"家易之涞水"[2]大约就在这个时候。此时，"刘伯元、蔡友资、李纯等亦各聚众数千，闻柔信义，共推为长。柔明号令，严约束，重赏罚，为众所服"[3]。

金元易代之战，首先发生在阴山以南，金中都西北的抚州（今张家口市张北县）一带。战争进行到第三年，也就是金卫绍王崇庆二年（1213）癸酉，成吉思汗亲率蒙军主力沿桑干河西进，取道蔚州（今河北张家口市蔚县）、广灵（今山西大同市广灵县）、灵丘（今山西大同市灵丘县），直入紫荆关，在五回岭大败金军，随之攻占涿、易二州（今河北省保定市涿州市、易县），且兵临中都城下。这时，已经迁居涞水的赵柔遂"以其众降"，归顺蒙军。

---

[1]《元史》卷一百五十二，列传第三十九，第3606页。
[2]《滋溪文稿》，第249页。
[3]《元史》卷一百五十二，列传第三十九，第3606页。

蒙古人乃"以柔为涿、易二州长官，佩金符"[1]。赵家服务于元即始于此。太祖丙戌年（1226），"群盗并起，柔单骑遍入诸栅，说降其众，以功迁龙虎卫上将军，真定涿等路兵马都元帅，佩金虎符，兼银冶总管。庚寅（1230），太宗命兼管诸处打捕总管"[2]。

关于赵柔的出处，苏天爵在赵密墓的碑铭中则另有说法："天兵入中原，侯之祖考以易州总押都统帅民十万来归，遂拜镇国上将军，都元帅，易州军民太守，始家易之涞水。寻诏拔降民三千七百为猎户，别置鹰房总管府司之，仍锡元帅金符，兼领其职。"[3] 总而言之，赵柔以一个地方豪强的身份，在朝代更替之际，投靠新朝，不仅保全了家族，而且华丽转身，成为当地的新贵。《元史·赵柔传》对其身后事所述极为简单，只提到他有个曾孙世安，做过荣禄大夫、江西行省左丞。而赵密墓的碑铭说得则较为详细："元帅卒，元子守赟嗣，守赟去为他官，侯之考府君嗣，府君卒，侯嗣之。"[4] 由此可知，鹰房总管这个职位是可以世袭的。据《元史·百官志》介绍："管领诸路打捕鹰房纳绵等户总管府秩正三品。达鲁花赤、都总管、同知、治中、府判各一员，经历、知事、提控案牍各一员。掌人匠一万三千有奇，发办税粮皮货，采捕野物鹰鹞，以供内府。至元十二年（1275），赐东宫位下，遂以真定所立总管府移置大都，隶詹事。十六年（1279），合并所管之户，

---

[1]《元史》卷一百五十二，列传第三十九，第3606页。

[2] 同上书。

[3]《滋溪文稿》，第249页。

[4] 同上书，第248页。

置都总管以总治之。"[1]也就是说,这是一个服务于内廷和贵族的机构,与蒙古人的生活习惯有很大关系。《元史·兵志》对其职责范围有过很具体的表述:"元制自御位及诸王,皆有昔宝赤,盖鹰人也。是故捕猎有户,使之致鲜食以荐宗庙,供天庖,而齿革羽毛,又皆足以备用,此殆不可阙焉者也。然地有禁,取有时,而违者则罪之。冬春之交,天子或亲幸近郊,纵鹰隼搏击,以为游豫之度,谓之飞放。故鹰房捕猎,皆有司存。"至于打捕鹰房人户的组成,则"多取析居,放良及漏籍孛兰奚,还俗僧道与凡旷役无赖者,及招收亡宋旧役等户为之"。[2]

赵侯从他父亲那里继承了鹰房总管这个职位。需要说明的是,赵侯就是赵密,苏天爵所作碑铭中写道:"侯讳密,字仲理。"古代中国人的习惯,生前曰名,死后曰讳。也就是说,侯是其生前之名,密是其死后人们对他的称呼。故而,我们看后世的志书和笔记,多称他赵密而不称他赵侯,而碑铭为表示对墓主人的尊重,则反之,称其赵侯而不称其赵密。

闲话少叙。赵侯是在"狗马射猎"的环境中长大的,耳濡目染,多为牵狗架鹰,驰骋豪纵的生活,很少闲静读书的情景。当他二十一二岁的时候,临县容城刘因以传道授业而名于世,周围很多人都拜在他的门下,读书受教。赵侯便也动了到他那里求学的心思。于是,"侯亦趋函丈执弟子礼。刘公告以圣贤之训,岁余

---

[1]《元史》卷八十九,志第三十九,百官五,第2264页。
[2]《元史》卷一百一,志第四十九,兵四,第2599页。

尽去豪习。故相何公玮数称其贤"①。看来,赵侯在刘因这里受教的时间并不长,只有"岁余",即一年多点。这是因为,至元十九年(1282),元世祖忽必烈召刘因入朝,他便去了大都。学生们只好和老师话别,暂回故乡。不过,时间虽短,学习的效果却相当显著。一个山野豪强,经儒学一番洗礼,"岁余尽去豪习",说明儒家的圣人之教确实厉害。孔子说:"古之学者为己,今之学者为人。"②这里的"为己",按照荀子的解释,意为养成自己的学问道德,宋儒则发展为内修的功夫,克己复礼,强调道德的自律和修养。

赵侯既在心里存了儒家的理念,他在为官、从政的时候,就把民众的利益和感受看得比较重了,不肯再任性胡为。鹰房总管这个职位,因其服务于内廷和权贵,是有些特权的。苏天爵曾有"鹰师之职贵幸隆宠"的说法,因而,如果他们恃宠而骄,胡作非为,则一点也不奇怪。而且,这支队伍的构成又相当复杂,其中多为豪横逞强之徒,他们的职责所在,又是纵鹰隼以搏击,驰狗马以畋猎,如果是在草原上,纵马驰骋,固无大碍,而如今是在农田里,其破坏的严重性,是可想而知的,故曰"民始不胜其困"。赵侯既从刘因那里接受了"圣贤之训",回到家乡,决心改变这种状况。苏天爵说:"侯之为总管也,廉以律己,严以驭下,岁时蒐猎有常,而民不扰。经行所部,民相帅为酒食遮留,侯未尝入其家。下至胥徒部属,趑其约束,亦不敢生事病民。居官

---

① 《滋溪文稿》,第248—249页。

② 杨伯峻《论语译注》宪问篇,第154页,中华书局1980年12月第2版。

二年，引疾免归，民念念不忘。"[1]故相何玮何以多次称赞他的贤明，大约就是从他身上看到了某些贤人的素质。

赵侯辞官之后，把更多的精力放在了家族事务上。苏天爵写道，他从祖父那里继承了相当丰厚的一份财产，而他"守先业不坠，种木千章，岁计益饶。然自奉清约，唯务赈施贫乏。赵氏宗族既盛，宦学四方，或不相闻，侯移书俾归省元帅公墓，庶几古人合族之义焉。其贫不能归，旅殡他州不克葬，男女昏嫁及时者，侯给钱皆有差。先世丘陇在矾山者，侯复镂石表之，列树翁仲，令子孙不忘其处"。[2]赵侯对待婚姻的态度也在当地成为美谈："侯初娶范阳刘氏，早卒，独居奉亲几二十年。万户廉某闻而贤之，以女弟归焉。"[3]赵侯之贤再次为他赢得了人们的尊重，苏天爵亦为此而感叹："可不铭乎！"其铭曰：

> 有美赵侯，生于华族。年富力强，狗马驰逐。长知问学，出亲师儒。刮磨豪习，衣冠舒舒。莅官临民，不忮不忲。至今其民，怀慕遗惠。推原为政，盖本诸身。赈施孤穷，九族日亲。圣治百年，洽于中土。文恬以嬉，犹不忘武。王公将相，蒐畋以时。车过侯墓，尚征铭诗。[4]

---

[1]《滋溪文稿》，第248页。

[2] 同上书，第249页。

[3] 同上书。

[4] 同上书，第249—250页。

然而，令人略感遗憾的是，苏天爵在这篇碑铭中对赵侯参与创办文靖书院一事却只字未提。赵侯以怎样的身份参与创办文靖书院，他在其中发挥了怎样的作用，我们亦不得而知。那么，贾壤的情况又如何呢？且看苏天爵《元故俭斋先生贾君墓碑铭》（又名《处士贾君墓表》）说了些什么：

> 君少聪警过人。弱冠闻容城刘公因以理学淑多士，偕其兄往从焉。公爱其兄弟性静而乐学，命其兄名曰璞，字抱真，君名曰壤，字巢夫，盖所以期待者非浅浅也。久之，学若有得。隐处州间，以奉其亲。旨甘滫瀡，孝养克备。亲疾，躬省药饵，忧形于色。亲没，衰绖殓殡，遵古丧制。兄亡，抚诸侄尽恩义，教之读书，皆克树立。君综理家务，一发不以自私，建祠堂以奉神主，割美田以供祭祀。敷教于家，远近学徒恒百余人。君恳恳为陈经义。大抵祖述刘公之训为多。学者寒饥或不能存，又从而赈给之。绘孔子像，旦望帅里人祀之。盖欲一乡兴起为善之心焉。与朋友期，风雨寒暑未尝后至。为文浑厚质实，不尚华靡，一时翕然推重。初用荐者授涿州学正，再调宣德府教授，皆漠如也。①

这段文字内容相当丰富，信息量很大。其中说到贾壤弱冠从刘因学，古代汉族男子以二十岁为弱冠，而他卒于"至元元年（1335）乙亥八月二日"②，享年七十四岁，七十四岁减五十四岁即

---

① 《滋溪文稿》，第321页。
② 同上书。

二十岁，恰是世祖至元十八年（1281）辛巳。我们知道，第二年，"不忽木以因学行荐于朝。至元十九年（1282），有诏征因，擢承德郎，右赞善大夫"[①]。也就是说，贾壤在刘因这里求学的时间亦不长，只有1281—1282年的"年余"。由此亦可证明，他在刘因身边求学的时间与赵侯是一致的，他们有过同学的经历。

再有即贾壤对刘因学说的实践，主要表现为孝亲、敬祖、守礼、重道、修己、爱人。他未曾入仕，不是官员，这是他与赵侯不同的地方，但二人又有相似之处，他们都不是学者，传承刘因学说，并不采取著书立说的方式，而是落实在具体行动上。他们是儒家道德理念的实践者，他们以其行为向世人展现一个儒者的道德风范，从而影响、感化周围的人，进而达到移风易俗的效果。他在家乡办学，最初也许是为了家族内部的子弟，教之读书。渐渐地，影响到周围的乡民，"远近学徒恒百余人"，办学规模也就随之扩大了。贾壤亲自担任教授，"恳恳为陈经义，大抵祖述刘公之训为多。学者寒饥或不能存，又从而赈给之。绘孔子像，旦望帅里人祀之。盖欲一乡兴起为善之心焉"。贾壤的办学活动亦引起官方的注意，先后授予他涿州学正和宣德府教授的职位，他并不十分在意；一些官员把他推荐给朝廷，"以君才可教胄子"，拟请他到大都去教太子或国子学的生员，他也没有接受。在这方面，他颇有些其师的精神风范。士人中流传很广的刘因与许衡的故事，就表现了刘因守节静退、不求仕进的主张和态度。此事见于陶宗仪的《南村辍耕录》："中书左丞魏国文正公鲁斋许先生衡，中统

[①]《元史》卷一百七十一，列传第五十八，第4008页。

元年（1260）应召赴都日，道谒文靖公静修刘先生因，谓曰：'公一聘而起，毋乃太速乎？'答曰：'不如此，则道不行。'至元二十年（1283），征刘先生至，以为赞善大夫，未几，辞去。及召为集贤学士，复以疾辞。或问之，乃曰：'不如此，则道不尊。'"[1]这段公案，或行道，或尊道，自元至清，诉讼不断，我们且不管它，可以肯定的是，学生贾壤是深得老师宗旨的，也选择了终其一生当教书匠以求得人生安稳。难怪苏天爵称赞他："昔者刘公以高节绝学师表当世，海内之士闻而兴者岂无其人，矧亲承其学踵其高尚若君者欤！"[2]

贾壤虽居家房山，其祖籍却是山西绛县之伏翼（应为翼城县，伏翼或是其别称，今属山西省临汾市）。贾家在山西世代行医，为中医世家。其高祖、曾祖都是很有造诣的医生，或曾在金太医院供职，也未可知。祖父贾景山为金宣宗贞祐三年（1215）进士，做过伏翼县县丞。"金季丧乱，莫之所终"。贾壤之父贾德全，字道弘，在战乱中与父母离散，自幼被姑母抚养，稍长，便像成年人一样谋求自立。姑父是位地方官员，后因调离或升迁，姑母亦随丈夫离去。贾德全未能同行。但他一直没忘姑母的养育之恩。二十岁时，他离开绛阳（今山西省运城市绛县一带），一路寻找，来到燕都，都没有姑母、姑父的消息。因而，他总是"岁时祠祀哭之"，以表达他对姑父、姑母的感恩之情。这期间，他曾路过房山，喜欢上这里的山水风土，就在其西南的怀玉乡抱玉里买下一

---

[1] 陶宗仪《南村辍耕录》卷之二"征聘"，第21页，辽宁教育出版社1998年3月版。
[2]《滋溪文稿》卷第十九，第323页。

片田园，定居于此，且继承祖业，行医为生，尤对张仲景的《伤寒杂病论》学有心得，医术蜚声于房山、涿州、易县一带。他是在元世祖至元戊子（1288）九月十五日去世的，享年七十九岁。他留有四子，即和、润、璞、壤。贾壤是其幼子，也是四子中知名度最高的。三位兄长中，贾和、贾润短命，都先于其父而病逝，贾璞与贾壤同入刘因门下读书，不知为何办书院的只有贾壤，贾璞却未有事迹流传下来，惜之。①

贾壤的长兄贾和英年早逝，年仅二十八岁就病故了。但从苏天爵为贾和所作《元故房山贾君墓碣铭》(又名《房山贾君墓碣铭》）中可以得知，他也是个志向远大，且有作为的青年士子："君资简重，少游乡校，日诵书数百言。弱冠明经，务求大旨，不为缴绕章句学，下至医卜书数咸通其说。"②最初，他"著版藉鹰房总管府"，是赵家统领的鹰人的一员。在这个岗位上，他为维护百姓的耕地、庄稼不被狩猎者践踏，曾向其长官进言："国家肇基百战，始得中土，蒐畋阅武，本以服未服，岂宜病民若是乎！"这位长官自然不是赵侯。贾和病逝于至元十四年（1277），时年二十八岁，那么他出生于南宋理宗淳祐十年（1250）是没有问题的。而他的弟弟贾壤，是至元元年乙亥（1335）去世的，享年七十四岁，他出生的时间就应为元世祖中统三年（1262），小他的长兄十二岁。据说赵侯又比贾壤长一岁，那么，他比贾和就小十一岁，贾和去世时，他也只有十七岁而已，是不会继承父亲职位的，这时

---

① 以上讲述可参见房山云居寺所藏《有元故医隐贾君阡表》。
②《滋溪文稿》卷第十九，第319页。

的总管应该还是赵守政。总而言之,"鹰师嘉君廉谨,命司其府钱谷,君出纳有方"。

过了些日子,贾和便离开了鹰房总管府,"别藉采石提举司"。此时正值元大都"宫城肇建",也就是至元四年(1267),朝廷设立了专门的城建机构提点宫城所,负责管理皇城、宫城、宫殿的施工建设之事,"栏槛、陛础、舆梁、池台,悉资玉石",而房山正是玉石主要供应地。于是,在"供亿浩穰,主者莫能支"的情况下,贾和遂被请来"掌其文书,事集而工不扰",以保障工程的顺利进行。[①]值得一提的是,贾壤的两个儿子,贾叔让和贾季常,后来也和石头打交道,一个"提领金玉府采石山场",一个"司石局库",[②]可见,贾家几代人都在为大都城的建设出力。不过,元大都的建设在至元二十二年(1285)就初步完成了,这一年贾壤只有二十三岁,他的儿子们参与元大都的建设恐怕是后话了。

综合赵、贾两家的材料可以得知,他们都是当地有名的乡绅,家中都有人在外做官,家里亦经营着相当的产业,赵侯就从他祖父那里继承了大片田产和山林,他自己亦植树千章,每年都有可观的收益,因此他有能力拿出钱财为复兴家族做一些事,并赈济贫困的族人。自然也会给予文靖书院财力上的支持,甚至可能是文靖书院得以维持的最主要的经济来源。贾家的财力不如赵家,但也还算殷实,尚有余力接济那些吃不上饭的学生。这也说明,文靖书院不是吃皇粮的,不在官办书院的名册之中。《续文献

---

① 《滋溪文稿》卷第十九,第319页。

② 同上书,第321页。

通考》所列元代书院名录，燕京有太极书院，昌平有谏议书院，京兆有鲁斋书院，宣府有景贤书院，偏偏没有房山文靖书院，很显然，文靖书院只是一家由村塾扩张而成的乡村民间书院，即《元史》所谓"其他先儒过化之地，名贤经行之所，与好事之家出钱粟赡学者，并立为书院"[①]者。

而尤为难得的是，作为"先儒过化之地，名贤经行之所"，他们的这位"先儒"与"名贤"，可不是一般人，而是名震朝野的大儒，号静修，谥文靖的刘公刘因先生。赵侯、贾壤既从而游，学成回乡，兴办书院，就是要宣扬老师的学说，传播程朱理学的道义精神。"刘因（1249—1293）字梦吉，保定容城（今河北容城县）人，世为儒家。"[②]他出生时，蒙古灭金已有十五个年头，战乱已从北方转移至南方，刘因生活的今冀中一带，早已呈现出一派升平气象。他的高祖、曾祖、叔祖都曾有过仕金的经历，祖父刘秉善中年遭逢"贞祐之变"，遂举家南迁，避难河南。父亲刘述六岁时跟随家人南渡，直到二十六岁，蒙古灭金前二年，才回到故乡容城。北归途中，刘述经历了双亲连丧，妻子病重等一系列变故，可谓备尝艰辛。而此时乡土已非昔日之景象，所见"田园尽非我有，环堵萧然"[③]，好在他能泰然处之，"晏如也，遂刻意于学"[④]。此时的刘述，"大难之后，无书可读，求访百至，十年之间，天文

[①]《元史》卷八十一，志第三十一，选举一，第2032页。

[②]《元史》卷一百七十一，列传第五十八，刘因，第4007页。

[③]《先考行录》，《刘因集》卷二十五，拾遗七，第432页，人民出版社2017年5月版。

[④] 同上书。

历数阴阳医方之书无不通,性学史学尤所喜者。其书皆手所誊录。往来燕赵间,交游皆父行之天下名士也"①。可以让人安心读书的年代,应是不错的时代。刘述总算过了十几年较为安稳的日子,此间也有人荐举他去做官,都被他推辞了。他唯一感到不满足的,是年过四旬还没有个儿子。

刘因出生时,刘述已经四十二岁。关于刘因的来历,曾经流传过一段"八卦"。据《元史》记载,刘述"年四十未有子,叹曰:'天果使我无子则已,有子必令读书。'因生之夕,述梦神人马载一儿至其家,曰:'善养之。'既觉而生。乃名曰骃,字梦骥,后改今名及字"②。这种无稽之谈,今天的我们固然不会相信,不过,得子之后的刘述,从此"隐居教授,杜门绝交,万事置之度外,惟以教子为事"③。刘因也很争气,苏天爵在《静修先生刘公墓表》中说:"先生天资绝人,三岁识书,日记千百言,随目所见,皆能成诵。六岁能诗,十岁能属文,落笔惊人。"④《元史·刘因传》所记大体相同,惟"十岁"作"七岁",并且说他"甫弱冠,才器超迈,日阅方册,思得如古人者友之,作《希圣解》"⑤。

看来,刘因最初的学术启蒙是在父亲的谆谆教诲下完成的。刘述既壮年得子,因此,对于这个有希望接续刘氏香火的独苗珍

---

① 《先考行录》,《刘因集》卷二十五,拾遗七,第432页。
② 《元史》卷一百七十一,列传第五十八,刘因,第4007页。
③ 《先考行录》,《刘因集》卷二十五,拾遗七,第432页。
④ 《滋溪文稿》卷第八,碑志二,第110页。
⑤ 《元史》卷一百七十一,列传第五十八,刘因,第4007页。

爱异常。他表示："我今教子，亦将以成吾之志而已。"①自己所向往的以及未能实现的，都寄托在儿子的身上。不过，除了父亲的启蒙教育，我们并不确切地知道，刘因的学术思想还来自哪些老师。《墓表》和《本传》都提到一位砚弥坚先生教过他。这位砚弥坚先生与江汉先生赵复一样，都是当年德安之战的战俘，幸由杨惟中等搭救，招致而北，著儒籍，专以教书为业。他与赵复的区别就在于，赵复信奉理学，而砚先生精于经学。理学和经学有所不同，简而言之，经学即汉学，注重训诂疏释，而理学是宋代新兴的学问，讲的是义理、心性、明道之类。清代有所谓"汉宋之争"，势同水火，就是二者最后的较量。刘因最初从砚先生那里接触的就是这种专"究训诂疏释之说"的经学，但他很快就对其产生了怀疑，认为："圣人精义，殆不止此。"②后来，他与理学经典不期相遇，脑洞大开，学术、思想由此进入一个新的领域，有一种脱胎换骨的感觉，精神上亦焕然一新。恰如《本传》所说："及得周、程、张、邵、朱、吕之书，一见能发其微，曰：'我固谓当有是也。'"③气势多么豪迈，信念之坚定由此可见。至于刘因以什么方式，通过什么渠道，何时接触到理学经典，史书及他本人的著述均少有记载，只有黄宗羲所著《宋元学案》将刘因列为"江汉别传"，全祖望说："静修先生亦出江汉之传，又别为一派。"也就是说，刘因是得到赵复传授的，"别传"还说，他得到周、程、

---

① 《先考行录》，《刘因集》卷二十五，拾遗七，第432页。
② 《元史》卷一百七十一，列传第五十八，刘因，第4008页。
③ 同上书。

张、邵、朱、吕之书，也是通过赵复先生。这显然不符合历史事实。我们已经知道，赵复1247年已离开太极书院开始南游（此时太极书院或已停办），1249年回到燕都，1252年又离开燕都，从众人的视野中消失了，而此时刘因只有三岁，应该没有机会与赵复见面。

但是，若从学术思想和精神层面言之，却不能说刘因与赵复没有关系。首先，刘因与赵复都是理学家，而理学在北方的传播，赵复是有开创之功的。如果仅仅以郝经曾在张柔家见过理学书籍，就否认赵复的功绩，是不公平的。张柔虽然拥有理学书籍，却未必对理学有深刻的理解和认识，也未必有意识地自觉地传播理学的思想和精神。在这方面，非赵复莫属。《宋元学案》应该就是从这个角度理解和解释刘因与赵复的师承关系的。黄宗羲的儿子黄百家就说过：

> 自石晋燕云十六州之割，北方之为异域也久矣，虽有宋诸儒迭出，声教不通。自赵江汉以南冠之囚，吾道入北，而姚枢、窦默、许衡、刘因之徒，得闻程朱之学以广其传，由是北方之学郁起，如吴澄之经学，姚燧之文学，指不胜屈，皆彬彬郁郁矣。①

这里说得非常清楚，刘因与赵复，并非师生关系，而是道统、学统的传承关系，他所做的，正是"得闻程、朱之学以广其传"。黄百家更进一步讲到刘因的价值和意义：

---

① 《宋元学案》卷九十，《鲁斋学案》，第2995页。

有元之学者，鲁斋、静修、草庐三人耳。草庐后，至鲁斋、静修，盖元之所藉以立国者也。二子之中，鲁斋之功甚大，数十年彬彬号称名卿材大夫者，皆其门人，于是国人始知有圣贤之学。静修享年不永，所及不远，然是时虞邵庵之论曰："文正没，后之随声附影者，谓修辞申义为玩物而苟且于文章，谓辨疑答问为躐等而姑困其师长，谓无所猷为涵养德性，谓深中厚貌为变化气质，外以聋瞽天下之耳目，内以蛊晦学者之心思，虽其流弊使然，亦是鲁斋所见，只具粗迹，故一世靡然而从之也。若静修者，天分尽高，居然曾点气象，固未可以功效轻优劣也。"①

黄百家这么说，显然是要表达他对刘因的欣赏与好感。所谓"曾点气象"，正是刘因（静修）区别于许衡（鲁斋）的地方。许衡享年七十三岁，刘因命途多舛，四十五岁便因病与世长辞了。许衡一生求仕，召之即来，官至集贤大学士兼国子祭酒，他的学生也多为名卿士大夫，而刘因不仅自己选择了教书这个行当，他的学生中也多为贾壖、赵侯这样的乡村教师，在朝廷做官的很少，所以说他"享年不永，所及不远"。但黄百家认为，不能以此论短长、分优劣，许衡固然有"兴绝学于北方"的功劳，"而生平所造诣，则仅在善人有恒之间，读其集可见也，故数传而易衰"②。

而刘因既以传道授业为职守，其贡献自然是超越时空，功在千秋的。他留给后人的，是一种传之久远，生生不息的人格精神。

---

① 《宋元学案》卷九十一，《静修学案》，第3021页。
② 《宋元学案》卷九十，《鲁斋学案》，第3003页。

他的再传弟子苏天爵就视他为天降大任之斯人,于是写道:"自圣贤之学不传,礼义廉耻之风日泯,至宋伊、洛大儒克绍其绪。然而废弃于绍圣,禁锢于崇宁,而中原已为金人有矣。方是时,士之慕功名者溺于富贵之欲,工文艺者汩于声律之陋,其能明乎圣贤之学,严乎出处之义,盖不多见也。我国家治平方臻,真元会合,哲人斯生,有若静修先生者出焉。气清而志豪,才高而识正,道义孚于乡邦,风采闻于朝野。其学本诸周、程,而于邵子观物之书,深有契焉。"①这番话也许有过誉之处,但有一点他看得很准,即刘因来到这个世上,是把救世、救风俗当作自己的历史使命的。他的学生贾壃、赵侯创办文靖书院,其目的恰恰也是"欲一乡兴起为善之心焉",不能不说是对老师精神的继承,而这正是文靖书院的价值所在,它所给予今人的启示,也在这里。

通常我们会觉得,囿于儒学,特别是理学藩篱的士人,或把精力都用于科举,以求取功名为人生价值的实现;或空谈义理、心性,不切实际,思想高蹈而不能落地,与现实社会是隔绝的。刘因及其弟子却显示出儒生的另一面,或者说,他们是另一种士人,另一种儒生。他们的这种做法,或许才真正回到了孔子思想原初的精神实质。也就是说,原来儒家开宗的孔子并不喜欢说什么"性与天道",他只是想从人道入手,从日常行为极平实处陶养成理想的人格。小于刘因二十五岁,终身仕元,官至翰林学士承旨的欧阳玄就看到了这一点,他所作《静修先生画像赞》,一语道破了刘因人生的秘密。他说:

---

① 《滋溪文稿》卷第八,静修先生刘公墓表,第110页。

微点之狂，而有沂上风雩之乐；资由之勇，而无北鄙鼓瑟之声。于裕皇之仁，而见不可留之四皓，以世祖之略，而遇不能致之两生。呜呼！麒麟凤凰，固宇内之不常有也。然而一鸣而《六典》作，一出而《春秋》成。则其志不欲遗世而独往也明矣，亦将从周公、孔子之后，为往圣继绝学，为来世开太平者邪！①

可见，对刘因来说，"曾点气象"只是一种表面现象，他的隐逸并非他的真心，之所以选择当个教书匠，也未必是出于不得已，而是他以周公、孔子为楷模，主动、自觉地选择了这条生活道路，正因为如此，他才最终把自己成就为一位硕儒，一个后世之师表。"文靖"作为他的谥号，倒也恰如其分。

---

① 《元史》卷一百七十一，列传第五十八，刘因，第4010页。

成于党争，毁于党争

——首善书院与东林党

一

自杨惟中等人于元太宗末年创办的太极书院在元世祖忽必烈即位前夕不知所终时算起，近四百年间，北京城内再未出现过书院。历史车轮滚到了明熹宗天启二年（1622），在西北大漠的寒风初临京城的时候，一所新的书院竟在北京城内诞生了。书院位于城南宣武门内靠近城墙的地方，即如今宣武门内大街东侧天主教堂南堂所在地，号称"首善书院"。书院的主讲人，一位是都御史吉水邹元标，一位是副都御史三原冯从吾。这二位都是大名鼎鼎，响当当的人物，亦是讲学高手，几十年来，在各地多家书院讲学，名动一时，追随者甚众。如今来到京城，看到首善之地，"玄宫梵宇，鸱吻相望，而独无学者敬业乐群之所"[1]，觉得是个很大的缺憾。特别是在外患"兵火震撼"，内忧"人心披靡"之时，深感讲

---

[1] 孙承泽《春明梦余录》卷之五十六，首善书院，下册，第1133页，北京出版社2018年2月版。

学倡道，收拾人心的重要，亦是自己不可推卸的责任和本分，不能不勉力为之。

最初是以"讲会"的方式。他们所在的都察院就在顺承门内城隍庙附近，这里，每逢初一、十五、二十五都有"庙市"，其他时间倒还清静。于是，他们便约定，每月逢三在此举办"讲会"，参与者多为在京的士大夫。后因听众日增，场地狭小，一些布衣百姓也要求听讲，遂将每月逢八亦定为开讲之日。邹、冯二先生朝退公余，不通宾客，不赴宴会，便来此讲学。冯先生记此事甚详：

> 岁辛酉（1621）秋，余起官京师，而南皋邹公、晋庵杨公、泸水邹公、景逸高公、少原余公、真予曹公亦先后至，其他同志云集，相得甚欢，因约会讲学于城隍庙之道院，逢三为期，俱荐绅先生。又增一会，逢八为期，凡举监生儒布衣皆与焉。中午而集，酉初而散。我存李公谓人人可来，多多益善。是日也，不设酒醴，不用柬邀，不谈朝政，不谈私事，不谈仙佛，千言万语，总之，不出父子有亲、君臣有义、夫妇有别、长幼有序、朋友有信五句及高皇帝圣谕孝顺父母、尊敬长上、和睦乡里、教训子孙、各安生理、毋作非为六言。①

这里所言南皋邹公即邹元标，晋庵杨公即杨东明，泸水邹公即邹德泳，景逸高公即高攀龙，少原余公即余懋衡，真予曹公即

---

① 冯从吾《都门稿·语录》自序，载《冯恭定全书续集》卷二，康熙年间刻本。转引自《北京书院史》，第50—51页。

曹于汴,另有若干不具名的同志,总之,都是些同声相应、同气相求的挚友,此时云集北京,自然想有一番作为。其中有几位是办过书院的,现在既有城隍庙"讲会"的基础,何不乘势在京师办一家书院呢?他们便找到十三道御史台,与诸君商议,首善书院遂由此诞生。名首善者,京师固为首善之地也。大学士叶向高在《首善书院记》中讲到它的始末由来:

> 首善书院者,御史台诸君所创,为南皋邹先生、少墟冯先生讲学所也。额曰首善者,以在京师为首善地也。……吾闻邹先生之学,深参默证,以透性为宗,以生生不息为用。其境地所诣,似若并禅机,玄旨而包括于胸中。冯先生之学,反躬实践,以性善为主,以居敬穷理为程。其识力所超,又若举柱下、竺乾而悉驱于教外。要之于规矩准绳,伦常物理,尺尺寸寸,不少逾越,与世之高谈性命,忽略躬行者大相径庭。则二先生师世淑人之模范又无不同。故凡谒邹先生者,盎然如太和元气之熏蒸,疑游华胥之庭;其见冯先生,则屹然泰山乔岳,生仰止之心。……书院在大时雍坊十四铺,贸易自民间,为赀一百八十两,皆五厅十三道所输。经纪其事者,司务吕君克孝,御史周君宗建。①

作为经纪人,周宗建说起首善书院的筹建,更多了些亲身经历的内情:

---

① 孙承泽《春明梦余录》卷之五十六,下册,第1134—1135页。

适其(冯从吾)公余会讲,苦无栖坐,欲于东、西两城择地之稍远市者葺一讲堂……适臣接巡中城,并谕及臣。久之不得其处,偶于城隙存有官房数间,尚无售主,臣因举以相复,而从吾不嫌湫隘,出价相偿,遂命司务臣吕克孝鸠工改葺,臣亦窃闻其议。今其房现在仅十余间,所费出诸台臣所共醵,不能逾几百金之微。①

首善书院自天启二年(1622)十一月开讲,至天启四年(1624)六月罢讲,仅存在了二十个月。书院并不宽敞,"讲堂三楹,后堂三楹供先圣,陈经史典律",但听众趋之若鹜,"自绅衿氓隶,听者数百人"。②凡"有志于学者,环而静听,或间出问难,无不畅其怀来。一时转相传说,咸知顾名义,重廉耻,士风为之稍变"③。大学士叶向高撰文记下了首善书院的盛况,礼部尚书、大书法家董其昌书之,立碑于书院,一时称为双绝。

二

明朝自万历时起,政治的一大特点,是党争愈演愈烈。《明史》卷二百二十九《赵用贤传》说到因张居正的"夺情"而引起的朝廷的撕裂和官员的选边站队,就曾指出:"自是朋党论益炽,

---

① 周宗建《周忠毅公奏议》卷三《请与邹冯两总宪并去疏》,四库禁毁书丛刊,影印北京大学图书馆藏明崇祯熊开元刻本。转引自《北京书院史》,第51—52页。
② 刘侗《帝京景物略》卷之四,第149页,北京古籍出版社1982年4月版。
③ 孙承泽《春明梦余录》卷之五十六,首善书院,下册,第1133页。

中行、用贤、植、东之创于前，元标、南星、宪成、攀龙继之，言事者益裁量执政，执政日以枝拄，水火薄射，迄于明亡云。"[1] 这里提到的吴中行、赵用贤、李植、江东之与邹元标、赵南星、顾宪成、高攀龙，都是攻击张居正最有力，受到的打击、迫害也最残酷的一些人，其中邹元标、赵南星、高攀龙都是首善书院的积极参与者，核心人物，而顾宪成罢官回家后，创办东林书院，是东林书院的掌门人和灵魂人物。他们中有些人虽不在朝，但一直是几十年来内阁与言官明争暗斗的影子。这种情况贯穿于历年的京察，以及围绕立储发生的"妖书"、"楚太子狱事件"，乃至"梃击"、"红丸"、"移宫"三案之中。当时便有这样的情形，据《明儒学案》卷五十八云：

> 娄江（王锡爵）谓先生（顾宪成）曰："近有怪事知之乎？"先生曰："何也？"曰："内阁所是，外论必以为非；内阁所非，外论必以为是。"先生曰："外间亦有怪事。"娄江曰："何也？"曰："外论所是，内阁必以为非；外论所非，内阁必以为是。"相与笑而罢。[2]

这是典型的以人画线，因人废言。有好事者，就把当时的局面描述为齐、楚、浙三党与东林的对峙，前者在朝，后者在野。到了天启初年，时来运转，此消彼长，邹元标首召为大理寺卿，

---

[1]《明史》卷二百二十九，列传第一百十七，赵用贤传，第20册，第6002页，中华书局1974年4月版。

[2] 黄宗羲《明儒学案》卷五十八，东林学案一，下册，第1377页。

成于党争，毁于党争｜首善书院与东林党 / 113

后转左都御史，冯从吾副之，赵南星亦做了吏部尚书，他们都曾在万历年间受到过齐、楚、浙三党的排挤打击，现在则执掌了朝廷的大权［顾宪成已于万历四十年（1612）去世］，同时，韩爌、叶向高等也入了阁，这些人都和东林有着千丝万缕的联系，剪不断，理还乱。有人因此称东林极一时之盛，或亦非妄言。

不过，有人便感到了某种潜在的危机。就在首善书院筹建之际，兵科给事中朱童蒙首先发难，指责"宪臣议开讲学之坛，国家恐起门户之渐，宜安心本分，以东林为戒"①，并疏请亟行禁谕。其疏曰：

> 昔在皇祖时，有理学之臣顾宪成、郭正域开讲东林，其初亦以发明圣贤蕴奥，开示后学，岂不甚善？逮从游者众，邪正兼收，不材之人借名东林之徒以自矜诩，甚至学士、儒生挟之以捍文网，冠裳仕进借之以树党援。欲进一人也，彼此引手；欲去一人也，共力下石。京察黜陟非东林之竿牍不凭，行取考选非东林之荐扬不与。日积月累，门户别而墙壁固，所以朝端之上，士林之间，玄黄血战十有余年，摧残几多善人，戕伤几许国脉，皆讲坛之贻害也。今二三年来，源流始清，葛藤始断，而门户之说乃始去诸其口。二臣一旦复为择地建坛，招朋引类，况又在皇都之内，贤否辐辏之处乎？臣谓今日之人心犹昔日之人心，将来今日之讲学犹昔日之讲学者也。②

---

① 《明儒学案》，上册，卷二十三，江右王门学案八，第533页。
② 《明熹宗实录》卷二十六，转引自《中国书院史》。

朱童蒙针对首善书院的这一疏有个潜在逻辑：讲学等同结党，结党即为东林，东林属于邪恶，固废书院即为扶正祛邪。紧随其后，阉党分子、工科给事中郭兴治、郭允厚等，亦连篇累牍上疏诋毁首善书院，他们也用这种卑劣的手段，对邹、冯二人横加指责，给他们扣上"东林"的大帽子，以"门户之渐"为由，将其污名化。围绕东林的争议我们暂且不表，先来看看这些攻击首善书院之人，他们究竟想要干什么，而邹元标、冯从吾到书院讲学又为了什么。大学士叶向高有一篇为邹元标辩护的奏疏，说得非常好：

> 顷科臣朱童蒙以讲学论邹元标、冯从吾二臣，已奉旨慰留，此犹论其事耳，未病其人也。今科臣郭允厚遂并其人而诋訾之，臣窃以为过矣。二科臣之意，似不在讲学，而在于明岁之考察，恐邹元标有所左右其祖，即允厚疏中亦已自言之。年来门户哄兴，互为胜负。近当事者剂量其间，人心稍平。臣与吏部尚书张问达每论及此，未尝不叹息于前事之过当，而以今此计典必力矫其失，一切归于公平。邹元标议论亦是如此。毋奈人情多端，过生猜疑，必逐去邹元标而后快也。邹元标在皇祖朝直声振于朝野，三尺童子无不知其为忠臣。淹伏数十载，海内共惜，皇上拔之田间，任以九列，足称清朝盛举。臣素不识邹元标，近与周旋，见其恳恳爱人之念，浑浑赤子之心，绝无分毫矜名负气，笼罩矫饰之态，心甚慕之。即谓其居山已久，于世局尤所未谙，宅衷太虚，于人言有所易入，然于邹元标之本色无所损。允厚所列，率皆吹毛洗垢，无甚关系。至于张居正之恤典，则楚人请之，臣等拟之，功罪原不相掩，褒贬何妨并

存。邹元标之不言，臣方服其无成心，奈何更以为罪，欲并其一生之大节而抹杀之，何其甚也？邹元标在朝，如麒麟、凤凰，自足为瑞，如浑金、璞玉，自足为型，何必规规然责以服乘之能，雕镂之技哉？若逐去邹元标，则其他之讲学气节如邹元标者皆不得安其位，人心必为不平，纷争又将不了，门户之祸必与国家相始终。朝廷之上已先自乱，又何暇问封疆之事哉？而臣亦乌可一日居此地也？①

叶向高首先指出，这些人攻击邹元标，必逐之而后快，反对讲学只是幌子，真实想法是担心自己既非"东林"之人，明年京察会于己不利。黄宗羲《明儒学案》卷二十三也说得很清楚："群小惮先生严毅，恐明年大计，不利党人。"②因此，他请这些人放宽心，不会发生这样的事，"今此计典必力矫其失，一切归于公平。邹元标议论亦是如此"。他称赞邹元标这个人，说他"恳恳爱人之念，浑浑赤子之心，绝无分毫矜名负气，笼罩矫饰之态"。他为朱童蒙辈设想，如果"逐去邹元标，则其他之讲学气节如邹元标者皆不得安其位，人心必为不平，纷争又将不了，门户之祸必与国家相始终"，与你们去门户的愿望不是适得其反吗？

邹元标看到朱童蒙的奏疏，写了《谨陈共学之原疏》，说得也很恳切："臣心在光天化日之下，剖藩篱垣墙之界，闻童蒙之言，惟自鞭自策，更复何疑？臣又思诗云：相彼鸟矣，犹求友声；矧

---

① 《叶文忠向高陈愚衷以质公论疏》，《春明梦余录》卷之五十六，下册，第1138—1139页。

② 《明儒学案》，上册，卷二十三，江右王门学案八，第533页。

伊人矣，不求友生。神之听之，终和且平。古人求友，必有嘤鸣相和，臣等求友，未得和平之韵，先来同类之疑，愿罢臣以为倡学者之戒，臣为顺则之民足矣。"①邹元标，字尔瞻，号南皋，江西吉水人。万历五年（1577）登进士第，观政刑部。那时，张居正的"夺情"事件正闹得满城风雨。所有参张的官员都受到了严惩，或廷杖，或削籍，或充军。他们的罪名不在于触犯首辅，而在于藐视皇帝。邹元标在这些人中只是个新科进士，是微不足道的，却也让张居正怒不可遏，据《明史》记载，邹元标"亦廷杖八十，谪戍都匀卫"②。张居正死后，他被召回，拜吏科给事中。不久，又因弹劾礼部尚书徐学谟、南京户部尚书张士佩，被一纸诏令免官回了老家。此后的三十多年，他几起几落，多是因为上疏言事，口无遮拦，得罪皇帝和执政，导致获罪罢官，却也因此赢得了刚正不阿、忠直敢言的声誉，"从游者日众，名高天下"。③直到万历驾崩，短命的光宗即位，他再次被召回。天启元年（1621）四月，他终于回到阔别已久的北京。这一年，他已经七十岁了。多年的磨砺和修炼，他显得沉稳、平和了许多，昔日的锋芒几乎不见了。他在朝廷上公开表示：

今日国事，皆二十年诸臣酝酿所成。往者不以进贤让能为事，日锢贤逐能。而言事者又不降心平气，专务分门立户。臣谓今日急

---

① 邹元标《谨陈共学之原疏》，《春明梦余录》，下册，卷五十六，第1137页。
②《明史》卷二百四十三，列传第一百三十一，邹元标传，第21册，第6302页。
③ 同上书，第6303页。

务，惟朝臣和衷而已。朝臣和，天地之和自应。向之论人论事者，各怀偏见。偏生迷，迷生执，执而为我，不复知有人，祸且移于国。今与诸臣约，论一人当惟公惟平，毋轻摇笔端；论一事当惩前虑后，毋轻试耳食。以天下万世之心，衡天下万世之人与事，则议论公，而国家自享安静和平之福。①

邹元标的见识和心胸是很值得赞许的。他的和衷共济的主张如果能被朝野认同，形成共识，则天启年间的政局，不至于弄得那么糟，魏阉当政这样的惨状也未必能出现。可惜，历史不能假设。当时，能像叶向高那样理解他的知音并不多，他的言行还是引来了一些人的误解和非议。《明史》卷二百四十三本传记载了他对误解和非议的回应：

> 元标笑曰："大臣与言官异。风裁踔绝，言官事也。大臣非大利害，即当护持国体，可如少年悖动耶？"时朋党方盛，元标心恶之，思矫其弊，故其所荐引不专一途。尝欲举用李三才，因言路不与，元标即中止。王德完讦其首鼠，元标亦不较。南京御史王允成等以两人不和，请帝谕解。元标言："臣与德完初无纤芥，此必有人交构其间。臣尝语朝士曰：'方今上在冲岁，敌在门庭，只有同心共济。倘复党同伐异，在国则不忠，在家则不孝。世自有无偏无党之路，奈何从室内起戈矛耶？'"②

---

① 《明史》卷二百四十三，列传第一百三十一，邹元标传，第21册，第6304页。
② 同上书。

三

我们看叶向高、邹元标的态度,绝不是要挑事的,而是想息事宁人的。他们很希望能搁置争议,弥补裂痕,各安其位,勿过猜疑,以国家大局为重,"悉心讲求所以足兵饷、拯九边、救滇黔之策"[1]。与邹元标同在首善书院讲学的冯从吾也曾上疏表示,如果能使庙堂之上,省一番议论,他愿意罢官归田,耕凿深山,亦心安理得。不过,朝廷之上能以这样的心胸、气概想事做事的人毕竟有限,有些人偏偏喜欢自我标榜,容不得一点异见,徒然得罪了许多人。他们的人格固然都是坦白和直率的,但客观上却帮了阉党的忙。著名历史学家、梁启超的弟子谢国桢有一番话说得很好:

> 因此齐、楚、浙三党的人物像王绍徽、阮大铖、崔呈秀、魏广微、冯铨与东林不和的一流人物,都乘着机会起来,投到魏忠贤的名下,专与东林作对。像三案、京察等项的事情,本与忠贤不相干的,但三党的人物都借着忠贤的毒焰,起来与他本党出气,都投到魏忠贤名下做干儿,并说:"东林将害翁。"因此忠贤也乐得兴大狱了。[2]

---

[1]《叶文忠向高又请休致疏》,《春明梦余录》,下册,卷之五十六,第1141页。
[2] 谢国桢《明清之际党社运动考》,第43页,辽宁教育出版社1998年3月版。

这里需要就东林和东林党的名目多说几句。所谓东林，即削爵辞官，回归田里的顾宪成于万历三十二年（1604）在家乡无锡创办的东林书院。此地曾是宋代学者杨龟山（时）讲学的故地。顾宪成是无锡人，字叔时，别号泾阳，人称"泾阳先生"。吴应箕的《东林本末》有言曰："自顾泾阳削归而朝空林，实东林之门户始成。夫东林故杨龟山讲学地，泾阳公请之当道，创书院其上，而因以名之者。"①这应该就是最初的情形，亦如黄宗羲在《明儒学案》中所言："东林讲学者，不过数人耳，其为讲院，亦不过一郡之内耳。"②他所说的数人，就包括顾宪成的弟弟顾允成，同为无锡老乡的高攀龙、叶茂才、华允诚，常州武进人钱一本，同为武进人的孙慎行、薛敷教、刘元珍、吴锺峦，扬州宝应人刘永澄，常州人许世卿，宜兴人史梦麟，余姚人黄尊素，嘉善人陈龙正，北直隶河间人耿橘等。③

由于东林的人都是贤人君子，直言公正，主持正义，在社会上有很好的声誉，有人如果想标榜自己，便自称为"吾东林"；"朝廷之上见一出声吐气，乡党之间有一砥行好修，率举而纳之曰：'此东林也。'"④渐渐地，"乃言国本者谓之东林，争科场者谓之东

---

① 吴应箕《东林本末》（下），第23页，载李鹏飞编《东林本末》（外七种），文津出版社2020年2月版。
② 《明儒学案》，下册，卷五十八，东林学案一，第1375页。
③ 这里提到的名字，均来自《明儒学案》，下册，卷五十八至卷六十一，东林学案一至四，第1376—1501页。
④ 《东林本末》（下），第23页，《东林本末》（外七种）。

林，攻逆奄者谓之东林，以至言夺情奸相讨贼，凡一议之正，一人之不随流俗者，无不谓之东林，若似乎东林标榜，遍于域中，延于数世，东林何不幸而有是也？东林何幸而有是也？然则东林岂真有名目哉？亦小人者加之名目而已矣。论者以东林为清议所宗，祸之招也"[1]。黄宗羲在写《东林学案》时所以要发这样的感慨，就在于他看出了纠缠在东林身上的幸与不幸，既是东林的时运，也是东林的宿命。东林既有此真名目，又不得不承担小人强加的恶谥。

固然，东林之人多以讲学名于世，但东林从来不是一个纯粹的学术团体。或言，中国的儒学传统，学术就是政治，政治亦离不开学术。就学术而言之，东林的任务，就是要扭转当时的学术风气。鉴于王学末流空谈性命之弊，东林诸君皆思奋起而救之。黄宗羲的《明儒学案》卷五十八《东林学案一》在谈到顾宪成的学术时便指出："先生论学，与世为体。尝言官辇毂，念头不在君父上；官封疆，念头不在百姓上；至于水间林下，三三两两，相与讲求性命，切磨德义，念头不在世道上，即有他美，君子不齿也。故会中亦多裁量人物，訾议国政，亦冀执政者闻而药之也。"[2]

儒家是主张经世致用的，反对死读书，读死书，都有内圣外王的野心。因而，顾宪成讲学，"于阳明无善无恶一语，辨难不遗余力，以为坏天下教法，自斯言始"[3]。他的用意就是要在读书人中

---

[1] 《明儒学案》，下册，卷五十八，东林学案一，第1375页。

[2] 同上书，第1377页。

[3] 同上书，第1379页。

提倡一种关心时事，关心世事，明善恶，明是非，主持公平正义的风气。"风声雨声读书声，声声入耳；家事国事天下事，事事关心"，正是东林学风最形象的写照。这也难怪"天下君子以清议归于东林，庙堂亦有畏忌"[①]。

历史上，关于东林讲学指涉朝政、裁量人物的记载很多，充分体现着他们不畏权贵、仗义执言、惩恶扬善、拯时救世的精神和胆识，这里也不及细说。总之，"以讲学议政而得民心、士心，此正是东林获幸之所在，亦是其招祸之所在"[②]。如前所述，首善书院的危机恰恰说明了，明末朝堂之上，非东林的各种势力，与东林已成水火之势，而打击对手最有力的武器，就是祭出"东林"这个法宝。

四

那么，首善书院与东林之间究竟有没有关系呢？历史上，确有人将东林、首善并提，称南有东林，北有首善，以成南北遥相呼应之势。而首善书院的同人邹元标、冯从吾、高攀龙、赵南星等，也确实与东林书院多少有些瓜葛，邹元标、顾宪成、赵南星还被人称作"东林三君子"。不过，也有另一种说法，黄宗羲就认为，东林是东林，首善是首善，硬把首善说成东林一脉，是阉党另有企图。他在《明儒学案》卷五十八中断然指出："京师首善之

---

① 《明儒学案》，下册，卷五十八，东林学案一，第1377页。
② 《中国书院史》，第441页。

会,主之为南皋(邹元标)、少墟(冯从吾),于东林无与。"[1]如果说黄宗羲只是为东林、首善画清了界限,那么,《续文献通考》卷五十引《春明梦余录》的话,就说得更加一针见血了:"京师有首善书院,不知者统谓之东林,当日直借东林以害诸君子耳。"[2]作为首善书院的当事人之一,曾与顾宪成共同创建了东林书院的高攀龙,则以其亲身经历道出了有人要借东林以害人的事实真相,他说:

> 职东林人也,即不言及,于职何忍坐受东林之诬?正欲具疏,旋奉明旨,如日中天,不复渎奏,以启争端,故谨具揭。夫黄门所言东林,非东林也,乃攻东林者之言也;所言东林之祸,非东林能祸人,乃攻东林者欲祸东林也。数年来,职每自诧理义人心同,然何以言理义者辄目为朋党,而不容于世乎?一日憬然曰,正惟同然也,故以为党也。国家用一当用,行一当行,去一当去,必曰是东林之脉也;或有人言一当用,言一当行,言一当去,必曰是东林之人也。不论东、西、南、北,风马牛不相及之人,苟出于正,目为一党。东林何幸而合天下之众正?何不幸而受天下之群猜?弓蛇、石虎、涂豕、鬼车,皆非事实也。即如郭明龙、正域生平未尝讲学,生平不识东林,黄门谓与顾宪成开讲东林,即此而观,他可例推,无亦黄门师生姻娅之间涵濡浸灌之久于时局之说,不自觉其入之之深乎?不然何以二三年来门户去,于人口依然,还作当年口

---

[1]《明儒学案》,下册,卷五十八,东林学案一,第1375页。
[2]《续文献通考》卷五十,万有文库本,《中国书院史资料》上册,第810页。

吻耶？夫时局何为而攻东林也，方中涵相国未入相之前，首参之者吴严所亮也，既入相之后，首参之者钱梅谷春也。故一时承迎相国者，皆以攻东林为职业，摧残善人，戕害国脉，率由于此。①

高攀龙的这番话说得要比前述邹元标、冯从吾、叶向高的辩护都更直接、更透彻、更坦率，皇帝也下旨慰留邹、冯二人，并且说道："讲学原是教人忠孝，自祖宗朝未有此禁，但不可自立门户，致起争端。"②看起来，有点疾风暴雨骤然停歇的感觉。天启二年（1622）冬十月，首善书院正式开讲，仿佛一切都向着好的方向发展，却不知潜伏的危机正在逼近。先是天启二年（1622）四月，礼部尚书孙慎行追论李可灼进红丸一案，斥责大学士方从哲为弑逆。邹元标、魏大中等亦上疏支持孙慎行的意见。而刑部尚书黄克缵，以及御史王志道、徐景濂，给事中汪庆百等，则上疏回护方从哲；大学士韩爌亦出面说明进药始末，为方从哲开解。"于是吏部尚书张问达会户部尚书汪应蛟合奏言：'进药始末，臣等共闻见。辅臣视皇考疾，急迫仓皇，弑逆二字何忍言。但可灼非医官，且非知脉知医者。以药尝试，先帝龙驭即上升。从哲与臣等九卿未能止，均有罪，乃反责可灼。及御史安舜有言，止令养病去，罚太轻，何以慰先考，服中外。宜如从哲请，削其官阶，为法任咎。至可灼罪不可胜诛，而文昇当皇考哀感伤寒时，进大

---

① 《高忠宪攀龙论学揭》，《春明梦余录》，下册，卷之五十六，第1141—1142页。
② 《明熹宗实录》卷二十六，转引自《中国书院史》，第443页。

黄凉药，罪又在可灼上。法皆宜显戮，以泄公愤。"[1]此事的结果是李可灼遣戍，崔文昇放南京，方从哲不罪，而孙慎行免官被逐。

不过，此事也在朝堂之上造成了一种极不好的影响。方从哲这个人比较懦弱，不能作为或不肯作为，但他不是坏人，只是平庸而已，这样攻击他，即使韩爌、张问达这种"同一战壕的战友"，都感到难以接受，甚至说出"弑逆二字何忍言"这样的话，又让旁人作何感想呢？由此也给首善书院的前景蒙上了一层阴影。到了天启三年（1623）的京察，由赵南星主持，这也是个不肯与恶势力妥协的人物，《明史》说他"慨然以整齐天下为任"。故"天启三年（1623）大计京官，以故给事中亓诗教、赵兴邦、官应震、吴亮嗣先朝结党乱政，议黜之。吏科都给事中魏应嘉力持不可。南星著《四凶论》，卒与考功郎程正己置四人不谨。他所澄汰，一如为考功时。浙江巡按张素养荐部内人材，及姚宗文、邵辅忠、刘廷元。南星劾其谬，素养坐夺俸。先是，巡方者有提荐之例，南星已奏止之。而陕西高弘圆、山西徐扬先、宣大李思启、河东刘大受，复踵行如故。南星并劾奏之，巡方者始知畏法"[2]。这个时候，跑官的人很多，请客送礼，找门路，托人情，搞得乌烟瘴气。"南星素疾其弊，锐意澄清，独行己志，政府及中贵亦不得有所干请，诸人惮其刚严不敢犯"[3]。一天，魏忠贤派他的外甥傅应星介绍一个宦官来行贿，南星挥挥手就让他走了。过几天见到魏忠贤，

---

[1]《明史》卷二百十八，方从哲传，第19册，第5765页。
[2]《明史》卷二百四十三，赵南星传，第21册，第6298—6299页。
[3] 同上书，第6299页。

严肃地对他说:"主上冲龄,我辈内外臣子宜各努力为善。"[1]魏忠贤虽不说话,但怒形于色,把不高兴都挂在了脸上。老朋友魏允贞的儿子魏广微是最早诌附于魏忠贤的。天启二年(1622),魏忠贤勾结客氏,私下结为"对食",即所谓非典型夫妻关系是也。而熹宗诸事不问,宫中唯魏忠贤与客氏为政。御史周宗建看不过去,首先弹劾魏忠贤,言道:"近日政事,外廷啧啧,咸谓奥窔之中,莫可测识,谕旨之下,有物凭焉。如魏进忠(魏忠贤原名)者,目不识一丁,而陛下假之颦笑,日与相亲,一切用人行政,堕于其说,东西易向而不知,邪正颠倒而不觉。况内廷之借端,与外廷之投合,互相扶同。离间之渐将起于蝇营,逸构之衅必生于长舌。其为隐祸,可胜言哉!"[2]魏忠贤看到周宗建的奏疏,并未马上发作,而是谋划着如何交结外廷诸臣,魏广微就是这个时候投靠魏忠贤的,很快就被召拜礼部尚书,入参机务。因此,赵南星很为他父亲感到惋惜,尝叹曰:"见泉(魏允贞别号)无子。"魏广微闻之而心生怨恨,他柄政中枢之后,曾三次登门拜访,赵南星都拒绝见他,更让他恨得咬牙切齿,"与忠贤比而龁南星"。[3]

赵南星既主持京察,遂将万历朝被贬斥的旧友、学生纷纷起用,《明史·赵南星传》写道:"南星益搜举遗佚,布之庶位。高攀龙、杨涟、左光斗秉宪;李腾芳、陈于廷佐铨;魏大中、袁化中长科道;郑三俊、李邦华、孙居相、饶伸、王之寀辈悉置卿贰。

---

[1]《明史》卷二百四十三,赵南星传,第21册,第6299页。
[2]《明史》卷二百四十五,周宗建传,第21册,第6356—6357页。
[3]《明史》卷二百四十三,赵南星传,第21册,第6299页。

而四司之属，邹维琏、夏嘉遇、张光前、程国祥、刘廷谏亦皆民誉。"[1]这自然引起了一些人的不满，"给事中傅櫆以维琏改吏部己不与闻，首假汪文言发难，劾南星紊旧制，植私人。维琏引去，南星奏留之，小人愈恨。会涟劾忠贤疏上，宫府益水火"[2]。实际上，这个汪文言案的背景是很复杂的，这里只是简而言之。汪文言是歙县人，初为县吏，《明史》说他"智巧任术，负侠气"，[3]在东林党与齐、楚、浙三党的斗争中，他被认为贡献最大。后进京寻求机会，输贵捐为监生，并与东宫伴读王安结为好友。光宗即位，擢王安为司礼秉笔太监，汪文言也做了中书舍人。王安"劝帝行诸善政，发帑金济边，起用直臣邹元标、王德完等"[4]，就是听了汪文言的忠告。大学士刘一燝、给事中杨涟、御史左光斗等人都很看重汪文言。不久，王安被魏忠贤杀害，汪文言亦受到牵连，褫其监生，被赶出京都。但他与公卿之间的交往，并未因此而减少，"舆马尝填溢户外。大学士叶向高用为内阁中书。大中及韩爌、赵南星、杨涟、左光斗与往来，颇有迹"[5]。

适才，给事中阮大铖与左光斗、魏大中闹意见，便请傅櫆帮忙，让他找个借口弹劾汪文言。傅櫆心领神会，就从汪文言与左光斗、魏大中的关系入手，疏劾汪文言勾结朝臣，图谋不轨。魏

---

[1]《明史》卷二百四十三，赵南星传，第21册，第6299—6300页。

[2] 同上书。

[3]《明史》卷二百四十四，魏大中传，第21册，第6334页。

[4]《明史》卷三百五，宦官二，第26册，第7814页。

[5]《明史》卷二百四十四，魏大中传，第21册，第6334页。

忠贤看到此疏大喜，立刻就把汪文言下了镇抚司狱。魏大中首先上疏力辩，御史袁化中、给事中甄淑等也相继为大中、光斗辩。大学士叶向高亦出手相救，他还嘱咐执掌镇抚司的刘侨关照文言。御史黄尊素则叮嘱刘侨，防止文言一案牵连到更多的人。魏忠贤自然不肯轻易放过此案，他捏造个理由就罢了刘侨的官，乃以其私人许显纯取而代之。许显纯是魏忠贤的死党，有名的酷吏，《明史》说他"性残酷，大狱频兴，毒刑锻炼，杨涟、左光斗、周顺昌、黄尊素、王之寀、夏之令等十余人，皆死其手。诸人供状，皆显纯自为之"[1]。正当此时，御史李应昇等起来弹劾魏忠贤练习内操，引荐私人，滥用酷刑，都被他矫旨诘责。副都御史杨涟愤愤不平，上疏弹劾魏忠贤二十四大罪，文章做得慷慨激昂，震动朝廷，魏忠贤见了也很害怕。他去求首辅韩爌为他说话，韩爌不应。他只好跑到皇帝跟前哭诉，客氏亦在一旁帮腔，皇上昏昏然不辨是非，听信了他们的话，遂用好话慰留魏忠贤，对杨涟则严旨切责。于是，魏大中便联合同朝官员七十多人交章论魏忠贤不法，并直指皇帝昏庸，恐成孤家寡人。疏中写道：

> 从古君侧之奸，非遂能祸人国也。有忠臣不惜其身以告之君，而其君不悟，乃至于不可救。今忠贤擅威福，结党与，首杀王安以树威于内，继逐刘一燝、周嘉谟、王纪以树威于外，近且毙三戚畹家人以树威于三宫。深结保姆客氏，伺陛下起居；广布傅应星、陈居恭、傅继教辈，通朝中声息。人怨于下，天怒于上，故涟不惜粉

---

[1]《明史》卷三百六，阉党·许显纯，第26册，第7873页。

身碎首为陛下力陈。今忠贤种种罪状，陛下悉引为亲裁，代之任咎。恐忠贤所以得温旨，即出忠贤手，而涟之疏，陛下且未及省览也。陛下贵为天子，致三宫列嫔尽寄性命于忠贤、客氏，能不寒心？陛下谓宫禁严密，外廷安知，枚乘有言，"欲人弗知，莫若弗为"，未有为其事而他人不知者。又谓左右屏而圣躬将孤立。夫陛下一身，大小臣工所拥卫，何藉于忠贤？若忠贤、客氏一日不去，恐禁廷左右悉忠贤、客氏之人，非陛下之人，陛下真孤立于上耳。[1]

这时已是天启四年（1624），朝堂上下的党争日趋白热化。前两年受到东林打压的一班人，看到东林诸人在与魏忠贤的较量中一挫再挫，先是首辅叶向高、韩爌、赵南星等因为不得志，都退了职，高攀龙、杨涟、左光斗、魏大中等数十人也都被免了官，工部郎中万燝上疏刺魏忠贤，竟被魏党廷杖打死，于是争着要翻梃击、红丸、移宫"三案"和辛亥（万历三十九年，1611年）、癸亥（天启三年，1623年）两次京察及熊廷弼狱事。魏忠贤对这些事本不很在意，但这些党人都想借助魏忠贤的势力达到自己的目的，遂纷纷投到他的名下做义子。最夸张的莫过于崔呈秀，这位万历四十一年（1613）进士，最初是想加盟东林的，而东林的人都不愿接纳他。后高攀龙揭发他贪污受贿的事实，吏部尚书赵南星建议将他遣戍，他连夜跑到魏忠贤那里"叩头乞哀，言攀龙、南星皆东林，挟私排陷，复叩头涕泣，乞为养子"[2]。根据孙承泽的

---

[1]《明史》卷二百四十四，魏大中传，第21册，第6335页。
[2]《明史》卷三百六，阉党，第26册，第7848页。

记述，当了儿子的崔呈秀，"日嗾忠贤曰：'东林欲杀我父子。'忠贤亦不知东林为何地，东林之人为何人，辄曰东林杀我。既而杨左诸人攻珰（指宦官），珰益信诸人之言不虚也。于是，有憾于诸君子者，牵连罗织以逢逆珰之恶，锒铛大狱，惨动天地。于是，首毁京师首善书院，而天下之书院俱毁矣"①。

追本溯源，天启年间禁毁天下书院，并殃及首善书院，无疑是由魏忠贤及其阉党一手制造的。但又不能不对这种祸国殃民的党争表示遗憾和痛心。魏忠贤且不论，他固是一个无知无识的无赖，而那些依附魏忠贤的党人，哪个不是进士、翰林，书不可谓读得不多，讲话也是冠冕堂皇，开口闭口纲常名教，然而，为了一己私利竟不惜认贼作父。他们不是不知道东林书院的历史和现状，但他们宁愿把首善与东林混为一谈，其目的就是想"借此二字以为排陷君子之具"②也！还有那些不肯妥协、不顾大局的斗士，把名节看得比什么都重要的正人君子，置国家安危于不顾，为所谓异见而争胜不已，恐怕也应该有所反思吧！《明史》卷三百六《阉党传》开篇所作的概括总结是很有启发性的：

> 明代阉宦之祸酷矣，然非诸党人附丽之，羽翼之，张其势而助之攻，虐焰不若是其烈也。中叶以前，士大夫知重名节，虽以王振、汪直之横，党与未盛。至刘瑾窃权，焦芳以阁臣首与之比，于是列卿争先献媚，而司礼之权居内阁上。迨神宗末年，讹言朋兴，群相

---

① 孙承泽《书院考跋》，见《畿辅通志》卷一一二。转引自《中国书院史》，第417页。
② 同上书。

敌仇，门户之争固结而不可解。凶竖乘其沸溃，盗弄太阿，黜陟渠侩，窜身妇寺。淫刑痛毒，快其恶正丑直之私。衣冠填于狴犴，善类殒于刀锯。迄乎恶贯满盈，亟伸宪典，刑书所丽，迹秽简编，而遗孽余烬终以覆国。庄烈帝之定逆案也，以其事付大学士韩爌等，因慨然太息曰："忠贤不过一人耳，外廷诸臣附之，遂至于此。其罪何可胜诛。"痛乎哉，患得患失之鄙夫，其流毒诚无所穷极也。①

五

天启四年（1624），阉党得势，叶向高、邹元标、冯从吾、高攀龙、赵南星等人先后被罢官，首善书院的讲学活动基本上停止了。首善书院不同于其他一般的书院，它不以教授生徒，培养学生为目的，也没有山长、学长、教习等职务，而是同志诸君子讲会之场所，是士大夫之间的学术聚会。如同最初他们在城隍庙道院会讲一样，有主讲人，有听众，开讲之前，先由书院散发请帖，开讲时，主讲先讲，讲毕，听众可以自由讨论，各抒己见，相互切磋，最终奉以茶点散会。主讲人都是京城里的高官，也是学术上很有建树和见解的学者，如邹元标、冯从吾、钟羽正、方大镇、高攀龙、杨东明、曹于汴、刘洪谟等人，在主讲首善书院之前，都有过在其他书院，乃至东林书院讲学的历史。特别是高攀龙，从东林重建之始，就协助顾宪成主掌书院事务，顾宪成去世后，直到天启元年（1621）北上进京，有大约十个年头，他成为东林

---

① 《明史》卷三百六，阉党，第26册，第7833页。

实际上的盟主。因此，说首善书院就是一所"以继东林者也"[①]的书院，倒也并非没有理由。他们正是东林书院讲学传统的继承者和发扬光大者。

尽管自办学之初首善书院就不断受到各种质疑和攻击，御史倪文焕等甚至上疏诋毁他们为"伪学"，说他们"聚不三不四之人，说不痛不痒之话，作不深不浅之揖，啖不冷不热之饼"[②]。其实，这些人才是儒学道统的捍卫者、程朱理学的信奉者，其中个别人如邹元标，曾经"师欧阳德、罗洪先，得王守仁之传"，"守江右王门之师说"，[③]但也并非离经叛道，无论理学还是心学，总有相通之处，是可以求同存异的。东林要拯救学术颓风，也不是针对王阳明，而是王学末流。为了不给别有用心之人留下抓辫子、打棍子的机会，他们甚至在某些场合反复声明，只讲"四书""五经"，伦理纲常，不批评朝政。据说有一位兵部主事北直隶定兴人鹿善继，是主张"读有字的书，识没字的理"的，认为："只就此日此时此事，求一个此心过得去，便是理也。"有一天，他要去参加首善书院的会讲，去之前，"闻其相戒不言朝政，不谈职掌，曰：'离职掌言学，则学为无用之物，圣贤为无用之人矣。'遂不往"[④]。这个人因为会讲不言朝政而拒绝去听讲，在当时怕是有一些代表性

---

① 王昶《天下书院总志》卷一，清钞本，今藏台北故宫博物院。转引自《中国书院史》，第447页。

② 《日下旧闻考》卷四十九，城市，首善书院，第3册，第774页。

③ 季啸风主编《中国书院辞典》，第439页，浙江教育出版社1996年8月版。

④ 《明儒学案》卷五十四，诸儒学案下二，第1304页。

的，说明有人还是想知道主讲人对朝政有些什么真知灼见的。麻城刘侗的《帝京景物略》卷之四记述了首善书院讲学时的情景，可略见一斑：

略所闻于邹先生者，天启辛酉（元年，1621）十二月十八日，先生升座曰："都城二百六十余年，今见此会，诸友莫得看是偶然，古人有一日不悟一月，一年不悟十年者。"次日，举岁寒松柏句，人各解说。先生曰："为人要办一副松柏底骨，若骨是桃李，饶会熬耐，终然凋谢，诸友各各谛审，人身中如何是撼不摇，吹不折，火不焚，水不溺，古今不动的？"会讲日，有言刑部行刑者。先生曰："愚四十年来，于人生死关系处，断不敢规避，不敢依徇，不忍任一时见识，以儿戏人命。"一友问："和尚是异端，无父无君否？"先生曰："且置一边勿论，世间不孝不悌，欺君误国，往往是有发人，但自点勘所谓异端之情，无父无君之实者。"先生曰："世人相见诉穷，便是贪欲影幌，这穷字，断送多少豪杰，试看先辈赫赫者，大段（假）穷人，如何他便耐得，今人便不耐？此处不可不思。"先生曰："不随人口吻，不随人脚跟者，是真正英雄，若只言满天下，履历一生，未便数着。"先生曰："语有之，不杀不足为道，不穷不足为道。予曰不谤不足为道。"所闻于冯先生者，先生曰："观政诸友，时下理学第一义，取大明律详熟阅之，理学喻君子，未遽防小人。昔有多人采啖野梨，一人独否，诸人云：'梨无主，何伤？'曰：'梨无主，心无主耶？'此可与学问人说耳！律有擅食田园瓜果条，此禁一设，人有畏惧，便有羞恶，可谓刑书非理学乎？"一友问夷房交讧，中外震动，先生聚徒讲学，人以为迂。先生曰："向者，将溃士窜，坐失封疆，正縣平日不明理学，于忠君亲上，死忠死孝之义愤愤耳！古今谭边备者，举弱宋为鉴，幸当时理学大明，故张韩刘岳辈，能杀身成仁，文天祥为宋人生色也。昔吾友陶石篑赴京，客曰：'在仕途且勿讲学。'石篑笑应曰：'仕途更急，紧要学使用著。'"所闻于诸先生者，益都锺先生羽正曰："诗登岸继以伐密，明德继以伐崇，则文王之武功，皆登岸明德中出也。孰谓今日，但宜讲兵，不宜讲学者！"桐城方先生大镇曰："雒（洛）蜀角争，我见为崇耳！周谓无欲，程谓大公者，无我也，和衷之道也。"又曰："欧罗阳云，学孔子，当自孟子始。一语，有功万世。"无锡高先生攀龙曰："天下治乱根本，惟主上一心，所以培植之，系于主上之讲学，讲学之功，又系于冲龄之数年，经筵日讲，第一切要事也。近亦颇成故事，咫尺暌隔，启沃未有实效，不可泄泄然矣。"虞城杨先生东明曰："讲学只在毋欺本心，故违本心，犹自执为不欺，讲学何谓！"又曰："圣人门户，有教无类，无类则门户不立。"安邑曹先生于汴曰："宦途不可多着一念，只从实做去。"南昌刘先生洪谟曰："受朝廷一官，是代天行道，亦代天行法。今不仰体天意，一事至，即奇货居之，徇嘱托，开莫夜，所谓逆天也。"[1]

这真是一篇难得的会讲笔记，将当时诸位主讲人所讲内容的要点详细记录下来，使我们对会讲的情形有了更真切的了解。看得出来，他们所讲也许并未联系具体的朝政，却是从时下最紧要处而言说的。他们讲的人伦物理、圣人之道，看似空洞，不着边

---

[1]《帝京景物略》卷之四，西城内，第150—151页。

际,其实是很有针对性、现实性的。冯从吾就曾表示,他出来讲学,"岂为名,岂为利,岂为官爵,岂为一身宴游之地,岂为子孙世守之业"?不过是从现实中看到了讲学的必要性:"今内外交讧,邪教猖獗,正当讲学以提醒人心,激发忠义。先臣王守仁当兵戈倥偬之际,不废讲学,卒以成功,此臣等所以不恤毁誉,不恤得失,而甘心冒昧,为此也。"① 他在这里说得很明白,国家内忧外患,正需要通过讲学以明君臣大义,启发人人固有的良知。

不过,也有人怀疑讲学的有效性,曰:"此何时也,而讲学。"此何时呢?"是时,边警告急,贼寇纵横"②,东北有努尔哈赤领导的满洲八旗,西南有贵州红苗、永宁奢崇明,山东有白莲教,这个时候,边疆多故,因而,皇上所望是"大风猛士深轸朕怀",并下令要"有司于山林草泽间慎选将才"。③ 但冯从吾恰恰认为,此时讲学,正逢其时。"讲学者,正讲明其父子君臣之义,提醒其忠君爱国之心,正今日要紧第一着也。"这就是说,猛士将才固然需要,而人的精神信仰、道德情操更是当务之急。然而又有人质疑:"父子君臣之义,忠君爱国之心,原是人人有的,何必讲?"冯从吾则回答:"如是人人没有的,真不该讲,如磨砖求明,磨之何益!如原是人人有的,只被功名势利埋没了,岂可不讲?讲之者,只讲明其所本有,提醒其所本有者也,如磨镜求明,磨何可无。"④

---

① 冯从吾《书院当建,臣罪当斥疏》,《春明梦余录》卷之五十六,第1138页。
② 李颙《二曲集》卷十二,匡时要务,第106页,中华书局1996年3月版。
③《明史》卷二十二,熹宗本纪,第2册,第298页。
④《二曲集》卷十二,匡时要务,第106页。

清代纪昀（晓岚）的《阅微草堂笔记》中有一则故事，则借"鬼话"谈到对宋明以来私人讲学的看法。故事最初是由"裘文达公"讲给纪晓岚的，而"裘文达公"又"尝闻诸石东村"，说的是，有一位骁骑校，某日夜间在宣武门城上值勤，忽然看到有两个人靠着城堞在交谈。他以为非狐即鬼，便"屏息伺之"，听他们说些什么。"其一举手北指曰，此故明首善书院，今为西洋天主堂矣。其推步星象，制作器物，实巧不可阶。其教则变换佛经而附会以儒理。吾曩往窃听，每谈至无归宿处，辄以天主解结。故迄不能行。然观其作事心计亦殊黠。其一曰：君谓其黠，我则怪其太痴。彼奉其国王之命，航海而来，不过欲化中国为彼教。揆度事势，宁有是理。而自利玛窦以后，源源续至，不偿其所愿终不止，不亦慎乎？其一又曰：岂但此辈痴，即彼建首善书院者，亦复大痴。奸珰柄国，方阴伺君子之隙，肆其诋排，而群聚清谈，反予以钩党之题目，一网打尽亦复何尤。且三千弟子惟孔子则可，孟子揣不及孔子，所与讲肆者，公孙丑、万章等数人而已。洛闽诸儒，无孔子之道德，而亦招聚生徒，盈千累万，枭鸾并集，门户交争，遂酿为朋党，而国随以亡。东林诸儒，不鉴覆辙，又鹜虚名，而受实祸。今凭吊遗踪，能无责备于贤者哉。方相对叹息。"[1]

很显然，二鬼所持正是明清以来流行的"讲学亡国论"。而"鬼话"何尝不是人话，不过借鬼的口说出来而已。其实，纪晓岚持有这种观点一点也不奇怪，恰恰传达了朝廷的态度和声音。康

---

[1] 纪昀《阅微草堂笔记》上，卷十，第12页，天津古籍书店，1980年6月版。

熙、雍正、乾隆虽不反对开办书院，但绝不赞成私人讲学。有清一代，至少在北京，已经没有私人讲学式的书院，而变成了科举考试的一统天下。

六

首善书院的私人讲学，其内容不过是纲常伦理、义利之辨、性命之学而已，是否有用且勿论，在今天的人们看来，这种泛道德化的说教，确实无补于明末政治上的腐败和溃烂。但他们强调人伦天理的不可违背，纠正朝堂秩序，试图挽救末世危机，于世道还是大有补益的。《明史纪事本末》就盛赞邹元标、冯从吾等人是"真理学、真骨力、真气节、真情操、真吏治"[1]。这恐怕正是阉党和朝堂之上的某些官员容不下首善书院的原因。虽然书院已经停办，他们仍不肯放过书院。据《明史·熹宗本纪》记载，天启五年（1625）"秋七月壬戌，毁首善书院。……八月壬午，毁天下东林讲学书院"[2]。此前的正月，先有兵科给事中李鲁生疏请毁首善书院，改为祭祀辽东战死将士的"忠臣祠"。这件事，皇帝投了赞成票，不久，首善书院的匾额就被摘掉了。紧接着，御史倪文焕上疏要求"请碎书院碑"，他说："其私创书院匾额虽去，碑记

---

[1] 谷应泰《明史纪事本末》卷66《东林党议》第267页，上海古籍出版社1994年版。转引自《北京书院史》，第146页。

[2]《明史》卷二十二，熹宗本纪，第2册，第303—304页。

犹存，著礼部即时毁碎回奏，以为聚徒植党之戒。"[1]在他的煽动下，不仅叶向高作文、董其昌书写的首善书院碑被砸碎，孔子的牌位也被丢弃在大路边。曾经亲历此事的孙承泽在《春明梦余录》卷之五十六中写道："而御史倪文焕遂奏请毁书院，弃先师木主于路左。壁有记，为叶公向高文，董公其昌书，并碎焉。书院既毁，逆祠乃建。及逆祠毁，而书院不复建。"[2]事情到此还不算完，天启六年（1626）二月，御史徐复阳上疏，建议把已经改为忠臣祠的首善书院迁到城郊，以绝"党根"。他认为，只有把书院遗址迁往城外，才能从根本上杜绝书院复兴的可能。可惜，他的建议还来不及实行，熹宗皇帝就归天了，首善书院的建筑方得以保存。

此后，首善书院一直没有复兴的机会。崇祯初年，尚书冯元飙经过此地，看到的已是荒草蔓蔓，他的长诗《首善书院感旧之作》中就有这样的诗句："臣飙再入问书院，门外细草闲啼鸟。"[3]不久，因礼部尚书徐光启的坚持，书院改为由西洋人汤若望主持的历局，最终并入天主教堂，即所谓"南堂"，成为其中的一部分。清康熙年间，著名学者朱彝尊曾作《书冯尚书元飙题首善书院诗后》和《跋首善书院碑》二文，还有"是碑传，书院虽毁，安知无有复之者"[4]的感叹。然而，这种感叹在历史上鲜有回声。

---

[1]《明熹宗实录》卷五十七，天启五年七月壬戌，钞本。转引自《北京书院史》，第54页。

[2]《春明梦余录》卷之五十六，首善书院，下册，第1133页。

[3]《帝京景物略》卷之四，西城内，第152页。

[4] 朱彝尊《曝书亭序跋》，第260页，上海古籍出版社2010年10月版。

又过了很多年,大约是道光年间,诗人曹楙坚从宣武门内天主堂前经过,他留下了一首诗:

> 杨左登朝日,邹冯挽世心。
> 事皆矫中旨,祸已肇东林。
> 讲舍今何许,残碑不可寻。
> 泰西堂亦废,荒树暮烟沉。[1]

景色更加凄凉了。唯一值得欣慰的是,还有遗迹可供后人凭吊。

---

[1] 曹楙坚《昙云阁集·诗集》卷八,《首善书院遗址》,光绪三年曼陀罗馆刻本。转引自《北京书院史》,第55页。

濡染首善，邻德近光

——李三才与双鹤书院

双鹤书院在明代北京书院中不能算是一家显赫的书院，后世各种文献中亦鲜有关于这家书院的记载，只有孙承泽的《天府广记》卷三曾提到："双鹤书院在通州张家湾城内，万历中淮抚李三才建。"[1]既然如此，何以要在首善书院一文的后面，赘附一段双鹤书院呢？原因就在于李三才这个人与东林人物剪不断、理还乱的关系，对此不能不有所交代。

李三才，《明史》有传，但其中对双鹤书院只字未提。《天府广记》亦有他的小传，其中也只提到一句："归而建双鹤书院讲学。"[2]清初历史学家陈鼎编撰《东林列传》，写到李三才与双鹤书院，也只是说"归而置双鹤书院，讲学其中"[3]。至于书院的具体情况，我们一无所知。赵连稳的《北京书院史》说他"著书立说，

---

[1]《天府广记》卷三，第34页。

[2]《天府广记》卷三十四，第473页。

[3] 陈鼎《东林列传》卷十六，李三才传，第334页，广陵书社2007年11月版。

讲授宋明理学，颇得士子之心和失意文人之趣"[1]，不知其何所本。

李三才，字道甫，顺天通州人。明万历二年（1574）进士。据《天府广记》记载，其"先世自临潼移居京师，卜宅城东之张家湾"，他也就是通州张家湾人；又说他"少负志节，磊落不羁，……以名世相期许"。[2]《明史》则说他"以经济相期许"，[3]经济在这里应是经世济民的意思。通过这些评价也许可以想象，李三才应该是个很有使命感的儒士形象。而黄宗羲所作《明儒学案》在介绍李三才时，又说他"以豪杰自许"[4]，而豪杰总是不可避免地使人联想到江湖。如果一个官员而有江湖气，那他在官场中也就会显得比较另类，不会是个循规蹈矩的人物。故《明史》给他的结论是"才大而好用机权，善笼络朝士。抚淮十三年，结交遍天下。性不能持廉，以故为众所毁"，这种评价估计也不是空穴来风。但他在官场上的确有很高的声望，老百姓也因他为官而不惧权贵，能主持正义，为民争利而"深德之"，所以又说他"英迈豪隽，倾动士大夫，皆负重名"[5]。

最初，他在河南、山东、山西做些小官，政声不错，很有些成绩，遂被提拔为南京通政参议，召为大理少卿。万历二十七年（1599），又以都察院右佥都御史的头衔总督漕运，巡抚凤阳诸

---

[1]《北京书院史》，第49页。

[2] 同上书。

[3]《明史》卷二百三十二，李三才传，第20册，第6061页。

[4]《明儒学案·东林学案一》，下册，第1378页。

[5]《明史》卷二百三十二，李三才传，第20册，第6067页。

府。此时,正值朝廷南北用兵,黄河又闹水灾,二十四年(1596)三月,坤宁宫和乾清宫俱遭火焚。二宫固非修建不可,但工程巨大,经费浩繁,财政就显得捉襟见肘了。万历皇帝为了增加财政收入,便采纳了个别官员的建议,开始"遣中官开矿于畿内。未几,河南、山东、山西、浙江、陕西悉令开采,以中官领之"。不久,又"命中官榷税通州,是后各省皆设税使"。[①]这就是著名的"矿税",即"开矿"和"榷税"两项政策的来历。

万历皇帝委派中官做这件事而绕开政府官员,是不符合祖制和常理的。但万历本不是个按常理出牌的皇帝,他与政府官员的紧张关系,让他宁肯信任中官而绝不信任官员。中官又叫宦官,俗称"太监",这个群体长期身居深宫,陪伴皇帝,并无从政的经验和手段,对地方官吏亦缺乏应有的尊重,更没有儒家士大夫那一套勤政爱民、济物利人的理念,而他们要做的又是自己完全外行的"开矿""榷税"这样的需要专业知识和地方官吏配合的工作。可以想象,把这样一群如狼似虎、身心两残,却又手握"尚方宝剑"的人从宫里放出来,会给地方官员的工作和一般民众的民生带来多么大的伤害,一定会搞得怨声载道。据《明史》卷二百三十六记载,南京通政参议金士衡有一篇力陈矿税之害的奏疏,其中写道:"曩者采于山,榷于市,今则不山而采,不市而榷矣。刑余小丑,市井无藉,安知远谋?假以利柄,贪饕无厌。杨荣启衅于丽江,高淮肆毒于辽左,孙朝造患于石岭,其尤著者也。今天下水旱盗贼,所在而有。萧、砀、丰、沛间,河流决堤,居

[①]《明史》卷二十,神宗本纪,第2册,第278页。

人为鱼鳖,乃复横征巧取以蹙之。兽穷则攫,鸟穷则啄,祸将有不可言者。"[1]

这样的奏疏在当时像雪片一样飞到万历皇帝的御案前,但他不为所动,一律采取漠视的态度。李三才职责所在的运河与淮上,亦不得安宁,"榷税则徐州陈增、仪真暨禄,盐课则扬州鲁保,芦政则沿江邢隆,棋布千里间。延引奸徒,伪锲印符,所至若捕叛亡,公行攘夺。而增尤甚,数窘辱长吏"[2]。但李三才不是一个容易被操控的人,他有一种不怒自威的气势,那些横行恣肆的税使矿吏,见到他亦紧张得"汗必沾背"。他对付这些人的手段也很不一般,"裁抑其爪牙肆恶者,且密令死囚引为党,辄捕杀之,增为夺气"[3]。在淮上尤为无状的陈增,亦锐气顿挫,不复嚣张。他亦上疏陈矿税之害,言道:"陛下爱珠玉,民亦慕温饱,陛下爱子孙,民亦恋妻孥。奈何陛下欲崇聚财贿,而不使小民享升斗之需,欲绵祚万年,而不使小民适朝夕之乐。自古未有朝廷之政令、天下之情形一至于斯,而可幸无乱者。今阙政猥多,而陛下病源则在溺志货财。臣请焕发德音,罢除天下矿税。欲心既去,然后政事可理。"疏上逾月而未见回音,他又上一疏,说得更加恳切:"臣为民请命,月余未得请。闻近日章奏,凡及矿税,悉置不省,此宗社存亡所关,一旦众畔土崩,小民皆为敌国,风驰尘骛,乱众麻起,

---

[1]《明史》卷二百三十六,金士衡传,第20册,第6148页。
[2]《明史》卷二百三十二,李三才传,第20册,第6062页。
[3] 同上书。

陛下块然独处，即黄金盈箱，明珠填屋，谁为守之？"①

不久，万历皇帝借故要罢李三才的官，许多官员"交章乞留"，御史史学迁说得最为直接："陛下以陈增故，欲去三才，托词解其官。年来中使四出，海内如沸。李盛春之去以王虎，魏允贞之去以孙朝，前漕臣李志之去亦以矿税事。他监司守令去者，不可胜数，今三才复继之。淮上军民以三才罢，欲甘心于增，增避不敢出。三才不当去可知。"尽管如此，皇帝始终未就李三才的去留明确表态。实际上，如史学迁所言，很多官员都因反对矿税，不与从宫里出来为皇帝收税、开矿的太监合作而丢官。由此大概亦可以看出皇帝的亲疏远近，同时也就不难理解，为什么"矿税之害，遂终神宗世"。②

李三才在淮抚任上，不仅一而再，再而三地上疏，请尽撤天下税使，停止开矿，而且能制伏内监的淫威，很得一般民众的好感，也被很多士大夫引为同志。在这些与他交往的朋友中，顾宪成的身份最不一般。顾宪成，字叔时，别号泾阳，人称"泾阳先生"，江苏无锡人，万历八年（1580）进士，后因上疏言事，与政府意见不合，被削了官爵，回归乡里，遂创办东林书院，在此讲学。他们相识大约就在这个时候，《明史》上说："三才与深相结，宪成亦深信之。"③顾宪成在写给叶向高的信中也谈到与李三才的关

---

① 《明史》卷二百三十二，李三才传，第20册，第6062页。
② 《明史》卷二百一十八，沈一贯，第19册，第5758页。
③ 《明史》卷二百三十二，李三才传，第20册，第6064页。

系："淮上修吾李司徒，宪与之交三十年矣，中心实信服者。"①这种关系最终深度介入李三才的命运之中，成为政敌攻击他，迫使他辞官回乡的一大关键。

事情的起因是恰逢内阁缺员需要增补，有人提出不当专用词臣，也应考虑从地方官员中选拔。很多人都觉得李三才是合适人选，建议推选他入阁。此时内阁首辅是沈一贯，沈鲤亦以东阁大学士入参机务，而"一贯以士心夙附鲤，深忌之"②，担心沈鲤来此会夺其位。李三才告诉他，沈鲤是不会有这种想法的，劝他与沈鲤搞好关系。但事实上，二人的矛盾已很难调和，"盖以议税矿不合也"。据吴应箕《东林本末》的记载："适徽商程守训等贿内，使以矿税动上。龙江（沈鲤）揭阻之甚力，蛟门（沈一贯）既欲联上意，又利税使馈遗。于是阉监四出，海内骚动。间有言者，而蛟门之鹰犬姚文蔚、陈治则、杨应文、钱梦皋等承风顺旨，力为排挤矣。"③正由于李三才为沈鲤说话，沈一贯遂迁怒于三才，并指使他的姻亲邵辅忠弹劾李三才。

邵辅忠，明浙江定海（今宁波镇海区）人，万历二十三年（1595）进士，为工部郎中。他是第一个站出来弹劾李三才的人，指责李三才"大奸似忠，大诈似直，列具贪伪险横四大罪"④。其疏乃言道："借道学以为名，依贤豪以立脚，或无端而流涕，或无故

---

① 《明清之际党社运动考》，第38页。
② 《明史》卷二百十七，沈鲤传，第19册，第5735页。
③ 吴应箕《东林本末》，第8—9页。
④ 《明史》卷二百三十二，李三才传，第20册，第6065页。

而感慨,使天下士靡然从风。乘机躁进者愿依其幕下,感时忧世者误入其套中。一时只知有三才,不知有陛下,主势上孤,党与日甚。其意不过扫空词林,则必借才于外;打尽当路,则必抡选及身。"①樊树志的《明史十二讲》认为,邵辅忠的这番话用心极为险恶,不仅想激怒龙颜,挑拨李三才与皇帝的关系,还打算给李三才扣上一顶与东林书院顾宪成"结党"的帽子。继而浙江道御史徐兆魁与邵辅忠一唱一和,邵说"一时只知有三才,不知有陛下";徐说"但知有三才,不复知有朝廷"。疏言:"年来是非日以混淆,攻讦莫之底止,主盟挑衅,三才乃其戎首。"②

面对恶意攻击,李三才毫不退让,四次上疏力辩,并主动向皇帝请求辞去官职,杜门谢罪。"给事中马从龙,御史董兆舒、彭端吾,南京给事中金士衡相继为三才辨。大学士叶向高言三才已杜门待罪,宜速定去留,为漕政计。"而皇帝没有表态。但对李三才的攻击并未终止,"已而南京兵部郎中钱策,南京给事中刘时俊,御史刘国缙、乔应甲,给事中王绍徽、徐绍吉、周永春、姚宗文、朱一桂、李瑾,南京御史张邦俊、王万祚,复连章劾三才。而给事中胡忻、曹于汴,南京给事中段然,御史史学迁、史记事、马孟祯、王基洪,又交章论救。朝端聚讼,迄数月未已"。③

李三才的东林身份,在攻击他的人那里,是已经坐实了的,不能置疑。这固然是因为他与顾宪成的关系尽人皆知,顾宪成

---

① 樊树志《明史十二讲》,第322—323页,中华书局2021年4月版。
② 同上书。
③《明史》卷二百三十二,李三才传,第20册,第6065页。

亦引他为知己。而且，他的朋友又以东林的人居多。尤为关键的，是他的言论、行为自觉不自觉地都与东林保持一致，并得到许多东林士人的同情和赞许。又因为他在官场上是颇有些势力和影响的，故"东林暨西北人士所属望为冢宰、总宪者，曰淮抚李三才"[1]。这时的官场，齐、楚、浙三党已完全得势，他们联合起来对付东林党。既然东林党看好李三才，于是，李三才势必遭到他们的诋毁、围攻和群殴，指望能置之死地而后快。

偏偏在此时，顾宪成为救李三才，分别写信给内阁辅臣叶向高和吏部尚书孙丕扬，称赞他的廉直，希望二位能秉公处理此案，还李三才一个公道。但历史往往由于偶然因素而改变其方向和轨迹。据《明史》卷二百三十二《李三才传》记载："御史吴亮素善三才，即以两书附传邸报中，由是议者益哗。"[2]无论吴亮出于何种目的，这一举动显然给攻击李三才"结党"东林的人提供了口实，递了把刀子，不仅顾宪成被指为企图"遥执朝政"，插手朝廷政务，李三才的处境也变得岌岌可危。而这时的李三才，也只能"力请罢，疏至十五上。久不得命，遂自引去。帝亦不罪也"[3]。

大约是在万历三十九年（1611），李三才回到家乡顺天府通州之张家湾。这里距京师在顺天府所隶州县中是最近的，故有"濡

---

[1] 吴应箕《东林本末》，第17页。
[2] 《明史》卷二百三十二，李三才传，第20册，第6065页。
[3] 同上书。

染首善，邻德近光"①的说法。这或许是李三才在家里创办书院的原因之一。而另一原因大概就是他的心里有个东林书院的影子，顾宪成离世是在万历四十年（1612），李三才的双鹤书院应该也有向老朋友致敬的意思。如果就此居家读书讲学，以终余年，未尝不是一件好事，但有人总不肯放过他，唯恐他东山再起，遂使"御史刘光复劾其盗皇木营建私第至二十二万有奇"。一班宵小亦群起而攻之，其中御史李徵仪、工部郎中聂心汤，还是他当年提拔的官吏。他特别激愤，一再要求皇帝派人来勘察，甚至"自请籍其家"②，索性来抄没我的家吧！终于，皇帝诏派李徵仪和给事中吴亮嗣来通州查验。

事情闹到这个地步，李三才犹不忘为东林和顾宪成辩白。他在给皇帝的奏疏中说："自沈一贯假撰妖书，擅僇楚宗，举朝正人攻之以去。继汤宾尹、韩敬科场作奸，孽由自取，于人何尤。而今之党人动与正人为仇，士昌、光复尤为戎首。挺身主盟，力为一贯、敬报怨。腾说百端，攻击千状。以大臣之贤者言之，则叶向高去矣，王象乾、孙玮、王图、许宏纲去矣，曹于汴、胡忻、朱吾弼、叶茂才、南企仲、朱国祯等去矣，近又攻陈荐、汪应蛟去矣。以小臣之贤者言之，梅之涣、孙振基、段然、吴亮、马孟祯、汤兆京、周起元、史学迁、钱春等去矣，李朴、鲍应鳌、丁元荐、庞时雍、吴正志、刘宗周等去矣。合于己则留，不合则逐。

---

① 梅曾亮《重修通州文庙碑记》，载英良、高建勋、王维珍《（光绪）通州志》卷十，《艺文》，转引自《北京书院史》，第122页。
② 《明史》卷二百三十二，李三才传，第20册，第6065页。

陛下第知诸臣之去，岂知诸党人驱之乎？今奸党仇正之言，一曰东林，一曰淮抚。所谓东林者，顾宪成读书讲学之所也。从之游者如高攀龙、姜士昌、钱一本、刘元珍、安希范、岳元声、薛敷教，并束身厉名行，何负国家哉？偶曰东林，便成陷阱。如邹元标、赵南星等被以此名，即力阻其进。所朝上而夕下者，惟史继偕诸人耳。人才邪正，实国祚攸关，惟陛下察焉。"[①]

不过，万历不是个可以明察的皇帝，终万历一朝，李三才并未等到公正的结果。"亮嗣等既往勘，久之无所得。"[②]最后，只能按照刘光复当初举报的情形回复，遂将李三才落职为民。直到天启元年（1621），朝廷政治一新，许多老臣纷纷召回，有人亦主张用三才主持辽东的战事，但"廷议相持未决"，始终争执不下，也只好作罢。而背后支配廷议的，自然还是长期积累的对东林的仇恨。犹如《明史》卷二百三十一《顾宪成传》所言："嗣后攻击者不绝，比宪成殁，攻者犹未止。凡救三才者，争辛亥京察者，卫国本者，发韩敬科场弊者，请行勘熊廷弼者，抗议张差梃击者，最后争移宫、红丸者，忤魏忠贤者，率指目为东林，抨击无虚日。借魏忠贤毒焰，一网尽去之。杀戮禁锢，善类为一空。"[③]天启三年（1623），李三才被起用为南京户部尚书，尚未赴任，便去世了。

按照一般的说法，双鹤书院随着李三才去世就停办了。这或许是书院停办的直接原因，但如果考虑到当时齐、楚、浙三党与

---

① 《明史》卷二百三十二，李三才传，第20册，第6066页。

② 同上书。

③ 《明史》卷二百三十一，顾宪成传，第20册，第6033页。

阉党合谋对付东林,天启五年(1625)毁了首善书院,并将李三才、顾宪成等削籍,"八月壬午,毁天下东林讲学书院"[1]。这样看来,双鹤书院即使未因李三才去世而停办,其后也没有任何生存空间了。

---

[1]《明史》卷二十二,熹宗本纪,第2册,第304页。

容纳异端的胆识和度量

——马经纶与闻道书院

相传，明万历年间，在北京通州城中东南隅的文昌阁附近，有一所闻道书院，主办人是罢官家居的前监察御史马经纶。

马家祖籍霍邱（今属安徽省六安市），先祖在明初以靖难之功迁居通州，至马经纶这辈已二百年了。马经纶，字主一，号诚所，万历十三年（1585）中举，十七年（1589）考取进士，授山东肥城知县。他去上任时，随身带着一本《仁赠编》，这是他读书期间手抄的先贤格言，以此作为自己施政的座右铭。在任期间，他的政声是很不错的，"以召募代徭役，以浮羡充丁粮"，深得百姓称道。他还加固城墙，"易土城以石"。工程结束后，他"引邱邑隔征例，请宽岁额若干"，减轻了百姓的负担。[1] 他力兴教育，创办至道书院，"请泰安李先生汝桂主之，择学行八生，敷教里社，彬彬有武城弦歌风"[2]。

---

[1]《光绪顺天府志》卷九十八，人物志八，先贤八，马经纶，第12册，第4676页，北京出版社2018年2月版。

[2] 朱国祯《马侍御志铭》，《马公文集》附。

由于政绩卓著，万历二十三年（1595），他被擢升为河南道监察御史。明代的监察机关分为两级，监察御史负责监察政府，也就是内阁，六科给事中则负责监察六部。他们都是言官，责任就是对官员，乃至皇帝的行为进行监督，提出批评、意见、建议，故民间对言官多有好感，甚至同情，而言官的清望亦比较高。马经纶这人很正直，有责任感，敢说，不惧权贵。读《马公文集》卷一，有五篇奏疏，分别是《恭请视朝疏》《清弭兵变疏》《参劾祸臣疏》《优容言官疏》《崇实学政疏》，都涉及当时朝廷上十分敏感且争论不休的问题。

按照明朝的官制安排，地方官员的考核每三年一次，凡辰、戌、丑、未年，便为考核之年。万历二十三年恰逢乙未年，故有考察地方官员的事发生。这是吏部的职责所在，吏部尚书孙丕扬亲自主持，考功郎蒋时馨是他的助手。孙丕扬奏浙江参政丁此吕贪纵，要罢了他的官。丁此吕与右都御史沈思孝关系很好，沈思孝为救丁此吕，便指使御史赵文炳弹劾蒋时馨在考察期间受贿，孙丕扬出头为蒋时馨辩解，并把矛头指向沈思孝。于是，沈思孝又联合员外郎岳元声连章攻击孙丕扬。朝廷上闹得沸沸扬扬，你来我往，争执不休，势如水火。马经纶刚被任命为监察御史，便赶上了这场"官司"。他的《参劾祸臣疏》就写于此时。他认为，朝臣争讦聚讼不息是国之大害，必须制止。这场纷争的起因是孙丕扬弹劾丁此吕，而丁此吕"贪纵殊甚，酷虐异常，苦毒百姓，几乎成变，情甚可恶"，皇上也已下旨将他押解来京究问。然而，沈思孝却因一己之私情，挺身力救，甚至以大言恐吓吏部，让他们放手。"夫以别署堂官而敢侵吏部黜幽之柄"，"以一人私情而敢枉通国是非之实","以庇护同类而敢搅乱祖宗以来计吏之大典",这样的行为是不可原谅的。因此,他把沈思孝称作"祸臣""祸胎","请皇上速去沈思孝以息辩胎,息辩胎乃所以息祸胎。息正人君子之祸,乃所以息四海苍生之祸;息四海苍生之祸,乃所以息宗庙社稷之祸"[①]。他的这番议论受到当时舆论的好评,认为他说得很真切,也很诚恳。

这年冬天,兵部考察军政官员。皇帝素来对言官很有恶感,这时便借口兵部考察有所不当,责言官失职,迁怒于两京科道,旬日间被斥言官竟多达三十四人,其中或调外,或停俸,或罢官。朝中"大学士赵志皋、陈于陛、沈一贯及九卿各疏争,尚书石星请罢职以宽诸臣",皇帝均未采纳。"于陛又特疏申救,帝怒,命降诸人杂职,悉调边方。尚书孙丕扬等以诏旨转严,再疏乞宥。帝益怒,尽夺职为民"[②]。马经纶为此感到特别气愤,遂上《优容言官疏》,为言官抗辩。他首先表示,他的职务是御史,御史又称"谏官"或"诤臣",谏诤是他的职责所在。接下来他写道,这些年,朝廷之所以"奸邪不致柄用,国事不致败坏,社稷灵长,海内晏如",除了皇上威灵的护佑,"所恃祖宗二百余年之培植士风最正清议,最重科道,诸臣每每明目张胆为国家分辨邪正,指斥奸雄,虽庙堂处分未必尽从舆论,而缙绅公议颇足维持世风"。[③]可见,言官耳目之作用是很大的,没有言官的直言和谏诤,也就

---

① 以上引文均见《马公文集》卷一。
② 《明史》卷二百三十四,马经纶传,第20册,第6103页。
③ 《马公文集》卷一,第25页。

没有国家的政治清明，社会安定，皇上怎能"以沙泥视贤才，以草芥待台省（台即御史台，省即指六部）"，对言官欲加之罪，结果使得"南北科道，几虚无人，奸雄倾善之计大行，相率弹冠；而视事豪杰敢言之气尽阻，相对垂首而灰心；从此清议不闻于上，邪谋得肆于下，社稷受祸，宁有底极"，皇上思之念之，能不痛心吗？①

他继续和皇上讲道理，他说，皇上近来不喜欢言官，总是嫌他们多嘴、多事，如今却以不言大罪言官，其意何在呢？如果该言而不言，言官确实难辞其咎。这样看来，言官也许在五个方面没有履行谏诤的职责：皇上不敬天，不敬祖，不勤政，不善用人，好货有癖，这五大罪人人尽知，言官亦曾一再劝谏，但皇上依然我行我素，说明言官还没有尽职尽责。如果皇上以此而罪言官，那么，他要奋然励精，痛改前非也说不定。可惜并非如此。"皇上实恶切直而故假缄默以加之罪耳"，也就是说，皇上讨厌不留情面的直接批评，却借故言官不言而怪罪他们。日前，四位首辅和九卿一而再，再而三地上疏，恳求皇上放过这些言官，难道他们只是为了这区区几十个言官吗？他们是为皇上可惜人才啊！君不见，"夫君臣一体，元首虽明，亦须腹心以宰之，股肱以运之，耳目以闻且见之。乃今自塞其耳，自障其目，自离其腹心，自戕其股肱，皇上将谁与其理天下，天下事又谁为皇上宰之运之闻之见之哉"。况且，"今言官本无大罪，皇上一旦震怒，坐以失职，降则降，逐则逐，无一敢抗命者，似此大失人心，便是上拂天意，万一上天

---

① 《马公文集》卷一，第27页。

震怒,皇上之不郊不禘不朝不讲不惜才不贱货,为失人君之职,而赫然降以异常灾变,……皇上自度能抗天命否耶?臣不能抗君,君不能抗天,此理甚明"。①

用天意约束皇帝,是儒家士大夫的惯用手段,但却未必有效。比如这位万历皇帝,看到马经纶的这篇奏疏,不仅没有被天意吓住,反而被他切直的言辞激怒了。圣谕当天就发了下来:

> 今日览文书,有御史马经纶,心与奸逆报复,故讪君无上,借言申救,恐负奸逆之私,好生可恶。此必日索党类之人,宪职重任如何置此奸肆之畜?本该重治,姑且降三级,调外任用,不许朦胧推升其存留。两京科道叶继美等必有唆使情状,本当拿问,姑念乏人,且各罚俸一年,吏部知道。②

马经纶的奏疏和遭遇引起了同僚们的同情和支持,工科都给事中海阳林熙春等人便上疏曰:"陛下怒言官缄默,斥逐三十余人,臣等不胜悚惧。今御史马经纶慷慨陈言,窃意必温旨褒嘉,顾亦从贬斥。是以建言罪邪,抑以不言罪邪?臣等不能解也。前所罪者,既以不言之故,今所罪者又以敢言之故,令臣等安所适从哉。"③皇上闻此更加愤怒,不仅将林熙春贬为茶盐判官,而且加贬马经纶为典史。不久,南京都御史林培疏陈时政,皇上亦迁怒

---

① 《马公文集》卷一,第31—32页。
② 同上书,第32—33页。
③ 《明史》卷二百三十四,马经纶传,第20册,第6105页。

于马经纶，竟取消了他的功名，把他贬斥为民。

丢了官，打回原形，马经纶没有沮丧，他说过："夫诸臣原出草莽，今归草莽，亦复何憾？"①虽然说的是别人，他自己亦当如是。据朱国祯所作《马侍御志铭》记载："归田后，事寿张公，恪尽子道，晨昏定省。寿张公性夙严，独于公称慈孝。"②马经纶的父亲名时叙，别号历山，曾在寿张县（今为寿张镇，隶属山东省聊城市阳谷县）为官，万历二十五年（1597）八月，马时叙入朝述职，顺路回家看看。儿子削籍为民，极大地伤了他的心，遂动了泉石之盟的念头，想就此隐居不仕。父子俩一起读书讲学，倒也享尽天伦之乐。马家有一别业，在通州城中东南隅，地近文昌阁，通惠河流经此地，留下一片水域，夏季荷花映日，别有一番景致，故名"莲花庵"，又称"莲花寺"，确是读书的好地方。闻道书院最初的来历，大约就在这里。不过马经纶不喜欢闭门读书，更愿意优游于山水之间，访师会友，开阔眼界，陶冶心性。在此期间，他的足迹遍及燕赵齐鲁、两湖江淮，《马侍御志铭》说他"南游三千里，并游塞上诸山，皆有作。其意谓实学实用，那能一一闭门合辙。海内高贤大良，非亲造请，何以求益"③。

他两次南游，都在万历二十八年（1600），且都是为了寻访李贽。李贽，原姓林，名载贽，字宏甫，号卓吾，福建泉州府晋江县人，生于明嘉靖六年丁亥（1527），卒于明万历三十年壬寅

---

① 《马公文集》卷一，第29页。

② 《马公文集》志铭，第3页。

③ 同上书。

（1602），终年七十六岁。他是有明一代很有叛逆精神和独立品格的思想家，时人喜欢他的，尊他为圣人，不喜欢他的，说他是怪人、狂人。他在性格上的确常常表现出孤高耿介、狷洁难近、执拗倔强、倨傲自负的特征；同时，他在与人交往的时候，又很容易表现得直率、天真、口无遮拦，甚至有些孩子气。不过，马经纶父子对李贽是很推崇的。马时叙就曾多次与他书信论学，讨论"明德""形神关系""陆王心学"，以及儒、释、道三教之间的关系等问题。而马经纶寻访李贽，也是希望能在《易》的研究中得到李贽的指点和帮助。他与李贽的第一次相会，是在山东济宁，当时正值春天，李贽携他同游了济宁城中的太白楼、南池诸名胜，随后又同游了单县和曲阜，有一种一见如故的感觉。一路上他们诗酒唱和，留下不少作品。为了送马经纶北归，李贽甚至放弃了回南京见老朋友刘晋川的计划，将马经纶送至直沽（金、元时南北运河交汇处，今天津市内狮子林桥西端旧三汊口一带）而别。

第二次是在秋天。马经纶从通州启程，赶往湖北麻城，想继续向李贽请教有关《易》的问题。没想到，麻城官民容不下李贽，竟以莫须有的罪名，下令逐客，不仅烧了李贽暂居的禅房，而且毁了他准备死后栖身的塔，不得已他避入商城黄蘖山（今称黄柏山，在河南省信阳市商城县南部）中。马经纶遂入黄蘖山寻找李贽。二人在山中读《易》凡四十天，这一次，他们一定读出了忘年知己的意思，马经纶一度曾有随李贽去湖北武昌隐居的计划，他在《与当道书》中写道："稍待春和，弟拟奉之入湖广省城，市数椽之屋，贸数亩之田，吾二人耦耕谈道，作武昌一对流寓。"[1]但这个计划最终未能实行，万历二十九年辛丑（1601）二月，李贽接受了马经纶的建议，与他同往天子脚下的通州。

一路上风雨兼程，四月间，他们终于抵达通州，就住在马经纶别业。李贽与马经纶一起在这里读《易》，并继续修改他在南京已完成初稿的《易因》。汪本钶《哭李卓吾先师告文》于此亦有记述："庚子冬，师又读《易》于黄蘖山中，改正《易因》。适马诚所先生自北通州来访师山中，越春二月，师与马先生同至通州。既至，又与读《易》，每卦自读千遍，又引坡公语语钶曰：'经书不厌百回读，熟读深思子自知。'近一年所，而《易因》改正成矣，名曰《九正易因》。"[2]

马经纶与李贽一起在其别业读书。时人未称"闻道书院"而称马经纶或马侍御别业，那是因为马经纶生前尚无"闻道"之名，闻道先生是他死后门人的私谥。因而可以说，不同于有些书院是有其名，无其实，闻道书院则是有其实而无其名。这或是我们关注闻道书院的唯一理由。以李贽的学术成就，以及当时他在士子中的号召力，马经纶能把他请到自己的别业中来读书讲学，研读《易经》，恐怕正是这里无书院之名而有书院之实的原因。书院有大有小，功能亦有所区别，马经纶别业也许就是这样一所规模不

---

[1] 马经纶《与当道书》，《李贽全集续编》附录《李温陵外纪》卷四，第187页，首都师范大学出版社2019年10月版。

[2] 汪本钶《哭李卓吾先师告文》，《李贽全集续编》附录《李温陵外纪》卷一，第142页。

大,而以学者专题研究为主的书院。李贽最后一部著作《九正易因》在这里完成,或可视为这所书院的成果之一。

李贽在通州与马经纶相处得很融洽。他的老朋友,工部尚书、河漕总督刘东星数次派人接他回南方,都被他拒绝了。刘东星在《序言善篇》中写道:"客冬,卓吾子大困于楚,适有马侍御者自潞河冒雪入楚,往携之以出,同居通州,朝夕参请身心之借善。余愧羁留淮济,不能如侍御捷之速也。"① 刘东星此时的感觉似乎是心有不甘,而李贽却很享受马经纶为他创造的读书环境。这年夏天,他们同游盘山和房山,途中,他写信给马经纶,谈到自己此时的心情,是很受用的:"仆老矣,唯以得朋为益,故虽老而驱驰不止也。盘山古佛道场,宝积普化,高风千古,何幸得从公一游耶!时见太丘,令人心醉纪、群之间,又不意孔北海因是而获拜两益之友也。已买舟潞下,迩龙门(即房山县西北之龙门村,为往小西天,即石经山的途经之地)即先登矣。先此奉复不备。"②

李贽的惬意竟使得老朋友感到委屈,刘东星在为李贽《史阁》一书所作《史阁款语》中就抱怨道:"岁辛丑夏,李卓吾同马诚所侍御读书山中,余屡遭迎不至。谓余宦邸非邀游之地,官署非读书之场。是以余为不读书也。然余虽不读书,余有禄俸可以养老,不必皆伯夷所树也。且余虽曰仕宦,而清素未脱寒酸气习,当与马侍御等,何必分别太过乎?"③ 袁宏道也十分关心李贽的行踪,他

---

① 刘东星《序言善篇》,李贽《续焚书》卷二,第65页,中华书局1975年1月版。
② 李贽《答马侍御》,《续焚书》卷一,第18页。
③ 刘东星《史阁款语》,《续焚书》卷二,第54页。

在写给李贽的信中说:"白下人来,云翁已去京,更不知住何地?有人云住通州。老年旅泊,未得所依,世界真无友朋欤?何托足之无所也!"[1]袁氏兄弟或与马经纶不相识,也不了解马经纶别业的情况。其实,常有一些学生和晚辈,或在马经纶别业随李贽学习受教,或来此拜访,他过得并不寂寞。汪静峰(可受)所作《墓碑记》记载了他到此拜访李贽的情景:

又辛丑岁,老子以马侍御之约,至通州,而余适起官霸上,约相见于侍御之别业。老子以儒帽裹僧头,迎揖如礼。余惊问曰:"何恭也?"老子曰:"吾向读孔子书,实未心降。今观于《易》,而始知不及也。敢不如其礼。"余少顷曰:"如先生往事,犹在是非窠臼中。"老子曰:"此非我事,乃人道中耳。有手在,安得人打不打;有口在,安得人骂不骂?"余笑曰:"依然卓吾老子也。"时紫柏老人(即达观)在戒坛,余意欲为二老者作小西天主人,旁观宗门下事。而忽有河上之役,行矣。行而念老子不置,复过辞于侍御之别业。老子怆然曰:"愿以纸笔来,为公书《证道歌》一副,异日见书如见我也。"余亦怆然不能应,徐曰:"将作盐梅于乡党,迎先生归龙湖。"老子曰:"吾百年之计在盘山矣。"[2]

说到李贽不愿离开马经纶及其别业的原因,除了此地良好的读书环境,主要还是为了他的《易因》。他在《九正易因》自序中

---

[1] 袁宏道《李龙湖》,《袁中郎尺牍》,第54页,中国广播电视出版社1991年10月版。
[2] 汪静峰《墓碑记》,《李贽全集续编》附录《李温陵外纪》卷一,第147—148页。

说得很明白,此书作于他晚年游学南京之时,三年始成。但他很不满意,"因而封置笑笥"。直到北上济宁,《易因》竟被人付梓出版了,这反而使他"转侧不安"。在济宁一年时间,"日惟《周易》是诵是读",对《易因》进行修改,"所改其甚不堪者,幸已得十之三"。这时,马经纶出现了。他带来的信息让李贽充满期待。他告诉李贽,在他的家乡通州,有一间"学易之精舍"。李贽在《自序》中写道,马经纶"以易起家,号通于易,予既幸得之,乃昼夜参详,才两年,而《易因》之旧者,存不能一二,改者且至七八矣"。因此,他把马经纶视为他的福音。书成之后,"乃复乞名于侍御焉。侍御曰:此真孔氏之书矣。他时后日可以就正吾夫子于杏坛之上矣。夫乐必九奏而后备,丹必九转而后成,易必九正而后定。宜仍以旧名《易因》,而加'九正'二字即得矣。予喜而受之,遂令汪本钶复读一过,而定其名曰《九正易因》也"[①]。

《九正易因》书成,李贽的病亦加重了。二月初五日,他写下《遗言》,付与僧徒,详细交代他死后安葬诸事,强调一定不可厚葬,"以伤我之本心"。依此遗言,马经纶很快为李贽找到了位于潞水之西迎福寺侧的一块营葬之地,并写下一篇《书卓吾先生遗言后》:

> 先生四海为家,万世为土。四海为家,人人能知之,能言之;

[①] 以上引文均见李贽《九正易因》自序,此为江苏周厚堉家藏本之复印本。周为江苏松江人,清代藏书家,乾隆年间四库全书开馆,周捐书数百种,其中便有李贽的《九正易因》,《四库全书总目提要》有评价。

万世为土，非但无人能言，抑或无人能知之也。先生寓潞河，便欲死潞河，便欲葬潞河。今春偶病，辄草遗命如右。纶读之且喜且惧。喜者，喜先生之死于斯，葬于斯；惧者，惧先生万一不得死于斯，不得葬于斯也。盖先生百世以俟圣人而不惑之人也。纶虽浅劣，颇知先生之深矣。先生急于朋友，老来弥切，望纶弥深。遗命葬城外高埠，请命家大人，得迎福旧基而券贸之。溯昔曹溪道场，乃宝林古寺也。宝林自隋末废于兵火，曹叔良诸人重建梵宇以奉六祖，而曹溪之名遂与天壤俱永。今先生获葬于此，吾知异日者潞河道场应又一曹溪也。迎福旧基与宝林古寺何殊焉！①

由此可见马经纶用心之深。他把李贽请到马经纶别业，协助完成《九正易因》，是有更深一层考虑的。李贽在社会上曾有"非圣非孔"之名，马经纶认为，这部书也许可以为李贽恢复名誉，所以他说："此真孔氏之书矣。他时后日可以就正吾夫子于杏坛之上矣。"《四库全书总目提要》也持相似看法："贽所著述，大抵皆非圣无法，惟此书尚不敢诋訾孔子，较他书为谨守绳墨云。"②而且，他希望李贽死后能葬在通州，就像禅宗六祖留在曹溪，也为通州留下一条文脉。李贽亦很感激他的这种安排，又在《书遗言后》中写道：

其地最居高埠，前三十余丈为余家，后三十余丈为佛殿僧房。

---

① 马经纶《书卓吾先生遗言后》，《马公文集》卷四，第24—25页。
② 《四库全书总目》卷七，第55页。

仍于寺之右盖马诚所"读易精庐"一区，寺之左盖李卓吾"假年别馆"一所。周围树以果木，种以蔬菜。蔬圃之外，尚有七八十亩，可召人佃种，以为僧徒衣食之用。①

这与一般书院都有田产以为师生膏火相似，而这里的僧徒，大约都是李贽的学生，有些甚至是准备为他守灵的。而财政的支出都由马经纶一人筹划。为让尔等僧徒放心，李贽在《遗言》中宽慰他们："马爷决有以处尔等，不必尔等惊疑。"②很显然，如果不出意外，这家书院是有望成为北京，乃至北方《易》学研究中心的。然而，就在此时，意外发生了。

万历三十年壬寅（1602）闰二月乙卯（22日），礼科都给事中张问达秉承首辅沈一贯的旨意，上疏弹劾李贽：

> 李贽壮岁为官，晚年削发，近又刻《藏书》《焚书》《卓吾大德》等书，流行海内，惑乱人心。以吕不韦、李园为智谋，以李斯为才力，以冯道为吏隐，以卓文君为善择佳偶，以司马光论桑弘羊欺武帝为可笑，以秦始皇为千古一帝，以孔子之是非为不足据。狂诞悖戾，未易枚举。大都刺谬不经，不可不毁者也！
>
> 尤可恨者，寄居麻城，肆行不简，与无良辈游于庵院，挟妓女，白昼同浴。勾引士人妻女，入庵讲法，至有携衾枕而宿庵观者，一境如狂。又作《观音问》一书。所谓观音者，皆士人妻女也。而

---

① 李贽《书遗言后》，《续焚书》卷四，第95页。
② 李贽《李卓吾先生遗言》，《续焚书》卷四，第102页。

后生小子，喜其猖狂放肆，相率煽惑，至于明劫人财，强搂人妇，同于禽兽而不之恤。迩来缙绅士大夫，亦有诵咒念佛，奉僧膜拜，手持数珠以为戒律，室悬妙像以为皈依，不知遵孔子家法，而溺意于禅教沙门者，往往出矣。

近闻贽且移至通州。通州离都下仅四十里，倘一入都门，招致蛊惑，又为麻城之续。望敕礼部檄行通州地方官，将李贽解发原籍治罪。乃檄行两畿各省，将贽刊行诸书，并搜简其家未刊者，尽行烧毁，毋令贻祸乱于后，世道幸甚。①

这次皇上没有耽搁，当天就有了批复：

李贽敢倡乱道，惑世诬民，便令厂卫五城严拿治罪。其书籍已刊未刊者，令所在官司尽搜烧毁，不许存留。如有党徒曲庇私藏，该科及各有司访参奏来，并治罪。②

有了皇上的旨意，官员们马上行动，当天就把李贽逮捕下了狱。马经纶很愤慨，也很焦急。他一方面与李贽冒罪同行，一方面上下奔走呼吁，写信给有关官员，积极营救李贽。袁中道的《李温陵传》记载了当时的情形：

---

① 《张问达弹劾李贽疏文》，转引自林海权《李贽年谱考略》，第416页，福建人民出版社1992年11月版。张问达奏疏最早见于《明神宗实录》卷三六九。
② 同上书。

至是逮者至，邸舍忽忽，公以问马公。马公曰："卫士至。"公力疾起，行数步，大声曰："是为我也。为我取门片来！"遂卧其上，疾呼曰："速行！我罪人也，不宜留。"马公愿从。公曰："逐臣不入城，制也。且君有老父在。"马公曰："朝廷以先生为妖人，我藏妖人者也。死则俱死耳。终不令先生往而已独留。"马公卒同行。至通州城外，都门之胥尼马公行者纷至，其仆数十人，奉其父命，泣留之。马公不听，竟与公偕。明日，大金吾置讯，侍者掖而入，卧于阶上。金吾曰："若何以妄著书？"公曰："罪人著书甚多，具在，于圣教有益无损。"大金吾笑其倔强，狱竟无所置词，大略止回籍耳。[1]

在此期间，马经纶找了许多人，写了许多信，一方面希望有关官员能网开一面，许李贽"取保候审"，免其入狱受苦；另一方面，针对张问达疏中所言，逐条为李贽辩诬申冤。他在《与李麟野都谏转上萧司寇》书中，颇为动情地讲述了李贽的为人，为其"素行"被各种流言所诬、所误而痛惜。他写道：

李卓吾先生，不肖从游颇久，深知其人，大不似人言所云。人言出自麻城忌者之口，始以讹传讹，既而讹遂为真，即有人胪列其真以示之，亦复不信矣。始以一传十，既而遍地皆传。传者自信为舆论之公，而不知其大远于情实。即有人详揭其讹以解之，亦复不入矣。惟是流言止于智者，观人决于素行。卓吾先生之素行，何如

---

[1] 袁中道《李温陵传》，李贽《焚书》，第4—5页，中华书局1975年1月版。

也？宦游二十余年，一介不取，清标苦节，人所难堪，海内荐绅，谁不慕说。夫以如是人品，如是操履，而以逾闲荡检之事诬之，亦大不伦矣。至于著述，人各有见，岂能尽同，亦何必尽同。有同有异，正以见吾道之大，补前贤之缺，假使讲学之家，一以尽同为是，以不同为非，则大舜无两端之执，朱陆无同异之辨矣。先生有官弃官，有家弃家，有发弃发，盖其天性孤峻，直行己志，老来任便，有何不可？世之人甘一官若饴，数日不近妇人若死，甚至涂抹须发，外以求怜上官一日之容，内以取媚姬妾半刻之欢，习以成风，贤者不免。其视先生之素行，愧乎，不愧乎？而反以弃发为口实，何也？

先生之寓通州也，非先生意也。不佞冒雪走三千里，访之黄蘖山中，随携而北以避楚难云耳。今先生七十六岁，形容憔悴，动履艰涩，病因垂绝，预草遗言，不佞见今营葬潞水之西，此通国人士所共见也。先生业已无意于人世，又何意于都门。乃过虑先生入都，而以勾引士女为词乎？无论勾引非所以论先生，都中士女果一七十六岁老丑病夫所能勾引否耶？先生圣人之徒也，三教圣人合一之旨，未尝不精深之，然终日不膜拜，终夜不持咒，终年不念佛，终身不持斋，彼持斋念佛，若世所称斋公然者，方以先生为破戒律，视之若冤，而乃以为诱之迷耶？吁！亦冤甚矣。

大明律致仕官与见任官同，先生致仕知府，所谓从大夫之后者，亦云尊贵矣。乃在湖广则逐之，在通州则拿之，虽云奉旨从事，然含糊奏请，圣明不知也。堂堂天朝，济济高贤在列，而令一衰病廉二千石，遍天下无容身之地，乃世之贪污吏蒲载而归，恣欲而行，彼不自以为耻，人亦不以彼为耻，甚至利其有而为之纳交，掩其丑而为之延誉，或以境内人才荐，若以例应存问请，虽间为有识者所鄙，有司者所驳，然踵而行之，恬不以为怪也。岂贪者乃真孔氏家法，宜亲宜近，而廉吏若先生，乃为惑世诬民，应逐应拿应拟罪耶？然则良吏安可为也！

海内传先生刻书，若陕西刻《南询录》，长芦刻《龙溪集》，徽州刻《三教品》，济宁刻《道学钞》，永平刻《道古录》，山西刻《明灯录》，此皆素与先生不相识面之士夫，喜其书而乐梓之，先生不知也。又况书坊觅利之人，见其刊之获厚赀也，每窃得先生抄稿，无有不板行者矣。总计先生著述见刊传四方者，不下数十百种。夫人之精神，岂有一生用之于著述至数十百种之多，而有淫纵不检之行者乎？即无论先生高年，大凡少年有志读书者，必不肯近妇人，少年喜近妇人者，必不肯读书。既以著书为先生罪，又以淫纵为先生罪，既曰晚年削发，又曰勾引妇女，不亦自相矛盾乎？此真可笑之甚矣。大抵今日之事，惟仰赖二祖八宗之灵，天地神明之灵，贤人君子之保护，元老大臣之曲全，固国体国脉所系，百世万世所传，确乎非一身一家之私议也。[①]

马经纶这一番痛彻心扉的言辞，有理、有力、有节，犹如一篇为李贽无罪所作的辩护词，今天读来，仍令人心生感慨。李贽治学固不拘于正统，与官方所要求的亦相去甚远。简而言之，他对儒释道都有所涉猎，但并不盲从，而是在独立思考的基础上融

[①] 马经纶《与李麟野都谏转上萧司寇》，《李贽全集续编》附录《李温陵外纪》卷四，第189—191页，首都师范大学出版社2019年10月版。

会贯通，兼容并蓄。他说："余自幼倔僵难化。不信学，不信道，不信仙释。故见道人则恶，见僧则恶，见道学先生则尤恶。"[1]而他在另一场合又说："某生于闽，长于海，丐食于卫，就学于燕，访友于白下，质正于四方。自是两都人物之渊，东南才富之产，阳明先生之徒若孙及临济嫡派、丹阳正脉，但有一言之几乎道者，皆某所参礼也，不扣尽底蕴固不止矣。五十而至滇，非谋道矣，直糊口万里之外耳。三年而出滇，复寓楚，今又移寓于楚之麻城矣。"[2]由此可以略识李贽的学术源流，知其绝不拘泥于某家某派。因而马经纶也强调，讲学之家，应有兼容并包的胸襟，不求尽同，但求异同共存。这正是闻道书院的宗旨。

李贽在狱中住了近一个月，马经纶甚为不安，他在《与黄慎轩宫谕书》中写道："今日之事卓吾先生安然听命，无他意，无他言，惟曰：'衰病老朽，死得甚奇，真得死所矣，如何不死？'日来呕吐狼狈，便溺不通，病苦之极，唯愿一棒了当为快耳。弟此来原为收骸骨，由今屈指计之，想亦不远也。"[3]李贽在狱中日久，亦焦虑不安，遂一再写诗表达其只求速死之心情："志士不忘在沟壑，勇士不忘丧其元。我今不死更何待，愿早一命归黄泉。"[4]马经

---

[1] 李贽《阳明先生年谱后语》，转引自左东岭《李贽与晚明文学思想》，第123页，天津人民出版社1997年3月版。

[2] 李贽《答何克斋尚书》，《焚书》增补一，第254—255页。

[3] 马经纶《与黄慎轩宫谕书》，《李贽全集续编》附录《李温陵外纪》卷四，第192页。

[4] 李贽《系中八绝》之《不是好汉》，《续焚书》卷五，第117页。

纶曾说，李贽"临变时有绝命诗，语虽和平而读之者堪流涕"[1]，大约指的就是这首诗。

后有传闻要遣送他回原籍，这是他最不希望看到的结果。许多人后来在文章中都提到他的这种态度。钱谦益《卓吾先生李贽》一文有言："狱词上，议勒还原籍。卓吾曰：'我年七十有六，死耳，何以归为？'遂夺剃发刀自刎，两日而死。"[2]何乔远在《李贽传》中亦曾写道："公曰：'吾八十老矣，昔李将军义不对簿，我不可后之。'慷慨自刎。"[3]袁中道的《李温陵传》也有记载："一日，呼侍者剃发。侍者去，遂持刀自割其喉，气不绝者两日。侍者问：'和尚痛否？'以指书其手曰：'不痛。'又问曰：'和尚何自割？'书曰：'七十老翁何所求！'遂绝。"[4]那几天，马经纶恰巧回家看望老父亲，没想到悲剧就发生了。对此，他颇为自责，以为是自己不小心，护持不谨慎。按照李贽的遗嘱，马经纶把他安葬在通州北门外马氏庄迎福寺侧，并让随从诸僧为他守塔。他还依照李贽的遗愿，请焦竑为李贽墓题字。如今，李贽墓仍在，不过，已迁至通州城内西海子公园，坐落于旧城北墙遗址之上，背靠通惠河，西邻公园的假山新亭，东侧便是著名的燃灯佛塔。

---

[1] 马经纶《与蔡虚台》，《马公文集》卷三，转引自林海权《李贽年谱考略》，第421页。
[2] 钱谦益《卓吾先生李贽》，《李贽研究参考资料》，第一辑，第24页，福建人民出版社1975年3月版，内部读物。
[3] 何乔远《李贽传》，《李贽研究参考资料》，第一辑，第23页。
[4] 袁中道《李温陵传》，李贽《焚书》，第5页。

三年后，万历三十三年乙巳（1605），马经纶病逝。沈德符《万历野获编》卷二十七《二大主教》云："李愤极自裁，马悔恨，亦病卒。"[1]据说，马经纶死后，闻道书院（马经纶别业）由其子马健顺维持了一段时间，后不知其所终。

---

[1] 沈德符《万历野获编》卷二十七，《二大教主》，第691页，中华书局1959年2月版。

抗倭名将的书院情结

——记阮鹗与通惠书院

通州是北京的东大门,距北京只有四五十里,在顺天府所有州县中,通州离北京是最近的。梅曾亮在《重修通州文庙碑记》中说它"濡染首善,邻德近光"[1],在很多方面都能得风气之先。它的战略地位也很重要,《畿辅通志》认为:"通州上拱京阙,下控天津,潞、浑二水夹会于东南,幽燕诸山雄峙于西北。舟车辐辏,冠盖交驰,实畿辅之襟喉,水陆之要会也。"[2] 通州之名,即"取漕运通济之义"[3]。作为大运河上最重要的水陆码头,它的功能就是接收从南方经大运河运来的粮食和货物,"漕运粮储及南来诸物商贾舟楫皆由直沽达通惠河"[4]。因而,通州建有很多仓场,并设置了管理仓场的衙署和监督、总督等官员,以及负责综合考察仓场综收转拨情况的巡漕御史,或称"巡仓御史"。这里要讲的通惠书院,

---

[1]《光绪顺天府志》经政志八,学校上,通州,第7册,第2139页。
[2]《日下旧闻考》卷一百八,京畿,通州一,第6册,第1795页。
[3] 同上书,第1801页。
[4] 同上书,第1811页。

就与明嘉靖年间的一位巡仓御史有关。

让我们先来看一篇当时的文献，即杨行中所作《通惠书院记》。杨行中是通州人，字维慎，号潞桥，嘉靖二年进士，官至南京都察院右佥都御史，曾先后担任南京刑部尚书和吏部尚书。因得罪严嵩，被弹劾去职。回乡后，他自办杨行中书院，据说到万历年间才停办。可惜，由于材料匮乏，关于这家书院的具体情况，我们不得而知，他自己似乎也没有留下些许相关的文字，倒是通惠书院，有他一篇较为翔实的记述流传下来：

> 书院，古无有也。有之，自宋始。自白鹿洞、岳麓、嵩阳、睢阳四书院擅名天下而后，相继建置，不下二十余处，或以崇祀先贤以风乡俗，或以延集生徒以讲道艺。至我朝，天下郡县建置尤多，虽边隅海陬，亦间设之，闻者向慕，过者瞻瞩，亦文教一胜概也。通旧无书院，虽建有儒学，而黉舍未备，士子有志向学者，往往僦僧房道舍，以时讲习。嘉靖戊申（二十七年，1548）九月，侍御桐城阮君，以督视仓庾，弭节通州，首造儒学，展谒先圣，既毕，升堂开讲，闻诸生肄业无所，慨然念之，就学官右地，大为创辟，既成，名曰通惠书院，以地迩通惠河，且其河为督仓察院所经理者也。嗣是侍御巴陵姜君，云中温君，皆相代临视，以稽比兴废。庚戌（二十九年，1550），阮君复奉天子命，督理京畿学政，阐道术以淑士习，崇节行以励风俗，而通惠书院乃其所肇建者，尤属意焉。檄州守陈君武宗，恳余记其事。余因是而叹夫道化之在天下，盖有待而兴，而地运之盛衰，亦有时而移也。学宫右址，旧为佑胜教寺，正德壬申（七年，1512），巡抚都御史李君临通，视学狭

172　　隐藏的文脉：北京书院述微

小，学制议撤寺以广学官，功未就而去，迄兹四十年，乃仍即其地为书院，然则道化之与地运，当盛兴于今日乎！夫古者大学之为教也，时教必有正业，退息必有居学，所谓藏焉，修焉，游焉，息焉，然后能安其学而亲其师，乐其友而信其道也。今书院之置，实迩学官，诸士子朝升于堂，得以正其业于师，退息于院，得以考其道于友，时修祀事，又得以景行先哲以起其效法之思，今而后，吾通人文之盛，将倍于往昔矣。阮君之所以嘉惠吾通者，岂小补哉！若或虚其祠，而俎豆不举，旷其舍，而弦诵无闻，其或借他人以游宴，宿过客为逆旅，则于建置之良意，不无有负矣，吾党之士，其尚念之哉。[1]

这篇文稿提供了很丰富的信息。首先，杨行中简述了书院的发展史，自宋以来，白鹿洞、岳麓、嵩阳、睢阳四大书院名擅天下，各地效仿，成为风气。这些书院，"或以崇祀先贤以风乡俗，或以延集生徒以讲道艺"，通常认为，这是地方书院的两大功能，敬奉先贤以延续文脉、道统，进而净化乡风乡俗；同时，也为有志向学的青年学子提供一个读书求知的场所。至于明朝，作者认为，书院建设已成各地文教兴邦的盛事，边陲海角亦不能免。但遗憾的是，通州地近京师，名标首善，却还没有一所书院。

不过，如果我们稍稍了解一下明初以来的书院政策，就会发现，这种情形倒也不是什么怪事。实际上，明代前期是中国书院发展史中的"低谷"，自太祖洪武至英宗天顺年之间，将近百年，

---

[1]《光绪顺天府志》经政志九，学校下，通州，第7册，第2194页。

书院建设基本上处于沉寂无闻的状态。造成这种状况的原因，首先是元末战争对书院的破坏，且长期得不到修复；其次是政策上限制书院发展，将书院官学化，收回书院训导的任免权，将书院赖以生存的学田入官，最终索性取消训导，学生都归入官学，书院亦遭到裁撤废止。同时，积极倡导和发展各级官学教育，奉行"治国以教化为先，教化以学校为本"的思想。而且，明朝廷极力提倡科举，实行八股取士，程朱理学进而被列为官学教材和考试内容，士子为博取功名只能屈就于官学，书院之学自然日渐冷清。通州既在天子脚下，受到的约束就更多一点，地方官员首先考虑官学，而忽视书院，也是可以理解的。

通州官学建得很早，大约是在元成宗大德二年（1298），由知州赵居礼主持建造的。到了元英宗至治二年（1322），不仅教事废弛，孔庙也因年久失修，有倒塌的危险。杨齐贤初任通州学正，职责所在，便向知州提议，重修官学。知州和其他官员都很支持，有人还愿意为此出资，终于促成了这件善举。翰林直学士吴澄（澂）作《通州文庙重修碑记》，为其立传留名，传之后世。到了明朝，官学亦经过多次整修和重修，"永乐十四年增修。正统十二年巡按御史罗经俞、本镇守指挥陈信、知州李经重修，督学御史李奎作记。成化间，知州傅皓重修。弘治间，知州邵蕡建棂（櫺）星门。嘉靖十二年，州同丁谷侵学宫地为狱房，二十六年，知州汪有执复旧地建门"[①]。

第二年，也就是嘉靖二十七年（1548）的九月，侍御桐城阮

[①]《光绪顺天府志》经政志八，学校上，第7册，第2137—2138页。

君驾临通州。这位阮君即巡仓御史（一说巡按御史）阮鹗。关于这位阮君何时到通州，还有另一种说法。据谢思球《抗倭名将阮鹗》一书附录《阮鹗年谱》提供，他"巡视仓场，兼理河运"应该是在嘉靖二十八年（1549），而嘉靖二十七年（1548），他刚被任命为河南道监察御史，并不负责督察通州的仓场。[①]《万历顺天府志》也支持这种说法，据卷二《营建志》记载："儒学在州西，通惠书院在儒学西南，嘉靖己酉巡按御史阮鹗建。"[②]嘉靖己酉年，即二十八年（1549）。但吴澄（澂）所作《通州文庙重修碑记》则明确记为"嘉靖二十七年（1548）九月"，不管怎样，总而言之，在这段时间里，应有一位名叫阮鹗的官员，是来过通州的。他的任务也很明确，即"督视仓庾"。或是出于士大夫对儒学的信仰，或是出于官员对自身形象的考虑，他来到通州的第一件事，不是去仓场，而是"首造儒学，展谒先圣"。行完大礼，又"升堂开讲"，这时，他听说或看到了"诸生肄业无所"的现状，遂"慨然念之，就学宫右地，大为创辟，既成，名曰通惠书院，以地迩通惠河，且其河为督仓察院所经理者也"。

这应该就是通惠书院的由来。不知是否前一年阮鹗在通州的表现在官场上赢得了不错的声誉，皇帝对他也很满意，转过年的庚戌（二十九年，1550），阮君复奉天子命，督理京畿学政，"阐道术以淑士习，崇节行以励风俗，而通惠书院乃其所肇建者，尤属意焉"。这一年，《阮鹗年谱》还提到另一件事："先生顺天督学，

[①] 谢思球《抗倭名将阮鹗》，第304页，中国文史出版社2021年1月版。

[②] 转引自《北京书院史》，第42页。

于涿州校士（考评士子），风闻俺答骑兵迫近京城，于是选拔青壮生徒，发给兵器，亲率他们登上城头。游骑见早有准备，不敢来犯，旋退。上疏《御虏十事》，帝称许。"①

此处或许应该对嘉靖朝的某些情况做些交代。明朝的书院建设，到嘉靖年间逐渐形成高潮，有了较大发展。同时，大规模禁毁书院的行为，也始于嘉靖朝。嘉靖十六年（1537）与嘉靖十七年（1538），连续两年针对与王守仁及湛若水相关的书院进行打压、禁毁。请看《续文献通考》的记载：

> （明）世宗嘉靖十七年四月，吏部尚书许赞请毁书院，从之。初，太祖因元之旧，洪武元年立洙泗、尼山二书院，各设山长一人。宪宗成化二十年，命江西贵溪县重建象山书院。孝宗弘治元年，以吏部郎中周木言，修江南常熟县学道书院。武宗正德元年，江西按察司副使邵宝奏修德化县濂溪书院。其时各省皆有书院，弗禁也。至帝十六年二月，御史游居敬疏斥南京吏部尚书湛若水倡其邪学，广收无赖，私创书院，乞戒谕以正人心。帝慰留若水而令所司毁其书院。至是，赞复言，抚按司府多建书院，聚生徒，供亿科扰，亟宜撤毁。诏从其言。②

关于世宗皇帝的态度，这里所记过于简略，而《典故纪闻》的记载则较为翔实：

---

① 《抗倭名将阮鹗》，第305页。
② 《中国书院史资料》（上），第810页。

嘉靖时，御史游居敬请禁约故兵部尚书王守仁及南京吏部尚书湛若水所著书，并毁门人所创书院，戒在学生徒勿远出从游，致妨本业。世宗曰："若水留用，书院不奉明旨，私自创建，令有司改毁。自今再有私创者，巡按御史参奏。比年阳倡道学，阴怀邪术之人，仍严加禁约，不许循袭，致坏士风。"①

很显然，书院遭遇的这次厄运，背后其实是明中晚期愈演愈烈的陆王心学与程朱理学的纷争。谕旨下达以后，吏部也曾回复，看似不偏不倚，实有抹稀泥之嫌："若水尝潜心经学，希迹古人，其学未可尽非。诸所论著，容有意见不同，然于经传多所发明。但从游者日众，间有不类，因而为奸，故居敬以为言。惟书院名额似乖典制，相应毁改。"②但皇帝的态度很明确，就是要维护程朱理学的正统地位，嘉靖十七年的另一份诏书便指出："士大夫学术不正，邪伪乱真，以致人材卑下，文章政事，日趋诡异，而圣贤大学之道不明，关系治理，要非细故。朕历览近代诸儒，惟朱熹之学醇正可师，祖宗设科取士，经书义一以朱子传注为主，比年各处试录文字，往往诡诞支离，背戾经旨，此必有一等奸伪之徒，假道学之名，鼓其学说，以惑士心，不可不禁。礼部便行与各该提学官及学校师生，今后若有创为异说，诡道背理，非毁朱子者，

---

① 余继登《典故纪闻》卷十七，第311页，中华书局1981年7月版。
② 黎业明《湛若水年谱》，第226—227页，上海古籍出版社2009年7月版。

许科道官指名劾奏。"[1]

不过，十余年后落成的通惠书院，既不同于明朝前期所恢复的那些著名书院，也不同于王守仁、湛若水及其弟子们创建的书院。按照杨行中的说法："今书院之置，实迩学宫，诸士子朝升于堂，得以正其业于师，退息于院，得以考其道于友，时修祀事，又得以景行先哲以起其效法之思，今而后，吾通人文之盛，将倍于往昔矣。"由此可见，虽然阮鹗也算是王守仁的徒子徒孙，史书说他少负奇志，"执义欧阳文庄公门下，因得闻阳明王氏之学"[2]，而欧阳文庄公即王守仁的弟子欧阳德。但他创办通惠书院的目的，似乎并不是要为"王学"争一席之地，也与时下围绕"王学"的争议无关，他甚至没有为书院的教学做过安排或提出建议，书院的身份更像是通州官学的辅助和补充，以弥补"黉舍未备"的不足，从而为生徒提供更好的课余读书、休闲，以及同学之间交流、讨论学习心得的场所。在此，杨行中还大为感慨一番："夫古者大学之为教也，时教必有正业，退息必有居学，所谓藏焉，修焉，游焉，息焉，然后能安其学而亲其师，乐其友而信其道也。"以为这就是儒家理想的教学相长的圣地。

此处要对阮鹗这个人物作一点介绍。据《明史》"阮鹗传"记载："阮鹗者，桐城人，官浙江提学副使。时倭薄杭州，乡民避难入城者，有司拒不许入。鹗手剑开门纳之，全活甚众。以附文华、宗宪得超擢右佥都御史，代宗宪巡抚浙江。又以文华言，特设福

---

[1]《典故纪闻》卷十七，第311—312页。
[2] 马其昶《桐城耆旧传》(上册) 卷三，第121页，朝华出版社2018年9月版。

建巡抚,即以命鹗。初在浙不主抚,自桐乡被围,惧甚。寇犯福州,赂以罗绮、金花及库银数万,又遗巨舰六艘,俾载以走。不能措一筹,而敛刮民财动千万计,帷帝盘盂率以锦绮金银为之。御史宋仪望等交章劾,逮下刑部。严嵩为属法司,仅黜为民,所侵饷数,浮于宗宪,追还之官。"[1]

阮鹗被很多人认为是一位被历史误解、歪曲的人物,而《明史》是始作俑者。这篇《阮鹗传》即附于《胡宗宪传》之后,所记不仅过于简单,而且几乎全是负面信息。其中提到三件事,都关乎一个人的品格和德行:其一说他升职是依附赵文华、胡宗宪的结果;其二说他惧怕倭寇,用了大量的民脂民膏安抚倭寇,并用舰船礼送他们离境;其三说他巡抚福建时有贪污行为,因而遭到御史宋仪望的弹劾,被逮下狱,还是严嵩说情,才得到从轻处理。我们不知道《明史》这样写的依据是什么,其实,阮鹗身后,并不缺少正面记述其经历的文字,如有明一代抗倭史的集大成者《筹海图编》,就曾对阮鹗赞誉有加,阮鹗在坚守桐乡、救援仙居、沈庄平徐海之战、定海围敌、慈溪剿倭中的表现,都得到作者的肯定。作者郑若曾是胡宗宪的幕僚,他的记述应该是可信的。李春芳是嘉靖丁未(二十六年,1547)状元,做过内阁首辅,他作《都察院右副都御史函峰阮公墓志铭》,对阮鹗一生也有详细记述,并将其比作汉代陈平。做过万历、天启两朝首辅的叶向高,是福建德清人,他作《重修报功祠记》也记载了阮鹗巡抚福建时率领当地军民抗倭的事迹,当地士民感念阮公之德,遂建祠以纪念之。

---

[1]《明史》卷二百五,阮鹗传,第18册,第5415页。

明代名家陈继儒所作《𠙶峰阮中丞外传》，是所有记述阮鹗生平史料中最详尽、最充实的一种。文中特别生动、具体地讲述了阮鹗在浙、闽一带抗倭的故事，充分肯定了他的历史功绩，尤其是他遭人构陷而被逮入狱后的情形，更非如《明史》所言，朝廷或对他不满，但士民都感念他的功德，看到他被逮入狱，曾被他搭救过的浙江士民，便自发聚集到岳武穆祠为他祷告。嘉靖皇帝亦察觉到他的冤屈，下狱六天便将他贬为平民，放归𠙶山老家。直到隆庆元年丁卯（1567），他的长子阮自仑"刺血上书，大司徒马公森、大司马霍公冀读而悲之，合疏陈功"[1]，为其申冤。隆庆皇帝下诏，将其官复原职。而消息传来不久，"公以是冬殁于正寝，享年仅五十有九耳"[2]。后来，他的小儿子阮自华和浙闽一些士大夫为他请谥，始终没有结果。陈继儒不禁感叹："阮中丞身后之论定矣！"[3]这里所谓论定，不是皇帝给予的恩谥，而是民间和士大夫的评价，欧阳文庄公就曾为了他的这个学生，"徒步哭送三十里，率诸生立祠桐江，置祭田，世世香火不绝"。文章的最后陈继儒写道："阮公儒将也，非胡总督比也。"[4]

我在此无意深究阮鹗在抗倭历史中的是非功过，令人感到遗憾的是，所有这些史料文献中，都没有提到阮鹗提议创办通惠书院一事。看来，这家书院在当时这些人的心目中，真的是无足

---

[1] 陈继儒《𠙶峰阮中丞外传》，《陈眉公先生全集》卷三十八，影印本第4册，第910页。
[2] 同上书。
[3] 同上书。
[4] 同上书，第911页。

轻重。因而不能不感谢杨行中，如果不是他留下一篇《通惠书院记》，阮鹗的这一大有益于名教的功德，恐怕也要泯灭在历史的尘埃中了。

州县官吏的文化情怀

——白檀书院纪事

沿京密路出京，东北行百余里，就是昔日的密云县城。密云多山，是防范北方、东北方草原游牧民族侵扰的天然屏障，也是华北通往东北、内蒙古的必经之地。自周秦以来，这里一直就是汉文化与胡文化相互冲突、交融的边缘地带。当年燕昭王派大将秦开击退东胡，北筑长城千余里，并设置了渔阳、上谷、右北平、辽西、辽东五郡，密云即为渔阳属地。在漫长的两千年间，这里从来都是各种势力"你方唱罢我登场"的角逐征伐之疆场，战火硝烟一直弥漫于此，似乎从未消散过。东汉末年，北方的乌丸（桓）乘天下大乱之际，数次入塞为害，侵扰幽州，劫掠汉民，曾给此地带来巨大灾难。曹操北征乌丸，"引军出卢龙塞，塞外道绝不通，乃堑山堙谷五百余里，经白檀、历平冈、涉鲜卑庭，东指柳城"[①]，遂大破乌丸于此，这才造就了北方短暂的安定。而接下来魏晋南北朝的数百年，以迄隋、唐、宋、元，这里依然是兵氛未靖，征战不休。

---

① 《三国志》卷一，魏书，武帝纪第一，第29页，中华书局1959年12月版。

因此，密云的乡风民俗便有了一些卓然独特之处。明万历初年做过一任密云县县令的张世则曾作《风俗论》一文，其中提到密云乡风民俗中的"四弊"，他说："惟逼近边鄙，是以民多悍勇而轻生，游侠而惰农，浮奢而疏于治产，酣恣而略于别嫌，此四弊风，至今存焉。"[1]张世则是一位很有责任感的地方官员，他希望通过自己的努力，能使密云的现状有所改善，注入一些文化的因素。密云县城分为旧城、新城。旧城建于明洪武初年，万历四年（1576）又建新城于旧城之东。新、旧城之间有一夹道，宽五十步，蓟辽总督府即居于其间。此地既为防御蒙古各部侵扰的前线，军队驻防自不能少。根据顾炎武《昌平山水记》的记载，就有左掖营、右掖营、中营、前营、后营和振武营在城中驻扎。军民同城而居，人员错杂，不仅增加了城市管理的难度，而且，"城郭湫隘，不足容畜民庶"[2]，也给当地居民的生活带来诸多不便。这或是重建新城的理由之一。

张世则初到任所，下车伊始，便着手整葺年久失修的县城，给此地带来些许新气象。密云最初无志，他提议编写密云县志。他在《创修县志原序》中说："尝闻邑之有志，犹国之有史，余谓邑之有志，犹家之有籍。"[3]也就是说，修志是保存当地历史传统的一件大事，必须引起重视。城南民众集资要建一座佛塔，经他劝阻，人们改变了主意，用建佛塔的钱造了一座桥，并为桥命名

---

[1]《光绪顺天府志》官师志二，传二，第8册，第2656页。
[2]《光绪顺天府志》地理志三，城池，第3册，第667页。
[3]《雍正密云县志》卷五，第1页，北京市密云区地方志办公室2017年10月翻印。

曰"永济"。他还在县城东门外建了一所文昌艺苑（亦称文昌艺院），祭祀唐宋以来为官于此而为百姓做过实事的人。这些举措，目的都是要在密云强调儒家教化传统。他对民间疾苦亦有很深刻的认识，总结归纳为"六害"，包括了衣食住行各个方面，而官府的劳役、税赋更是民众难以承受的，所谓"赋役日烦，民既苦于征，而病于劳矣"。他试问："有此六害，民无安堵，亦奚望其务本业而正风俗乎？"六害不除，怎么能指望老百姓安心生产，移风易俗呢？他于是感叹道："大抵风俗有利弊，政治有缓急，思以维风，存乎起弊，然必害除利兴，而后风移俗易，机固有渐焉者耳。譬则义方以训子，其抚摩之爱得宜，即吾之法行，法行教亦行矣。盖养子而后教子，父道也；训民必先利之，王道也。虑及此者，谓之轸民瘼，谙治体矣。"①

张世则所言，表达了一个儒家士大夫的社会政治理想。这也就是管子所谓"仓廪实而知礼节，衣食足而知荣辱"的翻版。如果说儒家把教化民众、净化乡风民俗作为自己应尽的职责和义务，那么，前提和条件是要求必须改善其生存环境。孟子曾与齐宣王讨论如何实行王道，并提出了著名的"有恒产者有恒心"的理论。他认为，民众安居乐业是实行教育的先决条件。"是故明君制民之产，必使仰足以事父母，俯足以畜妻子，乐岁终身饱，凶年免于死亡；然后驱而之善，故民之从之也轻。"相反，如果国家不能为民众提供必要的，可以维持其生存和尊严的条件，"制民之产，仰不足以事父母，俯足以畜妻子，乐岁终身苦，凶年不免于死亡。

---

① 张世则《风俗论》，《光绪顺天府志》官师志二，传二，第8册，第2657页。

此惟救死而恐不赡,奚暇治礼义哉"①?这也正是张世则所思虑的。

不过,任何事物都可能呈现出不同的面向,因而,事物的因果也会有不同的解释。有时倒果为因,有时倒因为果,甚至可能互为因果。孟子的主张何尝不是基于儒家理想的一种设计,但现实中并不容易见到。那么,为什么不能在现有条件下尽力而为呢?唐朝显庆中,有位檀州刺史叫韦宏机的,他看到这里"边人陋僻,不知文儒贵,乃修学宫,画孔子、七十二子、汉晋名儒像,自为赞,敦劝生徒,由是大化"②。韦刺史的做法显然是一种尊重现实的做法。檀州就在今天密云区境内,在这个意义上不妨说,韦宏机所建学宫,改写了密云没有学校的历史。可惜的是,这座学宫在金季战乱中被焚毁了。金是一个征战不息的朝代,先是征辽,后是征宋,最终在金元战争中被元所灭。密云的第一座学宫究竟毁于何时,是金辽之战还是金宋之战,抑或金元之战,已不得而知。

元有天下,建大都于北京,密云成为京畿之地,边患消除,社会趋于安定。元世祖至元二十八年(1291),知州杨璠等人拿出自己的俸禄,在州治以东买下部分民宅,重建了一座学宫,"为堂三楹,两庑四楹,以栖圣贤"。悠悠五十载,风雨侵蚀,足以使任何土木建筑倾圮。元顺帝至正六年(1346),聂用之知檀州,下车伊始,"拜谒祠下,顾瞻荒陋,慨然以修复自任"。他联络当地的官员,动员大家捐出俸禄,而"州中有好义者,翕然出资以助。

---

① 《孟子译注·梁惠王章句》上,第17页。
② 《日下旧闻考》卷一百四十,京畿密云县一,第7册,第2252页。

于是斩木于山，陶甓于河，鸠工不日，悉撤其故堂，崇其基，宏其度，为殿三楹，葺两庑，增其楹为六。创神庖，若大成门，重门斋舍，仍以故堂废材，又为筑讲堂及教官宅，碑楼，共十三楹。绘塑一新，金碧晃耀，视昔为有加矣"①。

蒙元时的密云学宫有过短暂的辉煌，而明朝开国皇帝朱元璋，虽出身草莽，却也并不轻视教育。洪武五年（1372），朝廷就为密云县学配备了教谕、训导各一员，廪生二十名。此后还陆续增设了一些建筑、设备，如棂（欞）星门、启圣祠、明伦堂之类。然而，朱元璋对教育的重视，主要表现为以官学配合科举制度，推行程朱理学而已，《明史》就曾指出："明制，科目为盛，卿相皆由此出，学校则储才以应科目者也。"②直言学校的任务就是为科举考试储备人才。这一政策遂造成明朝前一百年书院的沉寂。在中国历史上，教育这件事一直是官方主导的，孔子是把教育引入民间的第一人。孔子之教与官方教育的区别，后者是功利的应试教育，前者则强调人格的培养，研讨修身、做人的道理。历代官学也把孔子奉为祖师爷，并以"四书""五经"为教材，朱元璋甚至规定，考试以朱熹的注释为标准答案，更把学子引到钓声名、取利禄的路上去了。因而，书院的出现是对官学的一种补充，乃至纠偏，从而实现先秦正统儒家以化民成俗为教的意愿。

明朝的书院是在王阳明的"王学"兴起后才获得发展机遇和

---

① 王思诚《重修檀州文庙碑记》，《日下旧闻考》卷一百四十，京畿密云县一，第7册，第2252—2253页。
②《明史》卷六十九，志第四十五，选举一，第6册，第1675页。

动力的。至于密云，由于明朝始终未能解决北方的边患，使其再次为战火硝烟所笼罩，随时可能遭遇蒙古铁骑的劫掠和侵袭。在这种形势下，这里的官员重武轻文是可以理解的，因为，对武的需求更具现实迫切性。隆庆五年（1571），新任蓟辽总督刘应节便上《请设三武学疏》，请求在密云、永平、遵化三处开办武学；隆庆六年（1572），又上《举武学教授疏》，希望重视对军中将领的培养教育，全面提升他们的文化素养、指挥才能和武功，从而提高守军的战斗力。从这位总督的奏疏中可以看到，他理想中的武学，并非只练功夫的武馆，还承担着书院育人的部分功能。选拔入学的武生，不仅要掌握"武艺强弓劲弩腰刀长槊矛盾戈铤军火神机之类"，还要学习"韬略如武经七书，春秋左传诸史百家等书"。①经过这样一番培养教育，赳赳武夫中或许能出几个明经重义、堪当重任的栋梁之材也未可知。不过，直到万历元年（1573），朝廷才对刘应节的提议做出回应，同意密云、遵化、永平开办武学，并将武学教授改为提调，增设科正二员，俱由三科武举充任。

密云已有武学、县学，却仍然难免"士不举于乡三十年矣"的尴尬。三十年没出一个举人，说起来确实不太光彩，因而，兵备道王见宾初到密云，听说了这种情形，当即表示"宜别求所以养之者"。这或许可以视为白檀书院问世的先声。有人据此认为，白檀书院的创办人就是这位王见宾，所据便是黄辉这篇《白檀书院记》，其中有"白檀书院者，观察使东齐王公创也"这句话。这

---

① 刘应节《请设三武学疏略》，《雍正密云县志》卷四，疏，第23页。

位"东齐王公"就是王见宾。此人《明史》无传，我们对他亦所知甚少。根据《北京书院史》的说法，王见宾，字懋钦，祖籍山东历城（今济南市历城区），万历二年（1574）进士，授河南南阳推官；万历八年（1580）迁户部主事；因成绩显著，万历十三年（1585），擢刑部郎中，赴河南开封，参与黄河水患的治理；万历十七年（1589），以河南副使治霸州；不久，吏部侍郎赵南星以素有治边才能荐举他出任密云兵备道副使，大约万历十九年（1591），他来到密云；据说，直到万历二十六年（1598），他升任都察院左副都御史，巡抚延绥，再没离开过密云。这段时间，他也许有机会创建白檀书院。

但总有一些可疑之处，而白檀书院的创建者显然另有其人。请看黄辉《白檀书院记》究竟是如何写的：

> 白檀书院者，观察使东齐王公创也。公始至檀，谒礼殿前，诸生问檀故，喟然曰：士不举于乡三十年矣，是不利形家宜别求所以养之者。又越三载，部使者蜀梁公来视密饷，相顾叹息，乃属邑侯康令，卜吉于巽方，地易诸民，赀取诸官，焕然而馆之，东曰秋实，西曰春华，其前为堂，稍进为亭，庖湢具焉，嘉树罗列，花石映发，嚣尘不入，鸣鸟互应，于是拔士之隽者，讲诵游息其中，身自课之，其后为社学斋房，以训童子。役不及民，费不淹时，邑人士欣欣向化焉。[①]

---

① 黄辉《白檀书院记》，《光绪顺天府志》经政志九，学校下，第7册，第2198页。

仔细阅读这段文字，可以得到以下几点认识：

第一，"王公创也"的"创"，应该不是创建而是创意，他是针对"士不举于乡三十年"的现状，提出"别求所以养之者"的建议。

第二，如果说"公始至檀"的时间是万历十七年（1589）或万历十九年（1591），而接下来"又越三载，部使者蜀梁公来视密饷"的记述，与此就是相吻合的。有资料显示，户部主事梁祖龄奉"钦差总理密云等处粮饷"①，恰在万历二十年（1592）之后。很显然，他来此地之时，王见宾的建议并未得到落实，因而才有"相顾叹息，乃属邑侯康令"一说。而"邑侯康令"，即密云知县康丕扬。此人字士遇，号骧汉，山东陵县（今德州陵城区）人，万历二十年（1592）进士，万历二十二年（1594）自宝坻迁密云。《雍正密云县志》载："二十二年，邑令康丕扬建魁星楼于学宫东南隅。又奉按察王见宾、户部梁祖龄，建白檀书院，前有堂，后有亭，东有春华馆，西有秋实馆。又立社学斋房以时训课士子童蒙，讲诵游息，身自课之，邑人向化。"②这里不仅明确了康丕扬白檀书院创建者的身份，还提到了他建造的魁星楼和社学斋房。翰林编修陈懿典在其所作《新建魁星楼碑记》中指出："建斯楼而借是名也，意在斯乎？尝开通天地人之谓，儒兹一役也。得兆于地，得象于天，得才于人，三才合并，几以同造化而储俊。"③也就是说，建一

---

① 转引自黎明《明代四川仕宦梁祖龄生平事迹考》，载《巴蜀史志》2019年第5期。
② 《雍正密云县志》卷二，学校，第4页。
③ 陈懿典《新建魁星楼碑记》，《雍正密云县志》卷五，记，第27页。

座楼,取象于魁,遂命名为魁星楼。因为魁星是主宰文事盛衰的神,在儒家士子的心目中具有至高无上的地位,可以保佑他们在科举中获得成功。而尤为难得的是,他还亲自到书院执教,为士子童蒙授课,讲诵游息于其间,很有点孔夫子"风乎舞雩"之乐。

第三,常识告诉我们,如果王见宾于万历十七年(1589)或万历十九年(1591)创建了白檀书院,应该不至于三五年间就需要"重修"。由此可见,康丕扬"重修"之说是站不住脚的。而且,黄辉在《白檀书院记》中写得也很明白,康知县对于白檀书院的建设是很郑重其事的,即"卜吉于巽方,地易诸民,赀取诸官,焕然而馆之"。地既取自民间,资金则来自官方,他还请风水先生看了风水,认为书院建于"巽方"为大吉,而所谓巽方,也就是东南方。这恐怕就是许多材料都认定白檀书院建于县治东南的原因。至于是在旧城东南还是新城东南,抑或在新旧两城之间,已很难考证,姑妄听之罢了。但如此兴师动众,似乎也不是"重修"的阵势。

白檀书院至少到万历末年仍在坚持。万历四十一年(1613),知县尹同皋还在白檀书院建了一座五楹尊经阁以藏书,可见此处藏书已颇为可观。而藏书,历来都是书院的主要功能之一,以方便学子借阅、研读。此后,白檀书院便沉寂于历史长河之中,湮灭无闻了。直到二百余年后,即清道光十三年(1833),知县李宣范在旧城重建白檀书院。

有一种说法,认为根据《光绪顺天府志》的记载,清顺治十八年(1661)有贡生杜琳曾重建白檀书院。这种说法或源自对《光绪顺天府志》所载一条史料的误读。查《光绪顺天府志》地理志六,祠祀下所记:"文昌祠,一在旧城东南,一在旧城鼓楼,并圯。一在新城东南白檀书院,一在新城西北,顺治十八年贡生杜琳建。古北口有文昌阁。"[1]很清楚,这里的主语是文昌祠,杜琳所建亦为文昌祠,与白檀书院无关。

所幸李宣笵留下一篇《重建白檀书院记》,详细记载了白檀书院的历史沿革与重建白檀书院的过程:

> 古者建学设校,所以兴贤举能,俾为世用也。我朝重熙累洽,文教覃敷,生斯世者,既幸沐浴涵濡于郅治之隆,而州郡邑里间,推广学校储才之意,以辅训俗型方之治者,小子之教有义学,成人之教有书院,盖自金台书院创于首善之地,而效法观摩,胥天下而乐兴于善,何其盛也!夫为政之道,莫先教养。余宰檀邑,下车之始,孜孜焉以培养人材为亟。访新城东南隅,旧有白檀书院,前明令康公丕扬之所建也。其时士不举于乡者三十年,康公承察,王公见宾(賔)、部使梁公祖龄之属,力思所以振兴之,乃立书院,以萃翘材,即其后为社学以启童蒙,立法至为详备。乃迄今二百五十年来,堂宇倾圮,夷为平地,弦歌诵读之声不可复闻,欲求其遗制,仅有一碑屹立于菜畦麦垄之间,可以得其仿佛,为感喟久之。爰进邑绅士邵自鳞等,谋所以新之,佥曰:善。因倡捐廉俸若千金,邑人士复踊跃好义,共集若干金。余以故址逼仄,更卜爽垲于学宫之西。道光十三年十二月鸠工,十四年二月落成,计屋若干区,门庭、斋堂、庖湢悉具,颜之曰白檀,从其朔也。且于其旁设立义学,凡

---

[1]《光绪顺天府志》地理志六,祠祀下,第3册,第753—754页。

贫不能就塾者，悉造焉。是举也，自营基址，缮垣宇，备器用，费白金一千余两，余金六千五百两，分贮邑中质库，权其子母，凡脩脯膏火及岁修之需，皆取给于是。既成，邑人士请记于余。夫记学之文，先儒备矣，韩、柳尊圣人之道，欧阳、曾、王详古昔立学之制，教学之法，而朱子独称李泰伯之记袁州学，能从大处起义，至朱子自为记，则示学者以治心、养性、修身、理人之要，益详且备，凡在学者，虑无不诵而习之矣。所望游于斯者，无徇俗学，无沾沾于词章之末，在各明其固有之良，窥濂、洛、关、闽之奥，以诵法孔孟，以无负圣天子作人之雅化，俾贤能辈出，而为世用，是则余之所厚望也。是为记。[1]

按照李宣范的说法，经过两百多年的沧桑巨变，昔日的白檀书院已经湮没在衰草枯杨之间，只有附近的菜畦麦垄中还矗立着一方石碑，传递着遥远的信息。他为之感喟很久，似乎意识到有一种责任在向他召唤。于是，他请来当地士绅商议，要在此地建一所新的书院，并捐金五百两以示决心。县令的豪举是有示范作用的，踊跃附议的人很多，据说，"民慕效者七千人"，这在一个县里不是小数目，而捐款也很可观，有七千五百两之多。建书院只用了一千余两，剩下的六千五百两存入钱庄，每年还能得到利息七百二十两，足以维持书院一年的开支。李宣范经过考察，发现书院原址比较狭窄，便请来风水先生，另选了一处更加开阔宽敞的地方。此地位于学宫之西，旧城鼓楼东南。书院建设历时三

---

[1]《光绪顺天府志》经政志九，学校下，第7册，第2198—2199页。

个月，道光十三年（1833）十二月开工，转过年来的春二月落成，施工选择冬季，或有不误农时的用意在里面。新建的书院各种设施一应俱全，包括师生吃饭、洗澡都考虑到了，并在其西院建祠三间，奉祀李宣范。

书院仍以"白檀"命名，为的是延续此地的传统。但此白檀已非彼白檀，李宣范对它是有很高期许的。他提到韩愈、柳宗元努力恢复孔子的道统，欧阳修、曾巩、王安石对办学的设想和要求，他还提到朱熹赞赏李觏的《袁州州学记》能从"大处起义"，这里所谓大处，应该就是李觏在"学记"中所言"为臣死忠，为子死孝"。而朱熹的主张更显示一个人读书治学的最高理念，就是要"治心、养性、修身、理人"，绝不能"沾沾于词章之末"。只有这样才能"窥濂、洛、关、闽之奥，以诵法孔孟，以无负圣天子作人之雅化"。

李宣范的厚望是白檀书院的精神支柱，而存入钱庄的六千五百两银子和每年得到的七百二十两利息，则为白檀书院提供了坚实的物质基础，是白檀书院得以延续的物质保障。以至于七十年后，即光绪二十九年（1903），当知县陈雄藩响应朝廷厉行新政的主张，要在密云创办新式学堂，一时又难以筹集所需巨款时，便看中了仍有些规模的白檀书院。据《民国密云县志》所载：

> 高等小学校（原名高等小学堂）。清光绪二十九年（1903），知县陈雄藩、邑绅宁权等，就白檀书院改建，三十年（1904）落成。计前院监督堂三间，今改职员室，后院讲堂三间，又后藏书楼三间，中祀孔子，并藏仪器，东后院五楹，中三间为考校室，余两间为教

员室，其前，学生休息室五间，又前休息室五间，又前三间，又前三间，又前食堂三间，又前为厕所。上为平台施栏楯可眺望，再东四间为庖舍，西后院调养室三间（即李公祠），前过厅三间，一为教员室，一休息室，又前休息室三间，又前为储蓄室，监督堂前，西为司事室，东为学生会客室，又前大门，左右仆役室，共房五十余间，另有操场一处。①

  书院改为学堂，当时并不为多数人所认可和接受，持有异议的人亦不在少数，书院的教师和宿儒，都视之为异端。但社会进步，教育改革，已是大势所趋，不可阻挡。朝廷两年前就已诏令各省书院改设学堂，省城改设大学堂，各府及直隶州改设中学堂，各州县改设小学堂，并多设蒙养学堂，即后来的幼稚园。因而，陈雄藩主持的密云县书院改制还算顺利，尽管有人不满，但支持者也很多，仅捐银就有一万九千五百余两，加上书院旧有生息本银七千七百余两，共得现银两万余两，钱八千余吊，除去建校、聘任教员的费用，尚存一万一千余两，发商生息，为学校常年经费。事后，陈雄藩还把书院改制的经过立碑铭记，以昭示于将来。至此，历经明清两朝近四百年的白檀书院，终于有了一个可以告慰前贤的归宿。

①《民国密云县志》卷四，学校考·学制·书院·学堂，第313页，1914年铅印本。

兴贤育才铸金台

——记金台书院

一

昔日,崇文门外西南,正阳门外东南,有一片水域,俗称"金鱼池"。这里早在金代就是皇帝和后妃们消夏宴赏的胜地。据旧志记载,金人曾在这里开挖了一片阔至数十亩的水塘,名曰"鱼藻池"。池上建有宫殿,号称瑶池殿,亭台楼阁,绿水环抱,估计是把这里想象为西王母的居所了。且水池周围又植有万千垂柳,夏季柳荫婆娑,微波荡漾,的确是个游乐纳凉的好去处。金、元曾有射柳的习俗,或清明,或端午,或秋祭,都会在这里举行射柳活动。元灭金,金中都被全部烧毁。元建大都,向东北扩展,这里遂成为郊外。历经元、明,这里渐渐地便被荒废了。至明末清初,金人所建宫殿的遗址已不可考。周围陆续出现了一些民居,平民百姓开始定居于此。这片水域也被分割成大大小小百余个池塘,人们在此"岁种金鱼以为业"[1]。池边垂柳还在,因而"都人

---

[1]《日下旧闻考》卷五十八,城市,第3册,第944页。

入夏至端午，结篷列肆，狂歌轰饮于秽流之上，以为愉快"[1]。有位诗人名梁清标的，明崇祯十六年（1643）中进士，清顺治元年（1644）即降清，在顺治、康熙两朝做过官，他有一首题为《金鱼池》的诗写道："长安赤日如火热，仆夫刺促车尘间。金鱼池头管弦动，吾兄此地张高筵。"[2]诗为七言歌行，很长，其中详细描述了在此宴饮的情景和他的感触。

这里的环境既为都人所钟爱，而清廷又实行满汉隔离政策，汉人不能在内城居住，于是就有一些富人，以及在朝廷为官的汉人，选择在此地建宅筑园。有一处庄园，名为洪庄，便是明清之际的风云人物洪承畴的赐园。洪承畴自明末降清，为大清立下汗马功劳，深得顺治皇帝倚重，这座别墅算是皇帝对他的奖励，故称"赐园"，表明其皇帝所赐的身份也。而金台书院的故事，就要从这里讲起。

洪承畴死于康熙四年（1665），三十五年后，即康熙三十九年（1700），顺天府尹钱晋锡在大兴、宛平创办义学。宛平义学设在宣武门外长椿寺，而大兴义学就设在洪庄，租用庄内部分房屋。第二年，宛平义学被撤销，并入大兴义学。由于学生增加很多，校舍就显得紧张了。钱晋锡便找到洪庄的主人，洪承畴的孙子奕沔（字朝宗），希望在庄内空地再建一些房屋，却被他以皇帝所赐，前辈所遗，不敢弃之拒绝了。但钱府尹不想放弃，他在这里耍了一点手段。叶名澧在《桥西杂记》中讲到这件事时说："康

---

[1] 见《燕都游览志》，《日下旧闻考》卷五十八，城市，第3册，第943页。
[2] 张吉午《康熙顺天府志》，第582页，中华书局2009年6月版。

熙庚辰（三十九年），大京兆钱公晋锡，设大兴、宛平二义学教士。宛平寄宣武门外长椿寺，而大兴僦屋于洪庄。洪庄者，文襄公承畴赐园也。在崇文门外金鱼池上。嗣是宛平之学并归大兴，延王崑绳主其事，从游日众。京兆欲市庄内隙地构堂。文襄孙奕沔不可。乃上疏，讬言奕沔愿割其地以建学。圣祖嘉其请，书'广育群才'额以赐奕沔。奕沔闻之大惊，而无如何。王崑绳为之记，备叙其经营之始。乾隆十五年（1750）庚午，改名曰金台书院，至今肄业生徒甚众，而籍隶他省者亦附焉。"[1]

叶名澧的这段记述把金台书院的来龙去脉讲得相当清楚明白，其中提到"延王崑绳主其事"，这个"王崑绳"，大名王源，崑绳是他的字。他是清初颇有些名气的学者，无怪乎府尹钱晋锡请他主持义学而"从游日众"，说明追捧他的读书人很多，都愿意追随于他。他是本地人，籍顺天府大兴县。有人批评他"不为时文"，王源不屑地一笑，说："是尚需学而能乎？"意思是说，这还需要学吗？时文就是八股文，为了证明自己不为非不能，他便参加了康熙三十二年（1693）顺天府乡试。也是老天眷顾于他，竟然一考就中，举于乡。有人劝他继续参加礼部会试，却被他婉拒了。他说："吾寄焉为谋生计，使无诟厉已耳。"[2]这是见于《清史稿》的记载。王源作过一篇《顺天书院记》，是对此地从义学到书院发展、演变过程的完整记述。他是当事人，记述应该是可信的。他

---

[1] 叶名澧《桥西杂记》，第13—14页，商务印书馆1936年12月初版。
[2] 《清史稿》卷四百八十，列传二百六十七，儒林一，第43册，第13132页，中华书局1977年8月版。

在文中写道：

顺天书院，在金鱼池上洪庄。洪庄者，故太傅洪公赐园也。庚辰（康熙三十九年，1700年），大京兆钱公晋锡再亭设大兴宛平二义学教士。宛平寄宣武门外长椿寺，而大兴僦屋于洪庄，聘予主其事。辛巳（康熙四十年，1701年）夏，宛平之学废，并归大兴，学者日益众，不能容。京兆欲市庄内隙地构堂。洪公孙朝宗奕泂不可，曰："世祖所赐，先太傅所遗，敢弃乎？"先是来学者，苦无食，辄辞去。

予谋之张西山先生能麟暨家相国熙。于是乡先生义助者数人（西山先生与家相国外，有少司马章公云鹭，少宗伯李公录予，都宪蒋公宏道，太史黄公叔琳，方伯刘公暐）。廪饩备而生徒始聚。乃定学约，立纲纪，规模次第就理，诸生以时肄业。远近翕然，而书院之势以成。

或谓朝宗曰："我闻三年前，洪庄有乾鹊数十，集池边老树上。池中五蛇腾出，鹊大噪，群翔上下，与之斗，移时乃散。父老曰：'此人文之兆也。'我观王君门弟子多不凡，君之园荒久矣，其将借是以兴乎。"

初，京师有首善书院，在宣武门内，明天启初，邹公南皋元标、冯公少墟从吾所建。建未几，东林难作，遂废，迄今七八十年，无复有立书院者。京兆因予教既行，乃谋令其属捐千金为书院。而朝宗既重与予游，又因鹊蛇之异，乃许假地以建。京兆大喜，约六年后，洪偿以千金，别构，而以七月兴工，凡五阅月告成。中为讲堂，南向，西夹室，堂之下，左台右廊，台上一阁，奉先圣，下室三，廊西临池，池中为亭，阻石为山梁，前后共为书室者十，庖廪备，门外为卖花圃，东南圜丘，郁葱葱峃然在望。左右皆池，家家养金鱼为业，溁焉蔚焉，观者流连莫能去。

且夫先王之立教也，以六德六行为之本，六艺致其用，故下而士，上而卿大夫，无一非成德经世之儒。是以朝廷治于上，百姓安于下。降及唐宋，以明经进士取士，已大失先王教学取士之道。及有明变为八股之艺，视明经进士更何如？然太祖初立制，三场中式者，复试以骑射书算律，而有司请立武学，则曰："古之学者，文武兼备，措之于用，无往不宜。岂谓文武异科，各求专习。是祖制未尝不符于古，而后代专取时艺，遂使为师者，舍章句八股，无所谓教。然则近代人才庸陋，实司教者败坏之使然。岂天之生才，后不逮夫古。"

予窃抱区区之志，兹因京兆之举，竭力赞其成，实欲聚生徒而倡之以行谊。因文艺诱之以学古穷经，由学古穷经通之以经济，不敢蹈前人门户之辙，而冒讲学之名，但为造就人才之权舆，而推其意于天下。乃甫落成，而势即不得伸其志，逾年，因明相国聘，谢去。生徒皇皇请留予。弗获。遂亦相继散，而一切创立规模，暨一年经营之苦，俱付之徒劳，长太息矣。

当书院之初成也，京兆上疏曰："臣卜地建义学于崇文门外之金鱼池，已就，盖赐故阁臣洪承畴之地，其孙愿以设学，爰聘名师，仿宋臣胡瑗经义治事之法以立教，满汉生童有文才者，咸负笈读书其中，从游日众，人才济济，伏乞皇上命名勒石，以垂永久。"上可其奏，御书"广育群才"四字以赐。朝宗闻之大惊，诘京兆曰："公诬矣。假尔盟言在，世祖所赐，先太傅所遗，可给乎？何谓卜地，何谓垂永久也?"顾宸翰既颁,无如何。庄前卖花圃,予所自置,如式造一区,以奉御书,何如?京兆笑不答。久之,取其地,更索千二百金,使自建云。①

王源的这篇"记"内容极为丰富,相当于一篇金台书院的前史,其中澄清了一系列与金台书院相关的问题。第一,金台书院的前身为大兴、宛平义学,《郎潜纪闻》曾有所谓"国初名'首善义学'"②的说法,看来是不准确的;第二,义学在洪庄之内的扩建,最初是以租借的方式,有借据在;第三,洪家后人同意租借,一是与王源私交不错,二是因为"鹊蛇异象"的影响;第四,扩建的经费来自在京官员的捐资;第五,钱晋锡上疏康熙皇帝是在取得租赁合同之后,意在取得洪庄的土地所有权,并在义学的基础上建成一所真正的书院;第六,康熙帝所赐匾额为"广育群才",而并非如《光绪顺天府志》所说的"乐育英才";第七,义学的扩建一直拖到六年后才动工,六年后即康熙四十五年(1706),此时的府尹已非钱晋锡,而是施世纶,由此推测,义学的扩建是由施世纶完成的,但上疏康熙皇帝的,却非如《天咫偶闻》所言为施世纶,因那时他还在湖南为官,没到京城来呢;第八,书院的初成是在康熙四十年(1701),王源认为,自明首善书院被废止后,至今七八十年过去了,京城内未再建书院,因

---

① 王源《顺天书院记》,《居业堂文集》卷十九,第306—307页,商务印书馆1936年12月初版。
② 陈康祺《郎潜纪闻初笔二笔三笔》(上),卷三,第47页,中华书局1984年3月版。

而，府尹钱公的所作所为是个创举，故自称"顺天书院"，并以文记之。

此外，王源这篇文章还写到更重要的一点，即他的教育理念和志向，以及教学实践中遇到的困扰和麻烦，以至于终因"势即不得伸其志，逾年，因明相国聘，谢去"。虽然"生徒皇皇请留予"，但未能留住他，一些生徒亦因此而相继散去，"一切创立规模，暨一年经营之苦，俱付之徒劳，长太息矣"。实际上，这种冲突或许是不可避免的。这要从王源的家世说起。他是直隶宛平人，但先世所居为无锡。先祖从明成祖靖难有功，战死于白沟河，子孙世袭为锦衣卫指挥佥事。父亲王世德仕于明崇祯朝，"明亡，流转江淮，寓高邮。源少从其父，喜任侠言兵。少长，从宁都魏叔子学古文，性豪迈不可羁束，于并世人视之蔑如也。虽古人亦然。所心慕独汉诸葛武侯，明王文成。于文章，自谓左丘明、太史公、韩退之外，无肯北面者"。这是桐城派的创始人方苞在《王崑绳传》中对他的评述。①《清史稿》亦说他少年时期就不喜欢宋学，"闻之不首肯"，唯一喜欢学习了解的，只有"前代典要及关塞险隘攻守方略"。年长"于侪辈中独与刘献廷善，日讨论天地阴阳之变，伯王大略，兵法、文章、典制，古今兴亡之故，方域要害，近代人才邪正，其意见皆相同"②。四十岁后，家贫父老，既无人赏识又缺少机遇，王源"乃折节为儒者"，到京师寻求发展，以"佣笔墨"

---

① 方苞《王崑绳传》，见《居业堂文集》，第一册，第1页。
②《清史稿》卷四百八十，列传二百六十七，儒林一，第43册，第13132页。

为生计，[1]因而"不能不讬迹诸公间，而常以自鄙"。[2]谈笑间参加顺天乡试而中举，大约就在此时。在他不过是想给自己"佣笔墨"增加一些筹码，免得别人说闲话，故而不再参加会试。他被钱晋锡聘为顺天书院主持应在数年之后。此时，他在京城已磨砺多年，自然了解官方和民众对教育的认识，"是时国家承平数十年，方以八股文取士，富贵家子弟无所事经济古文之学"[3]。对他而言，这颇具挑战意味，因为他不想把学生培养成庸陋无用之人，但又不能明目张胆地贯彻他的教育主张，而只能采取迂回的方式，"因文艺诱之以学古穷经，由学古穷经通之以经济，不敢蹈前人门户之辙，而冒讲学之名，但为造就人才之权舆，而推其意于天下"。他还搬出"祖制"为自己壮胆，太祖初立制，就不主张专取时艺八股，三场考试中式者，依然要"复试以骑射书算律"，目的是培养文武兼备的人才，而非只会摇头晃脑的废物。尽管如此，一年之后，他还是卷铺盖走人了。离开顺天书院的王源，不久便结识了李塨，李塨把他介绍给颜元，在对颜元的学术主张有所了解后，康熙四十二年（1703），他拜在颜元门下。

二

王源走了，而顺天书院还要办下去。《光绪顺天府志》曾提

---

[1] 管绳莱《王崑绳家传》，见王源《居业堂文集》，第一册，第1页。
[2] 同上书。
[3] 同上书。

到，书院正式命名，是在乾隆十五年（1750）。不过故事还要从乾隆元年（1736）说起。曾经做过都察院左都御史的李绂（1713—1791），在四十多年后写过一篇《重修金台书院碑记》，其中提到："乾隆元年，皇上龙飞御极，当局者复请清查旧基，扩充修葺，并拨给官地以资逐年经费。"[①]这时距康熙御赐题词不过三十余年，王源称作"顺天"的这所书院，在风雨的侵蚀下，校舍多有损坏，已经需要"扩充修葺"了。而当局者自然就是顺天府的官员了。查《光绪顺天府志》之"国朝官师表"，此时的顺天府尹或为陈守创，而府丞或为梅彀成。说"或"是因为尚无法最终确认。

陈守创（1668—1747），字业候，号木斋，江西高安荷山人，二十六岁时，会试中康熙三十三年（1694）进士。他做过顺天府大兴县县令，担任过通州中南仓监督。民间流传过一种说法，康熙六十一年（1722），雍正皇帝为藩王时，奉命查仓，亲见陈守创敝笥一箧，布被一床，庖厨所炊仅仅黄芽菜、小米粥而已。雍正帝慨然叹曰："太仓之粟陈陈相因，岂少监督饭，而苦节若是耶！是天下第一贤员也。"待雍正即位，擢为顺天府府尹。雍正元年（1723），授仓场总督兼户部员外郎。雍正五年（1727）落职，归家杜门，受聘主讲豫章书院。乾隆元年（1736），帝追念先朝耆旧，再为顺天府尹，五年后迁都察院左副都御史，旋以年力衰颓，累次上疏请休养，始得归里。雍正帝是否真为陈守创的廉洁苦节感动过，固已无从考究，但查《清史编年》，康熙六十一年十月初九日（11月17日），确有"命皇四子雍亲王胤禛率弘昇、延

[①] 李绂《重修金台书院碑记》(拓片），转引自《北京书院史》，第75页。

信、孙渣齐、隆科多、查弼纳、吴尔台等会同张大有查勘粮仓"①的记载，而《光绪顺天府志》之"国朝官师表"所记载的陈守创担任顺天府尹的时间，恰为康熙六十一年。至于雍正元年是否擢为仓场总督兼户部右侍郎，则不得而知。不过，雍正五年（1727）六月二十八日（8月15日）确有记载："因京城仓廒损坏渗漏处有九百二十九座，仓米有霉烂者，将仓场侍郎托时、陈守创及各仓满汉监督尽行革职，御史殷武训亦革职解任，修理仓廒所用钱粮及霉烂米石均著彼等赔补，以吏部右侍郎岳尔岱、顺天府尹刘于义为仓场侍郎。"②于是便有了乾隆元年复职顺天府尹一说。

再度出任顺天府尹的陈守创便想将书院修整一番。此时担任顺天府丞的梅瑴成所作《重修顺天府义学记》较为详尽地记载了这件事：

> 都城正阳门东偏金鱼池，有义学一区，肇自康熙壬午年（四十一年，1702），蒙圣祖仁皇帝赐御书"广育群材"四字，悬之中堂，以昭奖励，嗣后日久废弛，屋多倾圮……我皇上龙飞建极之元年，加意作人，辟门籲俊，有以都门宜建书院请者，章下礼部，礼臣议：都门有国学以育群英，故不复立书院，非缺略也。惟是国学非贡监不能入，而闾阎子弟之无力延师者，不可无以训育也。请敕下顺天府修葺义学，酌请膏火。上可其议。
>
> 大京兆木斋陈先生，理学名臣，斯文主本，以化民成俗为怀，

---

① 《清史编年》第三卷，康熙朝下，第557页。
② 《清史编年》第四卷，雍正朝，第275页。

莅任之初，即相度义学宇，区画捐修，而部文适至，不胜欢欣，立限刻期鸠工，计葺旧屋若干，间又展扩两傍添若干间，规模轩敞，迥非旧观，工既竣，随请领藩库银若干两，复率僚属捐禄糈若干石，俾束修薪水之费赡足，于是，敦请乡先生之文行兼优士论攸归者，为之师，其子弟之来学者，非土著不纳。①

此文转引自赵连稳先生的《北京书院史》，该书认为，梅毂成写作此文的时间应为乾隆三年（1738）。他们上疏乾隆皇帝，请求允许顺天府修葺义学，并酌情增加学生的津贴。但礼部有官员不赞成，理由是都城已有国学，修义学没有必要。他们据理力争，要为"闾阎子弟"争取学习的机会。而初登皇位的乾隆帝对他们的意见表示赞成。元年六月便有上谕训饬直省书院师生：

> 书院之制，所以导进人材，广学校所不及。我世宗宪皇帝命设之省会，发帑金以资膏火，恩意至渥也。古者乡学之秀，始升于国，然其时诸侯之国皆有学。今府、州、县学并建，而无递升之法，国子监虽设于京师，而道里辽远，四方之士不能胥会，则书院即古侯国之学也。居讲席者，固宜老成宿望，而从游之士，亦必立品勤学，争自濯磨，俾相观而善。庶人材成就，足备朝廷任使，不负教育之

---

① 梅毂成《重修顺天府义学记》，转引自《北京书院史》，第75页。原书脚注载张茂节《康熙大兴县志》卷六《艺文》，康熙二十四年刻本传抄本，查该志无此文。且文中提到，此文作于乾隆三年（1738），那么，此文本不该出现在康熙二十四年（1685）的《大兴县志》中。

意。若仅攻举业，已为儒者末务，况藉为声气之资，游扬之具，内无益于身心，外无补于民物，即降而求文章成名，足希古之立言者，亦不多得，宁养士之初旨耶？该部即行文各省督抚学政，凡书院之长，必选经明行修，足为多士模范者，以礼聘请；负笈生徒，必择乡里秀异，沉潜学问者，肄业其中。其恃才放诞，佻达不羁之士，不得滥入书院中。酌仿朱子《白鹿洞规条》，立之仪节，以检束其身心；仿《分年读书法》，予之程课，使贯通乎经史。有不率教者，则摈斥勿留。学臣三年任满，咨访考核，如果教术可观，人材兴起，各加奖励。六年之后，著有成效，奏请酌量议叙。诸生中材器尤异者，准令荐举一二，以示鼓励。[1]

不管这道谕旨是不是乾隆皇帝看到陈守创们的奏折后所发，有了这道谕旨，陈守创如同拿到了尚方宝剑，而不胜欢欣。经过一番大规模的修葺扩建，书院焕然一新，朝廷还拨了若干藩库银给书院，加上同僚下属的捐俸，书院的经费也有了保障，二人还为新建的书院堂楹题词。乾隆年间的著名诗人、大兴人翁方纲若干年后有一首《金台书院作》曾记载此事：

依然窗草绿经春，三十年来少故人。
日月光瞻天咫尺，枌榆材渐树轮囷。
旧闻首善传青史，贱子髫龄本赤贫。

---

[1]《清实录高宗实录》卷二十，引自《中国书院史资料》中册，第857页。

犹有泪痕碑侧在，几回题字拭梅陈。[1]

他把金台书院比作首善书院，而此时的顺天书院（王源自命）只收本地的学生，是"非土著不纳"的。

乾隆十五年（1750）的情况有点蹊跷，《光绪顺天府志》也只是提到顺天书院改称"金台书院"，并未提到重修和扩建。而且，此时距乾隆元年仅仅过去十五年，书院似乎也还不至于大规模修缮和扩建。据说，梅毂成曾为此作过碑记，勒石记之，但遗憾的是，不仅此碑至今不见，文亦不见。其中究竟写了些什么，我们亦不得而知。

乾隆十九年（1754），顺天府尹为陈兆仑，此人字星斋，号句山，浙江钱塘人，雍正八年（1730）进士。在职期间，他对金台书院亦很尽职尽责，延聘顾虞东（镇）、姚砺圃（汝金）执掌金台书院的教学。二人的学问、德行均为一时之冠。戴璐的《藤阴杂记》称作"得人最盛"[2]。大才子袁枚曾作《虞东先生墓志铭》写道："先生姓顾名镇，字佩九，居苏州昭文县。县有虞山，学者因号为虞东先生。"[3]他在同乡经学大师陈见复门下求学，"见复先生死，先生驾其说而恢张之，以经师名天下。先设教金台书院，再

---

[1] 翁方纲《金台书院作》，《复初斋诗集》卷第二十一，第三册，第708页，据清刻本影印。

[2] 戴璐《藤阴杂记》卷五，第50页，北京古籍出版社1982年10月版。

[3] 袁枚《虞东先生墓志铭》，《小仓山房诗文集·文集》卷五，第1255页，上海古籍出版社1988年1月版。

设教游文书院、白鹿书院,而终之以钟山书院"[1]。袁枚说他"惇良介朴,善诲人。每阅文数百卷,旁乙横抹,蒿目龟手,一字不安,必精思而代易之,至烛烬落数升,血喀喀然垒涌,而蚕眠细书,犹握管不止。余尝劝其少休,诺而不辍。然学者领其意旨,往往速飞。以故遥企尘躅,踊膝跣足而至者,如望日光听建鼓而趋"[2]。说明这是一位值得学生尊敬、爱戴的老师。姚汝金先生是归安(今浙江湖州)人,砺圃是他的号,袁枚在《随园诗话》中提到他时说,先生"字念慈,初名世铼,性落拓,冠履欹斜,有南朝张融风味"[3]。他也是乾隆元年(1736)举"博学鸿词"之一员,曾受知于鄂文端公尔泰。袁枚很喜欢他的诗,称他是"有才未遇者",[4] 要把他的诗编入《幽光集》。他离开金台书院赴山西晋阳时,陈兆仑句山亦有诗相赠:"廿载金台懒赴官,客中为客感无端。东门带草重重在,待系先生去辙难。"[5]可谓情深而意长。戴璐的《藤阴杂记》继而表示:"谓门下士有涕泣送行者。"[6]自然是舍不得他走。

---

[1]《小仓山房诗文集·文集》卷五,第1255页。

[2] 同上书。

[3] 袁枚《随园诗话》卷十三,第429页,人民文学出版社1982年9月第二版。

[4] 同上书。

[5] 戴璐《藤阴杂记》卷五,第50页。

[6] 同上书。

三

金台书院地处京师，得天独厚，在获取人力、资金支持方面，有很多便捷之处。李绶所作《重修金台书院碑记》就对康熙以来政府资助金台书院的情形有过简要的说明："圣祖仁皇帝特赐'广育群才'匾额颜于讲堂，每年官给白金三百两以为师生修饩膏火之用。乾隆元年，皇上龙飞御极，当局者复请清查旧基，扩充修葺，并拨给官地以资逐年经费。"[1]李绶的这篇"碑记"是为乾隆四十六年至四十七年（1781—1782）重修金台书院而作。关于李绶其人，纪昀（晓岚）所作《李绶墓志铭》所记甚详："公讳绶，字佩廷，号杏浦，又别号竹溪，然学者惟称杏浦先生也。先世自山东迁宛平。"[2]故为宛平人。他自乾隆元年（1736）中举，十六年（1751）成进士，历任翰林院编修、监察御史、乡试考官、提督学政，两授奉天府丞，四十七年（1782）授内阁学士，四十八年（1783）三月，兼文渊阁直阁事，大约在乾隆四十九年（1784）外放江西巡抚之前，他是常在京师的，自然熟悉金台书院的情况，"碑记"由他执笔亦在情理之中。其中写道：

---

[1] 李绶《重修金台书院碑记》（拓片），转引自《北京书院史》，第179页。
[2]《李绶墓志铭》，全称《皇清诰授光禄大夫都察院左都御史杏浦李公合葬墓志铭》，2005年出土于北京市石景山区黄村，现陈列于田义墓田野石刻区。该墓志铭由纪昀撰文，刘墉书写，富阳董诰篆盖，桐城彭德风镌。

第自乾隆丙辰（元年，1736）至今四十余年，岁月积久，屋舍墙垣，大半倾圮。少京兆重庆刘公，下车伊始，即慨然欲重修之。时兼管京兆大司寇光山胡公，京兆歙县吴口公同商集诸绅士，佥愿捐资，以襄盛举。功未竟而吴公转银台，刘公亦迁廷尉。接任京兆金坛虞公，少京兆归德蒋公，皆以名儒领三辅，志在兴贤育材，用能同济斯美，鸠工庀材。经始于辛丑（乾隆四十六年，1781）之夏，落成于壬寅（乾隆四十七年，1782）之春。栋梁之摧折者易之，屋宇之倾欹者正之，瓦砖之残缺者补之，而又缭以周垣五千余丈，规模宏敞，讲堂学舍焕然一新。[1]

通过李绶的记述可以想象，这次修缮的规模是很大、很久的。毕竟，自乾隆元年修过至今，已有四十多年，校舍损坏严重，不修则无以为继了。这也从一个侧面证实了，乾隆十五年只是重新命名，而没有修缮过。这一次，顺天府官员都表现得很积极，重庆刘公（不知其名）、光山胡公（胡季堂，河南光山人，时任顺天府通判，乾隆三十九年擢刑部右侍郎，兼顺天府尹）、歙县吴公（吴绶诏，安徽歙县人，乾隆十三年进士，时为府尹），他们既倡议重修，乃在官员、同僚中募捐，并会同当地士绅捐资。李绶在"碑记"中做过统计，至少有四十位官员为之捐资，其中有京官，也有外省的地方官员，还有个别国学生也捐了钱。他们多的捐银百余两，少的捐五两十两，李绶本人亦捐二十两，合计有千余两。这些钱不算多，和光绪八年（1882）那次募捐相比，可谓是小巫

---

[1] 李绶《重修金台书院碑记》（拓片），转引自《北京书院史》，第179页。

见大巫了。但钱无论多少,都代表了大家崇学重教的一片心。不久,吴绶诏转迁银台,刘公亦迁廷尉,接任府尹的虞公(虞鸣球,江苏金坛人,进士)、归德蒋公(不知其名)继续推进书院的修葺,房梁换了新的,房屋亦翻新补缺,讲堂学舍面貌一新,还为书院修建了五千余丈的围墙,工程规模的确相当大了。

四

说起来,金台书院获得资助的途径并非只有一种。按照《钦定大清会典事例》的说法:"京师设立金台书院,每年动拨直隶公项银两,以为师生膏火,由布政司详请总督报销。"[1]直隶总督往往也为金台书院大开方便之门。安徽桐城人方观承(1696—1768)在直隶总督任上将近二十年,此人虽非正途出身,没经过科考,但他勤于政务,亲力亲为,办事周详,并能关注民生,主张通过鼓励生产而养民,北京周围的几大河流,特别是永定河,经他治理,水患趋于平稳,大为改观。乾隆皇帝颇为赏识他的才干。他的学问也不差,曾"师事望溪(即方苞)先生,其从政设施得诸先生绪论为多。治经尤专三礼,条论古今因革,属稿未就,闻秦树澧尚书方辑《五礼通考》,悉以畀之。又属戴东原先生撰《河渠书》百三卷。其自为书曰《述本堂集》十八卷、《宜田汇稿》、《问

---

[1] 昆冈等《钦定大清会典事例》卷三十三《礼部》,光绪年间刻本。转引自《北京书院史》,第178页。

亭集》及杂记直隶事凡数十卷"①。由此可以看出，他虽为官员，却也是一位热心学术的儒学士大夫。因而，乾隆十八年（1753），当顺天府丞兼学政申甫（字及甫，扬州人）向他汇报金台书院士子膏火不足用，导致一些学生退学时，他马上"拨保定莲花书院余赀以佐之，自是来学者益众"②。

金台书院地位之特殊由此可见一斑。有时，皇帝甚至直接出面关照。据《清高宗实录》记载，乾隆就曾把罚没的资产直接拨给金台书院。如乾隆五十一年（1786）十一月丙子谕：

> 据曹文埴等查出宛平县长新店一带，铺户有囤积杂粮及买空卖空情弊，请将各铺户治罪一折，着交军机大臣会同该部议奏，至此项应追买空卖空制钱一万九千三百余串，何必入官，着赏拨普济堂、育婴堂、功德林、金台书院等处，以示惠恤。③

朝廷既已确立扶植书院的国策，那么，支持书院的就不会只有乾隆皇帝。且看道光二十年（1840）一道上谕：

> 卓秉恬等奏请将入官地亩拨充经费，著准其将昌平州、良乡县

---

① 《桐城耆旧传》卷九，下册，第509—510页。
② 王昶《都察院左副都御史申君墓志铭》，《春融堂集》卷五十六（下），第957页，上海文化出版社2013年8月版。
③ 《清高宗实录》卷1268，乾隆五十一年十一月丙子，钞本。转引自《北京书院史》，第178页。

入官地亩历年租息，以一半赏给京城金台书院、普济堂、育婴堂三处添补经费，并修理房舍之用；以一半赏给昌平、良乡两州县本处书院，为修脯膏火之资，即由顺天府暨该州县自行核实经理，以垂久远，仍咨户部立案，免其造册报销。①

再看光绪九年（1883）的一段记载：

再臣按，准顺天府尹咨，以国子监及金台书院款项无可增益，曾奏请旨。饬筹银四万两，解京发商生息，分资国子监、金台书院两处膏火之需。光绪九年（1883）二月初一日，奉旨依议，钦此。恭录移知钦遵办理。臣维储材养士，本治世之规，而首善敷文尤光被之渐。窃维国子监暨金台书院，本英才所汇，诚宜及时培养，俾儒宗国翰，由此而兴，无负作人雅化。臣前岁忝厕枢垣时，曾与祭酒王先谦抚谈及此，迨承恩命出督两江，王先谦尤以为言，兹准顺天府尹周家楣管理国子监事务。臣翁同龢恭录谕旨，并钞原折咨来，臣义无诿谢，除饬江宁藩司梁肇煌在于库存盐票报效项下，如数划提四万两解顺天府衙门，取具回销备案外，谨附片陈明，伏乞圣鉴。谨奏。光绪九年四月初二日，军机大臣奉旨，知道了，钦此。②

---

① 《清宣宗实录》卷336，道光二十年七月戊戌，钞本。转引自《北京书院史》，第178页。
② 左宗棠《划解膏火银两片》，《左文襄公奏疏》3编卷3，清朝刻本。转引自《北京书院史》，第179页。

五

　　从这些零星的记载中我们仍然可以感受到朝廷和各级官员对金台书院的期许与呵护。实际上，自康熙朝初建，迄于光绪朝书院改制，中经雍、乾、嘉、道、咸、同诸朝，凡二百余年，金台书院得到过多次修缮，有的规模大些，有的规模小些，总之，都在千方百计设法维护它的存在，延续它的生命。光绪五年（1879），金台书院经历了最后一次修缮扩建。这一工程在金台书院的修建史上规模最大，历时最长，自光绪五年四月开工，七年（1881）春天收竣，用了大约两年时间。毕道远、周家楣、胡义质于光绪八年（1882）为修建京师金台书院工竣写给朝廷的奏折，详细记录了这次大修的情形。而促成这次大修的直接原因，是顺天府尹周家楣于光绪五年春课甄别考试前对金台书院的视察。他眼前的书院，"堂宇颓敝，地脚已松，凹凸高低不一。士子课艺，就堂室檐宇，随处杂坐，并无文场。急思整兴恢廓，以崇地望，以育人才"。于是，他马上筹划修缮一事，要为学子创造一个良好的学习环境。前任府尹告诉他，他们早有规划，只是资金尚无着落，难以动工。经过估算，全部工费大约需银万两左右，而目前只有"前给事中现官广西左江道彭世昌捐银一千两"，因"屡次修葺墙垣并置地，动用银三百六十五两八钱，尚存六百三十四两零二钱"。这与所需万两工程费相差何止毫厘。周家楣找到前任直隶总督李鸿章商议，李鸿章慷慨解囊，捐银一千两，周家楣自己亦捐银一千两，前任顺天府尹万青黎捐银四百两，周家楣还从顺天府衙门节省的存公银中拨出一千两。有这四千两银子垫底，周家楣决定一面择日开工，一面继续筹资。

工程于光绪五年四月二十八日开始，而周家楣则"以是年五月二十一日丁母忧去官，至八月间旋籍时，工需尚未筹齐，深恐一有不继，或致停工待款。临行，坚嘱督工之粮马通判陈象瀛、臣衙门经历赵思本，并驻院监工之附贡生周玉衡，务即一气营建，万勿间断。如工需不给，已约明由阜康号商借垫，俟捐款随到随还"。筹款进行得相当顺利，周家楣虽已离京返乡，仍以书信劝募，"旋由督臣、尹臣各劝所属捐济，复经前尹臣梁肇煌捐银四百两，前天津关道郑藻如捐银一千两，其余司、道、首府及顺属各厅、州、县、教佐筹官，并顺属绅士，亦各捐款相继。臣家楣恐接济不时，复在京、在途、在里致书所知，经东海关道方汝翼，捐银两千两，常镇道沈敦兰、宁绍台道瑞璋、奉锦道续昌，各捐银一千两，陆续寄京应用，并由历任兼尹府尹童华、李朝仪、游百川各有捐款，遂于光绪七年春间完工"。捐款数额是相当可观的，总计捐银一万四千六百三十一两，工程用去近一万两，尚余五千余两，"交五城各当典分存，按一分取息，助诸生膏火等需"。扩建后的金台书院，"造朱子堂七间、讲堂三间、大堂三间、垂花门一座、官厅六间、大门一座、南照房五间、车门一座、东西文场二十间、东西厢房十间，厨房、中厕、马棚共七间，以上共房六十四间。影壁一座，周围墙垣泊岸"，面貌焕然一新。

光绪八年（1882），周家楣结束在家丁忧，再授顺天府尹。回到京城的周家楣，惦记着金台书院的情况，马上到书院视察，关起门来对学子进行考核，看到屋舍俨然，学子们努力向学，心情欢畅，他也感到很振奋，在不久后写给光绪皇帝的奏折中表示："复经聘延主讲，于官课外，月有师课；于制艺试贴外，并课经古性理，以冀学有用之学，成有用之才。砥砺既深，贤能辈出。如得学问渊懿、经明行修、经济凤裕之士，确有所知，当由臣等据实疏荐。即有应课名次较后，而其人有学有行，足为士林矜式，亦即胪陈实诣，敬举上闻，以资观感。"同时，他还向朝廷建议，从全国各地所设书局中为金台书院选购图书："可否由臣等分咨两江、两湖、两广、四川、闽浙总督，江苏、江西、湖北、浙江、广东巡抚于各书局中，凡经刊印之书，每书检备一部，开具目录，装箱就水程运送苏松太道汇收，再乘招商局轮船之便，运交天津关道汇收，由臣衙门派员往运来京，即存金台书院，置检列架，分类别门，用备肄业诸生研精致用之具。如蒙俞允，臣等遵即与各督抚及两关道随时往返，商明办理。"[①]

六

有道是，大学不只是大楼，人才是最重要的。这个道理君主制下的皇帝未尝不懂。出于为朝廷养士育才的考虑，历朝历代的皇帝都对书院选聘管理者如山长、讲席等做出过明确的指示，并要求各级官员切实负起责任，即雍正所言"封疆大臣等并有化

---

① 周家楣《修建金台书院奏折》，《光绪顺天府志》卷六十二《经政志》九《学校下·书院》，第7册，第2189—2190页。

导士子之职"①。乾隆的要求就更加明确和具体了。乾隆三十年（1765），"陕甘总督杨应琚奏，甘省兰山书院延请丁忧在籍之府丞史茂来主讲席。上以回籍守制之员，竟居省会书院教授生徒，与地方官应酬，则与居官无异。徽特人子之心难安，亦无以为多士表率。谕曰：'督抚有维持风教之责，缙绅积学砥行之儒，足备师资者谅不乏人，何必令丁忧人员觊居讲席。是应聘者固不能以礼自处，而延请之地方大吏亦复不能以礼处人，于风化士习，微有关系。恐他省不无此类者，特为明切晓示通谕之'"②。

乾隆的这道谕旨隐含着书院在养士育才之外的一个重要功能，即对地方的人伦教化、移风易俗负有不可推卸的责任。而丁忧涉及孝道，是人伦的重要内容，也是朝廷的礼制。有鉴于此，乾隆才一再郑重其事地晓谕各地督抚学臣，禁止延聘丁忧在籍人员为书院师长。他反复强调，"居讲席者，固宜老成宿望"之人，③无论"本省邻省已仕未仕，择经明行修，足为多士模范者，以礼聘请"④。处在首善之区的金台书院，享有独一无二的人才资源，各省名家会聚于京师，或为官，或游幕，或旅居，都是金台书院讲坛的后备力量。从康雍乾时期的王源、钱晋锡、梅毂成、陈兆仑、陈守创、顾镇、姚汝金，以及何融、蒋云师、曾炆、徐家杰，直

---

① 《清朝文献通考》卷七十，《中国书院史资料》，中册，第855页。

② 同上书，第855—856页。

③ 《清高宗实录》卷二十，中华书局影印本，《中国书院史资料》，中册，第857页。

④ 《钦定大清会典事例》礼部卷三十三，清光绪二十五年夏御制本，《中国书院史资料》，中册，第858页。

至道咸同光时期的彭蕴章、蒋祥墀、张集馨、周家楣，他们有的是府尹、府丞、学政一类的官员，有的是学者、经学大师，都是标准的儒家士大夫，乾隆所谓"经明行修，足为多士模范者"[1]。作为官员，他们认真履行自己的职责，书院每有考课，必亲临现场，有时还要直接面试；作为主讲，他们"于制艺试贴外，并课经古性理，以冀学有用之学，成有用之才。砥砺既深，贤能辈出"[2]。

这方面，我们从詹嗣贤所作《时晴斋主人年谱》的记述中可见一斑。年谱相当于张集馨一生的大事记，其中特别记载了同治九年（1870）张集馨七十一岁，至光绪二年（1876）张集馨七十七岁，主讲金台书院的情形。詹嗣贤是张集馨的外甥，同治十三年进士，翰林院编修，年谱作于张集馨死后二年，即光绪六年（1880），内容虽比较简略，却是可信的。张集馨受聘金台书院时已经七十一岁，这一年他刚刚完成了一部《十三经音义字辨》，称作"平生著力之书"。他是江苏仪征人，字淑云，别号时晴斋主人。道光九年（1829）中进士，初供职于翰林院，道光十六年（1836），"特简"外放为山西朔平知府，此后三十年间，在山西、福建、陕西、四川、甘肃、河南、直隶、江西等省任知府、道员、按察使、布政使、署理巡抚等职，直到同治四年（1865）因病乞休，告一段落。这时，"本邑迭遭兵燹，庐舍荡然，无家可归"，遂留居京城，以度晚年。他的病休生活还是很惬意的，"公优游林

---

[1]《清高宗实录》卷二十，《中国书院史资料》，中册，第857页。

[2] 周家楣《修建金台书院奏折》，《光绪顺天府志》卷六十二《经政志》九《学校下·书院》，第7册，第2190页。

下, 莳花种竹, 饮酒赋诗", 还与诗友组织九老消寒会, 其中就有京兆尹彭祖贤, 他被金台书院延聘为讲席, 大约就因此人。同治九年（1870）十月,"主讲金台书院, 悉心批阅, 诸生获益良多。如陆凤石润庠、王可庄仁堪、王向甫赓荣、冯莲塘文蔚、朱景庵赓飏、吴燮臣树梅皆先后得鼎甲, 其余成进士者亦数十人, 一时称盛"。他主讲金台书院七年, 还分别于同治十二年（1873）和光绪二年（1876）组织编辑刻印出版了《金台书院课艺》初集、二集。①

这里提到的几位先后得鼎甲的人, 以陆润庠名气最大, 或缘于他做过末代皇帝溥仪的老师。他是同治十三年（1874）的状元；王赓荣是光绪二年（1876）的榜眼, 与他同年的冯文蔚是探花, 吴树梅与二人同年, 但有限的资料只提到他中进士, 不在鼎甲之列；王仁堪是光绪三年（1877）状元, 与他同年的朱赓飏是探花；可见, 说他们先后得鼎甲大体不错。还有一个情况很值得注意, 即这六个人都不是本地人, 也非本地生员, 他们中的大多数并未在顺天府参加乡试中举, 进入金台书院学习, 应该是在来京参加会试的时候。这自然得益于顺天府的大度, 京师既为首善之区, 书院又为育才之地, 金台书院的政策就是开放式的, 除了招收顺天府的童生, 全国各地的举人、贡生和监生都可以在此学习, 恰如周家楣等人在奏折中所言："凡京师以及各直省举贡生监肄业于是。设有学长、学副、上舍等额, 顺属童生, 亦并收课。"②

---

① 詹嗣贤《时晴斋主人年谱》, 张集馨《道咸宦海见闻录》附录, 第487—488页, 中华书局1981年11月版。
②《光绪顺天府志》经政志九, 学校下, 书院, 第7册, 第2189页。

七

金台书院绵延二百多年而生机盎然，朝廷、官府、官员、缙绅的扶植是一方面，再有就是它在书院的管理方面，具有很强的自我更新机制，出现问题能及时解决。道光年间任顺天府丞的彭蕴章所作《重整金台书院规条记》是一篇很重要的文献，记载了当时金台书院出现的问题，以及整顿的经过和效果：

金台书院在京师正阳门外，四方文士皆得肄业，以此见首善之区，规模宏远也。顾其经费皆出于顺天绅士，宾主之分，亦所宜辨。而近年监院教官率多废弛，士之肄业者，或不躬亲，或携卷出院，流弊滋多，兼尹华阳卓公谋于府尹华阴李公，更定章程，分其内外课额，本籍若干名，外籍若干名，每岁四孟之月，兼尹府尹府丞考课，各随其优劣而分其膏火之等差。每月院长课亦如之。一切供给之费，奖赏之资，秩然就理，胥吏不得侵渔。规条既立，士心欢悦。余忝以府丞，陪二公后课士之日，升堂散卷，扃门命题，见夫青衿鹄立，肃然改观，叹曰：作新之术，诚视乎人，人存政举，此之谓矣。辇毂之下，人文荟萃，上有成均，下有金台，皆所以培植英俊，为海内先声。然自近数十年，如山阳汪文端公之在成均，吾乡顾南雅通政之在金台，人才辈出，极一时之盛者，不数见焉，不系其人哉。今二公重整条规，作新人才之意，详且挚矣。又得吾宗春农学士为之师表，譬如力田，既勤穮蓘，必获丰年，此后人才之盛，可豫卜也，遂为之记。时道光二十四年正月既望。①

从彭蕴章所记可以想象，金台书院能为朝廷源源不断地输送人才，很多人是付出了心血的。而中日甲午之战的炮声打破了昔日的宁静，人们在检讨中国战败的原因时，一再表达对科举考试制度的强烈不满，科举考试几乎被看作万恶之源，不足以应对西学东渐带来的冲击和挑战。在八股、科举成为舆论焦点的情况下，书院亦被殃及，前途堪忧。新式学堂取代旧式书院已成时尚，大势所趋。光绪二十四年四月二十三日（1898年6月11日），光绪帝颁发"定国是诏"，宣布变法，百日维新拉开帷幕。四月二十九日（6月17日），御史宋伯鲁率先上《请变通科举改八股为策论》折。这是梁启超代他起草的，其中写道："方今国事艰危，人才乏绝，推原其由，皆因科举仅试八股之故。"②五月初五日（6月23日），虽有刚毅等人千方百计阻拦，在争取到慈禧太后赞同后，光绪帝乃降旨，废八股而改试策论。五月二十二日（7月10日），康有为又上《请改直省书院为中学堂、乡邑淫祠为小学堂，令小民六岁皆入学，以广教育而成人才折》。当天，光绪帝就降旨，诏改书院为学堂。上谕谓："前经降旨开办京师大学堂，入堂肄业者由中学小学以次而升，必有成效可睹。惟各省中学小学尚未一律开办，总计各直省省会暨府厅州县，无不各有书院，著各该省督抚

---

① 彭蕴章《重整金台书院规条记》，《归朴龛丛稿》卷五，上册，第237—238页，书林书局复印本。

② 《清史编年》第十二卷，光绪朝下、宣统朝，第80—81页。

督饬地方官，各将所属书院坐落处所、经费数目，限两个月详查具奏，即将各省府厅州县现有之大小书院一律改为兼习中学西学之学校。"[1]

管理大学堂大臣孙家鼐拟将金台书院改为顺天府中学堂的奏折，就是在这样一个背景下送到光绪皇帝面前的。他在奏折中写道：

> 窃臣孙家鼐，前于议复五城设立小学堂折内奏明，顺天府地方设立学堂，当与臣胡燏棻筹商办法在案。查顺天为首善之区，较各直省省会尤为重地，非规模闳远，不足系四方之观听。臣等公同商酌，拟请将金台书院改为顺天府中学堂。就所属二十四州县，调取学中廪增附生年十六岁以上二十四岁以下，材识通达、志趣远大者，大县挑选三名，小县挑选二名，来京扃门课以时务、策论，分别甲乙，以定去留，以四十名为额。金台书院向有外省士子肄业，并另设南额二十名，一律考取。

> 延致洋文教习二人，课以西国语言文字及艺政算学各书。华文教习二人，课以经史及一切经世之学。并派驻堂监督一员总理其事，由臣等遴选通才，随时奏派。洋教习薪水较优，应俟经费充裕，再行续订。

> 惟诸生起自寒微，多以居乡教读为业，一旦招之入堂，恐仰事俯畜无所取资，不得不酌给膏火以示体恤。通盘核算，每月至少须银一千两。现就书院原有款项，岁可得银三千五百两。拟请于现解

---

[1]《清史编年》第十二卷，光绪朝下、宣统朝，第92页。

顺属湖南漕折备荒经费项下，先拨银八千五百两，作为学堂经费。俟再设法劝募，以备常年费用。其一切详细章程，统容臣等筹妥为筹定，再行奏明办理。①

孙家鼐奏本上达的时间是八月初四日（9月19日），光绪皇帝非常重视，当天就有上谕："孙家鼐等奏顺天拟设中学堂一所。京师为首善之区，允宜多设学堂以系四方观听，所拟就顺天府属州县中调取廪增附生入堂肄业，考定额取四十名，又另设外省士子南额二十名，课以西国语言文字及艺政算学各书，所拟章程尚为切实，著照所拟行。惟经费必须宽为筹备，著于现解顺属漕折备荒经费项下拨银八千五百两，作为学堂之用，以垂久远。另片奏请于地安门外兵将局拨给官方等语，即著内务府将该处官房拨给顺天府设立首善中学堂，用副作育人才之至意，该部知道。"②

可惜，无论孙家鼐的奏折还是光绪皇帝的谕旨，都失去了实现的机会。就在前一天，八月初三（9月18日），御史杨崇伊密奏请慈禧太后训政，慈禧太后于当日即取消了光绪皇帝独立处理政务的权力，规定一切章奏均须呈慈禧太后之后方可定夺。初四，慈禧太后自颐和园回宫，将光绪皇帝幽禁于瀛台，预示着一场轰轰烈烈的维新变法运动归于失败。金台书院的命运至此也就走到了尽头。此后，经过光绪二十五年、二十六年、二十七年的激烈

---

① 孙家鼐《管理大学堂大臣孙家鼐等折》，《戊戌变法档案史料》，第308—309页，中华书局1958年8月版。
②《中国书院史资料》，下册，第2480—2481页。

社会动荡，金台书院也历尽磨难。直到光绪二十八年（1902），才时来运转。前一年的八月初二日（9月14日），慈禧太后以光绪帝的名义发布上谕，要求将各省书院一律改设学堂，清末新政中的教育改革便由此开始了。据《陈玉苍先生年谱》记载，光绪二十八年"十月，奏以金台书院旧址设立金台校士馆"[①]。陈玉苍即陈璧，当时任顺天府尹。不过，其中也有很蹊跷的地方，即如何理解这里的"旧址"。查《恽毓鼎澄斋日记》，有数条与此相关：

> 光绪卅一年（1905）十一月十四日　阴，颇有雪意。袁珏生来谈，各学堂学生二百七十余人议立顺直学堂，将请余主其事，嘱珏生致意。（第284页）
>
> 十二月十一日　又议取向来金台书院经费三千金归学堂，则闻此项已为李京兆扣留设顺天中学堂矣。以官场候补各官充学职，彼安知学为何如学乎？领薪水，养妻子，便将三千金支销矣。（第288页）
>
> 光绪卅二年（1906）七月二十四日　晴，博泉丈枉顾，同拟京尹处呈稿，请改金台校士馆为顺直学堂，兼请月款。（第323页）
>
> 九月十七日　与嗣芗前辈午饭于万庆楼，偕诣金台书院新顺直学堂查看课程。（第328页）
>
> 十八日　晴，午后至学堂阅招考新生课卷。（第328页）
>
> 十月十七日　至学堂看补考卷。（第330页）
>
> 十二月初八日　饭后乘人力车至东城顺直学堂鉴定期考课卷。

---

① 转引自《北京书院史》，第104页。

予办学宗旨注重中文，尤以德育为根本。司其事者尚能体予意。(第335页)

光绪卅三年（1907）十一月初十日　未刻至恒裕存魏少牧捐助畿辅、顺直两学堂经费库平银贰千两。(第359页)

光绪卅四年（1908）四月十九日　写致杨濂帅公函，为畿辅、顺直两学堂筹款。(第381页)

十二月十三日　出崇文门至顺直学堂，督视学生期考，兼与王化初、赵廓如诸君商理来岁整顿各事。(第414页)[①]

还有一些，不再录。以上几段日记所记已足以说明：一、金台校士馆设于金台书院旧址这个说法是可疑的，至少在光绪三十一年十二月，顺天府还未放弃将金台书院改为顺天中学堂的想法；二、光绪三十一年尚无顺直学堂，直到光绪三十二年七月，还在议将金台校士馆改为顺直学堂，顺直学堂也非金台书院改制后的结果；三、顺直学堂应有两处校址，一处在金台书院旧址，一处在东城。此处很可能就是当年孙家鼐所奏改金台书院为顺天府中学堂时在"附片"中提到的：

再，顺天设立中学堂处所，初拟即由金台书院量为扩充，无如地处湫隘，讲舍无多，不敷栖止。现所裁各衙门亦属院宇寥寥，难期合用。查地安门外兵将局有抄产官房一所，屋舍宽敞，堪敷学生下帷之地，可否请旨敕下内务府，将该处官房拨给顺天府作为首善

---

① 以上所引均见《恽毓鼎澄斋日记》(1、2)，浙江古籍出版社2004年4月版。

中学堂之用，以便拣选士子进堂肄业。[①]

这处房产后来或许归属顺天府，恽毓鼎们创办顺直学堂，这里不失为一个选项。恽毓鼎主持顺直学堂自光绪三十二年（1906）至民国二年（1913）共计七年时间。据《恽毓鼎澄斋日记》所载，民国二年八月二十八日，恽毓鼎得到消息，"顺直学校以无款停办。午刻约袁寄耘、卢刚甫到校点交房舍器皿。余掌校事七年，备历艰苦，成就甲、乙、丙班学生八十余人，亦可以告无罪矣"[②]。

[①]《中国书院史资料》，下册，第2480—2481页。
[②]《恽毓鼎澄斋日记》(2)，1913年8月28日，第662页。

士夫官绅续书香

——记潞河书院

一

潞河是自北向南横贯通州的一条河。这条河发源于北京东北的崇山峻岭之间，又被称为"沽河""鲍丘水"。《水经注》云，鲍丘水出御夷镇北塞中，俗谓之"大榆河"。不知是否即《日下旧闻考》中所说"宣府卫龙门所东滴水崖"[1]。总之，这条河自塞外出密云雾灵山，南流经城东北之石塘岭，与浑、榆诸河相汇，过县西入通州界。流入通州境内的这条河，由此又被称为"白河"。作为北运河的终点，据《元史·河渠志》记载，这条河"又东南至香河县界，又流入于武清县境，达于静海县界。至元三十年（1293）九月，漕司言通州运粮河全仰白、榆、浑三河之水合流，名曰'潞河'，舟楫之行有年矣"[2]。不过，据窦光鼐、朱筠等人的考证："今白河自北来南至天津之三汊河入海，卫河自西来亦至三汊河汇流

---

[1]《日下旧闻考》卷一百九，京畿，通州二，第1809页。
[2] 转引自《日下旧闻考》卷一百九，京畿，通州二，第1810页。

入海，静海在卫河之滨，乃卫河所经，若白河则不能逆流至静海。元史白河达静海之说应属舛误。"[1]

我们固然不必过多地纠缠于这条河的来龙去脉，而通州的繁盛得自这条河的馈赠，却是无可争辩的事实。至少元、明、清三朝，作为都城的北京，不能不仰仗这条河输运粮食和各种物资，因而，这条河又被称为"运粮河"，通州亦成为接收、仓储、转运漕粮的大码头。粮食既是京城之命脉，那么，通州地位之重要和特殊，自不待言。《光绪顺天府志》就认为："通州其关键也。"[2]有鉴于此，通州除了设有地方文武官衙门，府尹同知俱在，户部还设有总督仓场侍郎，满、汉各一名，下设坐粮厅、大通桥监督与京、通十三仓监督，分掌验收漕粮及由通州至京水陆转运，以及北运河河工等事务。直隶省还下设通永道，管辖通州、三河、武清、宝坻、蓟州、宁河等七州县及永平一府，并兼管河务。这些官府衙门都设在通州。康熙二十七年（1688），应直隶巡抚于成龙所请，又于顺天府置东、西、南、北四路同知，又称"四路厅"，分管所属二十四州县，其中西路厅分辖涿州、大兴及宛平、良乡、房山四县；东路厅分辖通州、蓟州及三河、武清、宝坻、宁河、香河五县；南路厅分辖霸州及保定府、文安、大城、固安、永清、东安各县；北路厅分辖昌平州及顺义、怀柔、密云、平谷四县。

通州在各方面都表现得不同凡响。《畿辅通志》称其"上拱京阙，下控天津，潞、浑二水夹会于东南，幽燕诸山雄峙于西北。

---

[1]《日下旧闻考》卷一百九，京畿，通州二，第1813页。
[2]《光绪顺天府志》经政志三，漕运，第七册，第2021页。

舟车辐辏，冠盖交驰，实畿辅之襟喉，水陆之要会也"[1]。但似乎也有一点美中不足，直隶通永道李调元便不无遗憾地表示："我国家文明化洽，百有余年，天下各立义学，在京有金台书院，而直隶各郡州县，自保定之莲池书院而外，俱有义学，而通州为三辅首善之次，沐圣化尤近，向无一定书院，诚有教民之责者之所急务也。"[2]是啊，在通州这个仅次于京城的首善之地，如果没有一所书院，对于以教化兴学为己任的地方官员来说，毕竟不是一件多么光彩的事。不过，李调元断言通州"向无一定书院"，还是有点太匆忙、太轻率了。通州在明代就有双鹤书院、闻道书院、通惠书院闻于世，而且，《光绪顺天府志》的记载表明，康熙末年，亦有官员在通州城内创办过一所潞河书院，它的位置就在"通州天恩胡同，国朝康熙五十九年（1720），仓督张仪朝、知州朱英创设于西门内"[3]。

二

这是目前比较通行的一种说法，依据应来自《光绪通州志》。此志提供了更多的相关细节："潞河书院，旧在州城西门内，创自国朝康熙五十九年，仓场总督张公仪朝，谕令知州朱英设法购建，

---

[1] 转引自《日下旧闻考》卷一百八，京畿，通州一，第1795页。

[2] 李调元《新修通州潞河书院碑记》，《光绪顺天府志》经政志九，学校下，第七册，第2193页。

[3]《光绪顺天府志》经政志九，学校下，第七册，第2193页。

借动坐粮厅库银四百五十两,暂典旗人刘姓房屋,并添造中间一层,以作书院,延请主讲,每年脩金四百两,膳金二百四十两,每月会课六次,需银六十两,共计岁需银一千三百六十两,坐粮厅知州捐。行仅一年,费大不支。旋因坐粮厅亏帑,即以书院房屋抵补。"[1]这段文字虽然不多,但所言已相当具体而清晰,时间、地点、人物、做什么、怎么做、结果如何,都有了。不过,也有不能深究之处。

这里提到的书院创办人有两位,一位是仓场总督张仪朝,一位是知州朱英。查《光绪顺天府志》国朝州县表,朱英自康熙五十八年(1719)至雍正元年(1723),一直担任通州知州,是可以确认的;但这位仓场总督张仪朝的身份却十分可疑,在各种清史文献中无论如何看不到他的身影,甚至连一点蛛丝马迹都没有,仿佛从人间蒸发了一样。而更加不可思议的是,康熙五十九年(1720)坐在仓场总督位置上的,却另有其人。这位仓场总督也姓张,名伯行,字孝先,号恕斋,自号敬庵,河南仪封(今兰考)人,康熙五十四年(1715)十二月二十二日,被任命为总督仓场侍郎,康熙六十一年(1722)十一月十八日,"以总督仓场侍郎张伯行办理户部右侍郎钱局事务,升内务府总管李英贵为总督仓场侍郎"[2]而调离总督仓场的位置。这段记载说得很清楚,如果有人谕令知州朱英的话,也应该是张伯行,而非张仪朝。至于张伯行如何误为张仪朝,我们却不得而知。

---

[1]《光绪通州志》卷五,学校·书院,第19页,(清)光绪五年刻本。
[2]《清史编年》卷三,康熙朝下,第561页。

张伯行在清代名气很大，官也做得大，从内阁中书，福建、江苏巡抚，一直做到礼部尚书。雍正皇帝赐其"礼乐名臣"榜，死后赠太子太保，谥清恪。学问做得更好，毕生以崇尚程朱理学为己任，他曾有言："谓圣学不明，原因有二：一在异学之空虚，指责颜元之学以事功为首，只学六艺而举大德，六行置不复讲，大乱天下之道，实乃霸学，不异杀人；批评陆王主静及良知之说，率天下而尽入于禅。一在俗学之卑陋，父师所教不过举业，反对书院诸生唯时文功利，训诂词章为务，强调濂洛关闽之书及圣贤精蕴之所聚，程朱之道即孔孟之道。"[①]因而，光绪初年（1875），有三位本朝官员从祀孔庙，他是其中之一。说到创办书院，张伯行也可谓老资格。康熙二十四年（1685），他考中进士，不久，丁父忧回到家乡，在此期间，他倡议建了请见书院。后擢福建巡抚，先建了文溪书院，祀宋儒邱麟与明儒童昱，又建规模更大的鳌峰书院，有上百间学舍。他还捐出自己的藏书，"共诸生"阅读，并组织诸生纂录古圣贤嘉言善行，按朱熹《小学》纲目例编纂《小学衍义》，又辑宋、元、明、清理学家文集，编成《正谊堂全书》刊行。后来，他做了江苏巡抚，便在苏州创建了紫阳书院，其中供奉朱熹的牌位。就是这样一位一生留意振兴文教，身后留下数所书院的人物，来到天子脚下，自然更要有所表现。我们不知道潞河书院具体创办于哪年，但从他自康熙五十四年岁末被任命为总督仓场侍郎来看，书院的创建不会早于康熙五十五年。读方苞所作《张朴村墓志铭》，倒是得到一点张伯行与潞河书院有关的信息。

---

① 《中国书院词典》"张伯行"条，第449页。

三

张朴村何许人也？此人大名云章，字汉瞻，号朴村。他是嘉定县（今属上海）人，太学生，擅长经史校勘。据说，他是潞河书院第一任院长。而他主持潞河书院，又和仓督张伯行的挽留有关。方苞曾在《张朴村墓志铭》中写道："既出京，会仪封公总督仓场，留主潞河书院。又逾年，然后归。"①《嘉庆直隶太仓州志》也有类似的记载："将南行，伯行请主潞河书院，居二年，辞归。"②从这两份材料中我们得知，张云章执掌潞河书院，是由于仓督张伯行的挽留。张云章在潞河书院度过两年时光，才辞职返回故乡。

张伯行为何要挽留张云章？他如此看重张云章，除了说明二人的关系很不一般外，张云章的学问和品行，也是张伯行由衷感佩的。张云章一生没做过官，临终前他曾感叹，此生命中独缺君臣之义。其实，对他来说，做官的机会不是没有，方苞说他"在举场数十年，所与比肩游好，次第登要津，司贡举，每欲引手，君辄曲避，以是终无所遇"③。这一次，他应征入都参与校勘《尚书

---

① 方苞《张朴村墓志铭》，《方望溪全集》卷十，第142—143页，中国书店1991年6月版。
② 《嘉庆直隶太仓州志》卷二十八，人物列传三十九页，全书第473—474页。
③ 方苞《张朴村墓志铭》，《方望溪全集》卷十，第142—143页。

汇纂》,"书成,议叙县令,不谒选,将南行"[1],就是动了南归的念头,不过是想躲避强加给他的县令罢了。最终,由于张伯行的挽留,才做了潞河书院的掌门人。他这个人,天性内向,处世低调,向往读书论道,过悠然自得的生活。方苞是在徐乾学的府上见到他的。那时,他正在徐家校勘《宋元经解》。徐乾学是清初名臣,又是著名学者兼藏书家,他的府上经常是胜友如云,高朋满座。方苞就曾写到他在徐府初次见到张云章时的情景:"曩者昆山徐司寇好文术,以得士为名。自海内耆旧,及乡里朴学,雍庠才俊,有不能致则心耻之,而士亦以此附焉。余初至京师,所见司寇之客十八九,其务进取者,多矜文藻,驰逐声气。即二三老宿,亦争立崖岸,相镇以名。惟君处其间,敛然静默,体恭而气和,余心异之。而君亦昵就余。"[2]但是,他又绝非胆小怕事,明哲保身之人,他的老师陆陇其知直隶灵寿县时,由于其他官员的排挤,受到不公正的处分,他虽人微言轻,亦能仗义执言,遂上书大学士徐元文谓:"陆公被抑,道义丧气,宜极言扬榷存公道。"[3]时任江苏巡抚的张伯行与总督噶礼互参互劾,他又上书吏部尚书李文贞,请他为之辩白。

张云章年轻时治阳明之学,后游学于陆陇其门下,"乃尽读朱

---

[1]《嘉庆直隶太仓州志》卷二十八,人物列传三十九页,全书第4/3—4/4页。
[2] 方苞《张朴村墓志铭》,《方望溪全集》卷十,第142—143页。
[3] 徐世昌等编《清儒学案》卷十,三鱼学案,第1册,第495页,中华书局2008年10月版。

子书"。①朱子即朱熹,理学的集大成者。《清史稿》称陆陇其"为学专宗朱子",②尊为理学大师;《清儒学案》亦称他"端居独学,以濂、洛、关、闽为圣学正轨,身体力行,排斥阳明,尤不遗余力"。③并称其与张伯行一先一后,弘扬程朱理学,躬行实践,同为"理学而兼名臣"。④由此我们可以确信,张伯行延请张云章执掌潞河书院是有充分理由的。张云章亦不负所托,他在书院教诲诸生:"心术行谊常是一生吃紧事。有志力学,先去好名一念,守'正谊不谋利,明道不计功'十字,便认程朱门户。又须立定脚跟,勿依人步趋,流入王陆之学。"⑤

四

潞河书院由张云章掌门,可谓得人。也许是好事多磨,据《光绪通州志》记载,书院创办之初,知州朱英借了"坐粮厅库银四百五十两,暂典旗人刘姓房屋,并添造中间一层,以作书院。延请主讲,每年脩金四百两,膳金二百四十两,每月会课六次,需银六十两,共计岁需银一千三百六十两,坐粮厅知州捐。行仅

---

① 徐世昌等编《清儒学案》卷十,三鱼学案,第1册,第495页。
② 《清史稿》卷二百六十五,列传五十二,陆陇其,第33册,第9936页。
③ 《清儒学案》卷十,三鱼学案,第1册,第465页。
④ 同上书,第553页。
⑤ 季啸风主编《中国书院辞典》,第449页。

一年，费大不支。旋因坐粮亏帑，即以书院房屋抵补"[1]。资金短缺，无以为继，书院只得停办。张云章或于此时辞行南归，应该是没有悬念的。而到了雍正三年（1725），潞河书院的命运似乎出现了转机：

> 雍正三年（1725），仓督檄令复兴，并据生监谢岩等公举主讲，知州黄成章酌议，赎回房屋，并修膳各费，共需银五百两，除自捐银二十两，通永道高公矿捐银一百两外，尚少银三百八十两，申请仓督核酌公捐。嗣后案据无考。此潞河书院设于州城西门内之原委也。[2]

《光绪通州志》的这段记述看上去语焉不详。值得注意的是，此时的仓督已非李英贵而是法敏，而黄成章也于雍正元年（1723）接替朱英，成为新任通州知州。他在通州五年，《光绪顺天府志》对他的评价相当高，称他"性仁厚，律己廉洁，切于为民。向无火耗，上官檄解，立请year免。州冲繁，差务络绎，丝毫不以扰民。治狱平允，务化导，俗为之移。励士尚实学，月课季考，人文日起，乐彰潜德，每遇穷檐苦节，辄亲诣其门，慰谕交至，书额旌之。汇康熙三十五年（1696）后名宦、乡贤、孝子、节妇为一编。修城楼，新学校，葺祠庙，建坊表，治桥梁，靡废不举。在任五年，去之日，囊橐萧然，州人如失慈父母，泣送者数千人"[3]。他按

---

[1]《光绪通州志》卷五，学校·书院，第19页。

[2] 同上书，第22页。

[3]《光绪顺天府志》官师志三，传三，第8册，第2715—2716页。

照仓督的指示，主导了恢复潞河书院的工作，房屋的赎金和修缮费用，共计用银五百两，他本人捐银二十两，通永道高公鑛捐银一百两，或许还有其他捐助，这里没说，总之还有三百八十两的缺口，是报请仓督帮助解决的。修复后的书院结果如何？不得而知，"嗣后案据无考"。

潞河书院的命运真是一波三折。仅仅过了十一年，潞河书院又一次沦落到必须修复的地步。而这一次与其说是修复，不如说是新建，因为院址已从州城西门内，迁到了州城东南角的文昌阁。请看《乾隆通州志》的记载：

> 乾隆初年，知州韩亦诗偕州贡生马羲瑞、周奇、州同刘圣倡捐重修，州人玉山县巡检马琰（附生，在馆议叙，历江西崇仁）董修，后立潞河书院于此。[1]

《光绪通州志》的记载大同小异：

> 乾隆二年（1737），知州韩亦诗偕州绅士始建书院于州城东南角之文昌阁，通永道鄂公昌书潞河书院额，延请主讲，集士设课。[2]

对这位韩知州，我们知道的不多，只知他是山西沁水（今属山西晋城市）人，增贡生，乾隆元年（1736）任通州知州。他协

---

[1]《乾隆通州志》卷二，建置·楼台亭阁，第45—46页。
[2]《光绪通州志》卷五，学校·书院，第23页。

同州内士绅重建了潞河书院，请了先生，还请通永道鄂昌题写了"潞河书院"的匾额，不过，后续书院经营得如何则不得而知。时间不长，又有知州杜甲"奉宪复兴"：

> （乾隆）十一年（1746），知州杜甲奉宪复兴，捐俸办理，州绅士周、刘、魏三姓协捐，延师设课，嗣亦作辍。①

《光绪顺天府志》官师志有杜甲的小传：

> 杜甲，字朴堂，江南江都人，贡生，乾隆六年（1741）知通州，洞达治体，政皆神民。善听讼，剖断如神，狱辞具手缮，胥吏不敢为奸。境有积匪，惩治殆尽。坐粮厅橄添油税，力请得免。例禁钱贩堆积，役每借扰，禁绝之。时山左饥，流民踵至，于东关盖棚数千安插，昼夜督治。潞河书院捐俸延师，助诸生膏火，士林感受其惠。迁东路同知，历河间知府。州人为建生祠。②

五

为了给潞河书院延请先生，杜知州不仅自己捐了俸禄，还动员州内"绅士周、刘、魏三姓协捐"，但要解决书院捉襟见肘的

---

① 《光绪通州志》卷五，学校·书院，第23页。
② 《光绪顺天府志》经政志九，学校下，第7册，第2193—2194页。并以李调元《童山文集（补遗）》卷七校正，第84—86页，商务印书馆1936年6月版。

经费难题，似乎仍是杯水车薪，难以奏效。如果不从长远考虑，不从制度入手，要从根本上摆脱困境，恐怕很难。乾隆二十三年（1758），随着一个人的出现，潞河书院的命运才有了转机。这个人就是通永道王检。《清史稿》有《王检传》，称他是山东福山（今烟台市福山区）人，字思及，雍正十一年（1733）进士，改庶吉士，乾隆元年（1736）授编修，历任直隶河间知府、甘肃凉州道、直隶霸昌道，后来一直做到安徽按察使、广西布政使，直到湖北、广东巡抚。官做得很大，他在通永道任上的时间，应在知河间与凉州道之间。在这里，他利用职务之便，又取得了直隶总督方观承的支持，试图一劳永逸地为潞河书院的财政困境找到一条出路。据《光绪通州志·书院志》所载，乾隆"二十三年（1758），通永道王公检捐银一百两，东路厅范公廷楷捐银六十两，复禀奉督宪方公观承，于东路厅及遵化州所属盐当办公项下，酌量公捐，东路则三河、宝坻、蓟州各八十两，武清一百两，香河四十两，遵化则州捐一百两，玉田、丰润各八十两，共捐银九百六十两，交州经办，延请主讲。其后十州县共捐银八百两，岁以为常"[1]。

　　王检的办法不失为一个好办法，如果真能"岁以为常"且可以持续，自然也是好的。若干年后，李调元作《新修通州潞河书院碑记》，对王检的做法也非常认可，他说："今潞河书院，乃乾隆二十三年（1758）四月，监司王公检，始详明制宪方宫保（总督方观承），率东路遵化十州县所捐九百余金，以东南城角上文昌

---

[1]《中国历代书院志》，第一册，第159页。

阁为肄业之地，延庶吉士董元度为院长，一时称盛。"①在这里，他还提到董元度出任潞河书院院长一职。对潞河书院来说，这可能是继张云章之后，又一位学行俱佳的掌门人。董元度，字寄庐，号曲江，山东平原（今山东德州市辖县）人，在济南长大。乾隆十七年（1752）进士，入翰林院，为庶吉士。他的祖父、父亲皆有诗名，他"私淑王世禛（贞）、朱彝尊，以诗名噪海内三十余年"②。他对《易经》有些研究，"亦能充其学问，发抒胸臆"③。他的诗作得好，而官做得不大，但能守住清廉，"罢官后身无长物，贫若寒素"④，晚年还主持过保定的莲池书院。"黄达《一楼集》有怀元度诗云：'一生官迹梦中看，老至无聊作冷官。曾记天厨分馔日，而今苜蓿尚空盘。'亦能概括平生"⑤。他做过潞河书院院长应该是没有疑问的，他所作《观察西园王丈邀主潞河书院即席感赋》可以为证。但另有材料说，他的这两首诗作于乾隆十八年（1753），而非乾隆二十三年（1758）。此诗收入他的诗集《旧雨草堂诗》卷三：

槐根梦破剩蘧蘧，
宾榻依然是故吾。

---

① 《光绪顺天府志》官师志三，传三，第8册，第2716页。
② 袁行云著《清人诗集序录》，第二册，第1003页，文化艺术出版社1994年8月版。
③ 《清人诗集序录》，第二册，第1004页。
④ 同上书。
⑤ 同上书。

自笑倦禽欣有托,

公言老马尚知途。

回头乍觉缁尘远,

抚髀还惊白日徂。

落拓一身常作客,

羞夸稽古向生徒。

高台缥渺欲凌空,

满郡春生雉诵中。

檐铎最宜风细细,

烟林偏爱雨蒙蒙。

春明西望天涯隔,

太液东来御气通。

至竟楼居属仙吏,

谁言迁客等飘蓬。[1]

从诗中我们很难判断作于哪年。据说,乾隆二十年(1755)他曾外放江西,赵佑为《旧雨草堂诗》所作序文亦曾提到:"年四十余始通籍,旋由词馆改外迁之,始授江西小邑,仅一年归,秉东昌郡铎者十年,以老疾自谢去。"[2] 董元度生于康熙四十八年(1709),年四十余恰在乾隆二十年(1755)前后,如果此时外放

---

[1] 董元度《旧雨草堂集》卷三,第3—4页,乾隆四十三年刻本。
[2] 《旧雨草堂集》卷三,第2页。

江西的话，那么，应邀主持潞河书院被放在乾隆二十三年（1758）就只能存疑了。

六

我们也许不必在意十八年还是二十三年，这一页总是要翻过去的。转眼到了乾隆三十一年（1766），又出现一个小小的插曲。因新旧二城合为一城，知州万廷兰便于空城基地，别建一所潞水书院，然而，不到三年便拆毁了，工料被用来修建文庙宫门及尊经阁，生徒只能回到东南角楼文昌阁书院中。这时，王检定下的规矩也打了折扣，通永道杨公开鼎以捐项不能年清，总数酌减至五百两，武宝遵各六十两，通宁玉丰各五十两，三蓟香各四十两。乾隆四十三年（1778），因东南角楼文昌阁书院倒坍，只好借用学宫西边的文昌祠为书院。

这恐怕是潞河书院最困难的时期，命悬一线，危机四伏，难怪通永道李调元初临此地会觉得通州"向无一定书院"。李调元，字羹堂，号雨村，四川罗江（今为德阳市罗江区，历史上曾属绵州，故又称绵州）人。乾隆二十八年（1763）进士，初为庶吉士，历任吏部文选司主事、广东乡试副主考、考功司员外郎、广东学政，乾隆四十六年（1781）正月二十九奉上谕："直隶通永道员缺，著李调元补授。"[1] 他甫一到任，就注意到了潞河书院残破败坏的情形，院舍"业经倒坍，现无定所，士子膏火奖赏一应杂费，亦未

---

[1] 李调元《奏谢直隶通永道折子》，《童山文集》卷二，第33页。

定有章程。谕令通州，先将本年各属解存银一百一十五两，通州应解四十七年（1782）分银五十两，并垫发银五百三十两，共银七百两，价买武生陈桐抵欠变卖房屋一所，计瓦房三十一间，灰房四间，坐落天恩胡同，改建潞河书院。以本年六月兴工，十月工竣。通永道李乃额曰潞河书院，颜其堂曰通惠，撰碑文勒石，载艺文志。并奉禀请督宪，每岁各属添捐银八两，共五百八十两，著为定课，新定经费支发章程，其每年各属公捐银两，照旧申解道库，给州领办，嗣文风渐盛，肄业者日增"[1]。

从《光绪通州志》的记述中我们可以了解到李调元迁址再建潞河书院的全过程，而李调元所作《新修通州潞河书院碑记》则更为详尽地介绍了他对重建潞河书院的设想，以及后续管理书院的规则。他在考察了潞河书院历次整修的始末后，特别肯定了王检在乾隆二十三年（1758）的做法，他说：

> 今潞河书院，乃乾隆二十三年（1758）四月，监司王公检，始详明制宪方宫保（总督方观承），率东路遵化十州县所捐九百余金，以东南城角上文昌阁为肄业之地，延庶吉士董元度为院长，一时称盛。后十余年，所捐渐次不齐，故其数递减为八百、七百，至三十三年（1768）十二月，监司杨公开鼎以与其历年不清，不如减其额为五百金，尚属众擎易举，奉行至今。然诸生以高阁临城，登陟非易，且冬夏之交，风寒日烈，是以百无一赴者，而膏火束脩寥寥，书院之名，终成虚（空）设。故近年来，虽延请院长，每多俶

---

[1]《中国历代书院志》，第一册，第159—160页。

屋而居，又无生徒，祇狥八（徇人）所荐，遂以五百金尽归之。盖通州书院之虽有，而实无也（，）久矣（，）夫有作养之人，必先有作养之地，九百之旧，既难骤复，而就五百金计之，亦必先有书院，然后谋诸生膏火，定院长束脩，此必然之理也。余下车（帷）时，爰与诸（通州）牧令（高君）筹，且缓延师，先谋购地，于是酌算，除（无除）本年束脩支去三百金外，尚余二百金，并请下年暂停开馆，便可积五百金，预行支出，共得七百金。于通永道署西偏十余步，买得陈氏绝房一所以为基址，而规模未就，因自捐清俸一百金，再约诸君，各捐清俸，共三百金，交通州高（无高）牧董其事。鸠集工匠，高其闬闳，加以丹雘，筑大门三楹，讲堂三楹，学舍十间（内宅八间），庖湢悉加修葺，以本年六月初十日起工，至十月初十日落成，仍额之曰潞河书院，而堂则曰通惠，存其名，皆所以不没其旧也。又就五百金禀请制宪，每岁再各添捐八两，共为五百八十两，著为定额。并开立章程，于十州县人文来通肄业者，额定十名，膏火计一名每（一）月一两五钱，共一百八十金，又再定附课十名，以次充额补食。其讲席每岁束脩膳资等项共三百二十金（三百五十金），三节每节金六两，又备赏花红纸笔银十四两，月课汤饭银十二两，门役一名工食银十二两，茶夫一名工食银十二两，水火夫二名工食银共十二两，每岁束脩等费，俱交通州详请给发。又择教职一员，以为监院，永远奉行，无增无减。至院长为诸生表率，必得经明行修之士，乃足立坊表而资就正，嗣后非由甲、乙科出身者，不得轻厕，非徒（必）取重于科目，正以杜滥竽之渐也。恐年远渐弛，因将新建始末，及捐廉诸君，各章程勒之石，此亦甚盛举也。薪末易伤,成功勿毁,尚其共鉴此区区之心也夫。①

李调元的这篇陈述讲了三层意思,其一,王检的设计十余年后已经形同虚设,一些州县或缴不上,或少缴,不得已将总数缩减为五百金,入不敷出,老师的束脩、学生的膏火都寥寥无几,院舍破旧亦无钱修,冬天冷馁,夏天酷热,学生不肯上学,院长亦院外租屋,书院形同虚设。其二,李调元上任之后,与通州知州高天凤商议,拿出本年支付束脩三百金后剩余的二百金,又预支了下年的五百金,凑齐七百金,在通永道衙署的西侧购买了陈氏绝房一所,以为基址;为建造新院舍,他自捐清俸一百金,又动员同僚诸君认捐,共得三百金,作为建设费用。工程费时四个月,一所新的书院就落成了,包括大门三间,二门一间,讲堂二间,堂东西各一间,东西厢房各三间,后层住房五间。另有西首小厨房一间,后边西小库房二间,后门三重。其三,制定书院规则。首先是确保资金到位,经请示直隶总督,各州县每年所捐再添八两,使总额达到五百八十两,成为定额。并规定了生员的数额和各项支出的具体数额:院长脩金膳费共三百五十两,三节每节礼银共十八两。肄业诸生额缺十名,每名月给膏火银一两五钱,共银一百八十两。附课十名,以次充补。备赏花红纸笔银十四两。月课汤饭银十二两。门役一名,工食银十二两。茶夫一名,工食银十二两。水火夫二名,工食银共十二两。最后,他还对所聘院长的资格、资质提出建议,"必得经明行修之士",并且强调"嗣

---

①《中国历代书院志》,第一册,第159—160页。

后非由甲、乙科出身者，不得轻厕"。

七

李调元的这一套"组合拳"有效地把潞河书院从生存危机中解救出来，使之有了安身立命的基础，书院也因此过了若干年安稳的日子。话说道光年间，又出了一位热心潞河书院的人，《光绪顺天府志》有他的小传："辛文沚，字云洲，山东蓬莱人，进士，由庶常改知县，道光五年（1825），擢东路同知，洁己率属，政声翕然。通州潞河书院久弛，捐廉为倡，多延师，备膏火，肄业者数十，暇辄课之，亹亹不倦，成就甚多。"[1]（通州高志）康熙二十七年（1688），在顺天府设置东、西、南、北四路同知，分辖所属州县，东路同知管辖通州、香河、三河、武清、宝坻、蓟州六州县。辛文沚既为东路同知，管着四县二州，政务当不算少，他还能分出精力，亲力亲为，关心书院，也属难得。《光绪通州志》也记录了他的业绩：

> 道光八年（1828），东路厅辛公文沚，以旧制狭隘，详请改建，典得南门内四眼井刘姓房一所，价千六百缗，时以无款可筹，拟暂提膏火生息之项，俟官绅捐齐，弥补归款。绅士李如瑗以为创建书院，原为鼓励寒畯起见，如动用膏火，似非尽善，即独立捐钱千六百缗，抵典值，且声名刘姓有时赎产，即将此项发商生息，充

---
[1]《光绪顺天府志》官师志三，传三，第8册，第2700页。

肄业膏火，具案详存道署东路厅。道光末年，房被赎，遂将原典值充肄业膏火之用，书院仍归并天恩胡同。①

辛文沚的做法也许有些草率，但兴学重教的愿望还是好的，值得赞许的。还有那位绅士李如瑗，愿意拿出一千六百缗支持书院建设，也是可钦可敬的。此举虽然未能奏效，但潞河书院，一路走来，虽磕磕绊绊，几度浮沉，却香火不绝，相继不辍，就是靠着这些士大夫和乡绅的努力和奉献，延续了这一缕书香。

清王朝走到咸丰年间（1851—1861）已是风雨飘摇，内忧外患，内有太平天国运动，数年之内，便蹂躏大半个中国；外有英法列强作乱，发动第二次鸦片战争，攻占北京，火烧圆明园，迫使清政府签订了《北京条约》，国家陷于危难之中。此时，潞河书院的日子一定也不好过。就在这乱世之中，却给潞河书院"天降"了一位品学兼优的新院长，即后世称为清代货币理论家、财政学家的王茂荫。据《清史稿》列传所载："王茂荫，字椿年，安徽歙县人。道光十二年（1832）进士，授户部主事，升员外郎。咸丰元年（1851），迁御史。"②他所处的时代，太平天国横行东南半壁江山，进而北上燕赵，兵锋直指畿辅，清王朝的财政受到沉重打击，经济千疮百孔，危机四伏，他多次上书朝廷，直言利害，并提出解救危机的一系列具体建议。咸丰三年（1853），他被派去

---

① 《中国历代书院志》，第一册，第160页。
② 《清史稿》卷四百二十二，列传二百九，第40册，第12171页。

"会办京城团防保甲,擢户部侍郎,兼管钱法堂"①。这时,有人主张官府铸大钱,开银号,他一再反对,认为是饮鸩止渴的办法。但咸丰皇帝误会了他的意思,"斥其为商人指使,不关心于国是,命恭亲王奕訢、定郡王载铨核议。议上,谓茂荫所论,窒碍难行,严旨切责。寻调兵部"。②

这种局面对一个忧国忧民的人来说,无疑是灾难。《皇清诰授光禄大夫吏部右侍郎加二级谕赐祭葬显考子怀府君行状》便记述了咸丰八年(1858)王茂荫所承受的心理压力以及致病的缘由:"是时,海氛不靖,府君愤激特甚,日夕筹思,屡陈封事,并上守备策四条。由是肝气上冲,心烦不寐,腰足作痛,精神疲倦。六月,团防撤局,始请病假。七月,奏请开缺调理,奉旨允准。十月,由歙县会馆移寓于广渠门内之玉清观,时不孝铭慎随侍在京。己未(咸丰九年,1859),以本省借浙闱开科,府君命回南赴试。不孝铭慎以侍奉无人辞,不许。是岁十月,府君得恍惚之症,觉言语都不自由,问答时形乖舛,延医诊视,谓由思虑过度,心血亏损所致,投以参剂,始渐瘳,自是语言微患謇滞。同年,锡子授观察延请,主讲潞河书院,遂移寓潞河,藉以养疴。"③

从王茂荫之子王铭慎的记述中我们得知,咸丰八年(1858),王茂荫患病,请旨休假调理,并于咸丰九年(1859)养病期间被延聘为潞河书院主讲,从而移居潞河。《光绪通州志》记载了他在

---

① 《清史稿》卷四百二十二,列传二百九,第40册,第12173页。

② 同上书,第12175页。

③ 王茂荫《王侍郎奏议》附录,第197页,黄山书社2014年9月版。

潞河书院的情形:"先是,山长大半住京师,此席每若虚左。自公主讲席后,循循善诱,生童谒见者,必勖以读书立志,效法古人。每课命题,必标明题旨,改窜无异塾师。自是文风丕振,小试列高等,秋闱获售者,接踵其门。嗣以病痊,奉旨启用,去通之日,犹拳拳以勤学勉诸生,后有徐仪部景轼、王比部应孚主讲,亦如是。"[1]这里所展现的,是一个勤勤恳恳、实实在在的教师形象,亦是对儒家师道的形象诠释。

王茂荫被重新起用应在同治皇帝登基之后。咸丰十一年(1861)十一月,奉上谕:"前任兵部侍郎王茂荫志虑忠纯,直言敢谏,特谕议政王军机大臣传至军机处察看。据该侍郎自称精神尚未复原,急切恐难任事,系属实情。若遽令销假,转非所以示体恤。王茂荫着安心调理,一俟病痊,即递折请安,听候简用。钦此。"[2]这样看来,他离开潞河书院的时间不会早于同治元年(1862),而他在潞河书院的时间再少也不会少于两年。

八

潞河书院跌跌撞撞一路走到光绪皇帝坐龙椅的时候,已经是日薄西山,气息奄奄,垂死挣扎,朝不保夕了。"院中经费,因各处生息不敷支发,光绪五年(1879),通永道任公信成倡议,每月由道捐银十五两,以补经费不足之需,详明督尹宪立案。院

---

[1]《光绪通州志》卷五,学校·书院,转引自《北京书院史》,第159页。
[2]《王侍郎奏议》附录,第197页。

长脩金每年改送一百四十两，节敬由道府州捐廉酌送。每月由生息提银五两，做师课奖励之资。其肄业生童，按月升降，生员超等，膏火一两，特等六钱，童生上取，膏火六钱，次取三钱。仍照旧式，试日饭食，并格外加奖，均由道府州捐廉办理。光绪五年（1879），通永道李公培祜履任，因每月膏火外虽有奖银，仍不足以资奖励，适奉学宪文行批饬直省各书院，于正课外，增添经文策问，经李公谕定，官课加经策，师课加诗赋，于每年捐银一百八十两外，酌给奖银，每月按课捐办，由州移学存案。"①很显然，百余年来，财政困难一直是潞河书院生存和发展的最大障碍，是一块短板。几代官员，不懈地努力，办法想了很多，自捐俸禄，在同僚和乡绅中寻求支持，广泛开发财源，仍不能挽救它的衰落。光绪六年（1880）后，终因经费难以为继而停办。光绪二十九年（1903），在书院改制的高潮中，潞河书院的旧址上办起了"通州官立小学堂"。历史从此翻开了新的一页。

潞河书院停办之前，还有一段插曲，亦不妨存以备考。据《光绪通州志》所载："鸿文社，在州城潞河书院，光绪四年（1878）九月，知州高建勋捐廉创立。每月扃试二次，试日备有午馔，延师评定课艺，更自细加改窜，训迪殷殷，优给膏火，并为久远计，倡捐银千两，发商生息，以备社中经费，士林悦之。"②高建勋自同治十二年知通州，在任不少于七年，其间曾主持修纂《光绪通州志》。他办鸿文社，应该也是看到潞河书院的衰落，意在有

---

① 《中国历代书院志》，第一册，第160页。
② 《光绪通州志》卷五，学校·书院，转引自《北京书院史》，第70页。

所补救。然而,对于命垂一线的潞河书院来说,已难有起死回生的奢望,高建勋只是表达了一位儒家士大夫的责任感和美好心愿而已。

山邑深秀，振作人文

——记云峰书院

清乾隆三十八年（1773），京西房山的山山水水间走来一位新任县令。这里的奇峰秀水给了他很不同于南方山水的感受。他看到，"霱然白云下，隐现无非峰者。及抵城，则石板房参差，云敛峰遮，踪迹杳不复得矣。旦暮又闻人音，叱咤橐，呜呜呜，铃铎之声郎当，在空谷上下，梯连不断"[①]。

数月之后的某一天，他因公务出城，走在南郊的街上，竟有一个惊人的发现，"经于街之路东，有矮檐出其户外，藏额曰'云峰书院'"[②]。看上去，这里很久没有人来过了，"湫隘嚣尘，几不耐久处。乃启扃扉，历砌级，升中之讲堂，而极望焉，山邑深秀，从远而至，萦白绕青，留于牖户。然后知是堂也，虽不获增以崇楼邃阁，列之回塘茂树，乐虫鱼鸟兽之观，而终不病其为非幽旷也。儒固有蓬枢瓮牖而自立者，毋亦当相赏于（于）云山之外，

[①] 张世法《云峰书院记》，《乾隆房山县志》，第11页，乾隆四十一年钞本。
[②] 同上书。

而不系乎区区境地之为哉"[1]。他有些激动，也很感慨，于是想了很多。初来此地，他曾为房山的风教不兴而有所担忧，以为听不到学童的弦诵之音，是一件令人伤心的事。而"云峰书院"的发现让他倍感振奋，经询问故老得知，书院是乾隆十八年（1753）知房山县的邱锦所建，地是吉阳村村民苗成捐献的。书院规模不大，只有"童冠五六人"。而老师请的是本县少尹、安徽孝廉苏敞，脩金亦不多，"岁纳馆穀金四十，薄而存其名也"[2]。

尽管如此，他还是对前任的作为表示了敬意，并思索自己作为后来者能做些什么："余嘉前之能嘉惠人材，而深虑后之无以继。"这时已是乾隆三十八年（1773），知县换了一茬又一茬，现在这位知县，大名张世法，湖南湘潭人，字鹤泉，乾隆二十八年（1763）进士，乾隆三十八年至四十二年知房山县。在任期间，他编纂过一部《乾隆房山县志》，此后，他的座师、四库全书正总裁、户部尚书王际华为此书作序时，说了他许多好话："岁癸未（乾隆二十八年），余奉命主试春闱，得救取三楚鹤泉张生，其卷古峭博大，出入苏韩，是钟湘岳之秀而烟于文者。因并悉其家声，科第蝉联，冠越两湖，而张生竟数奇，虽年少不获与，馆选十年，乃得钁掔直隶顺天府房山县尹事。"[3] 他还借当地缙绅士子之口，历数张世法"服官行政"的政绩，说道："吾侯貌严心慈，除奸剔弊，惠爱吾民者，指不胜屈。溯侯自甫下车，稔知前尹弛于宽，而豪

---

[1]《云峰书院记》，《乾隆房山县志》，第11页。

[2] 同上书。

[3] 王际华《乾隆良乡县志》序，乾隆四十一年钞本。

棍蠹吏得缘以为奸。侯曰：以水济水，博长厚名，贻风俗忧，我不为也。抑豪强，惩吏役，期月而疲风为之肃然一变。侯盖勤于政而不轻假人以辞色。公堂即书案也，晨夕危坐，有以讼狱至者，旋至旋理，立时判释，无滞牍，无冤案，直固衔恩，负亦心折，此神君所由号也。侯固天资明决，亦由其素留心抚字，太侯莞侯公宰赵州，隆平治行冠全畿侯少随任，目击心仪，胸有成竹，今之治谱，即家法焉。凡关国计民生，城池里社，厉害一切，举念不忘。而事之难易，费之巨细，俱弗计。"① 他在房山兴利除弊，不仅方便民众开采煤石，还房山之利于民，还筹措人力财力，筑坝治水，防止洪水泛滥，造福百姓。最后说到他的文治："侯重忧邑之弦诵不闻，爰修奎楼，葺义学，延明师，程月课，手为甲乙作记勒石，而文风又为之翕然一变。先是国朝自定鼎来无登甲第者，自吾侯策励学校，而乙未（乾隆四十年，1775）科，邑中丁兆隆，由孝廉成进士，蕞尔房邑竟有其人矣。且向之科岁童子试，二而取一，常苦不足额，迩来过倍其数，得五十五人。"②

张世法在房山四年，做了许多事，我们不知道他是否修复了云峰书院。不过，陕甘总督兼管巡抚事的尹嘉铨在为《乾隆房山县志》作序时曾提到："张明府鹤泉以湘潭名进士出宰房山，敷文宣化，修书院，建魁楼，葳城隍，谕厉鬼，凡所以理幽治明者，莫不毕举。而兴贤育才之至意，见于童试英多，重为上游所嘉，

---

① 《乾隆良乡县志》序。
② 同上书。

予以为过倍于向者之得二取一，皆由于贤侯之善教也。"[1]这里所谓"修书院"，修的是否为云峰书院，我们不得而知，但他能够有意识地提高学童的入学名额，给更多的孩子创造学习深造的机会，还是很有魄力和眼光的。尹嘉铨将他比作《汉书》所称道的循吏，即"儒者通于世务，明习文治，以经述润饰吏事者欤"[2]。他本人也很享受陪童子读书的乐趣，为此他作《邑试得童子五十五人序》，其中写道："今则子于然而来矣，其容貌楚楚也，其文章彬彬也，升于阶庭，俯仰揖让，动而若有节度，与之语，虽不尽解，然闻吾诗书礼乐之说，亦将有味乎？其言之思也。吾坐以槐荫之亭，鼓以南风之琴，和以呦鹿鸣鹤之音，皆将平其心，敛其气，听之陶然以乐，流连终日而不能舍去也，岂山水之移人哉？抑风化之别有主者乎？"[3]他在这里所描绘的，就是一幅儒家理想中读书之乐的图景。

诚然，在张世法知房山的经历中，也有令人感到遗憾和疑惑之处。他既然发现了邱锦在乾隆十八年创建的云峰书院的旧址，而且写了一篇《云峰书院记》，为何四年当中没有为云峰书院做点什么，或者他有什么想法，我们亦不得而知。而他又是一位对化民成俗之教有着深刻理解和洞察的儒生，自然了解书院意义之重大，怎么可能对云峰书院无动于衷呢？同样令人感到遗憾的，还有云峰书院的创办者邱锦，尽管《畿辅通志》对此事有所记载，

---

[1] 尹嘉铨《乾隆房山县志》序，乾隆四十一年钞本。
[2] 同上书。
[3] 张世法《邑试得童子五十五人序》，《乾隆房山县志》，第19页。

但关于其人其事，均语焉不详，笔墨吝啬得简而又简。直到嘉庆十一年（1806）黎德符的出现，我们才有了关于云峰书院较为详尽的记录。

黎德符是广东新会人，进士，庶吉士，嘉庆十一年（1806）知房山县。《畿辅通志》提到他与当地士绅修建云峰书院一事："房山旧有义学，在学宫旁，雍正四年（1726）建。后乾隆十八年（1753），知县邱锦建为云峰书院。嘉庆十一年（1806），县令黎德符、邑人徐梦陈添建学舍，备学租。"①《光绪顺天府志》的记载近似："云峰书院，在房山县学宫旁，雍正四年建义学，后改书院。（荃孙按：志未详何人所改。）嘉庆丁卯（十二年，1807），知县黎德符重修。"②这里的"嘉庆丁卯"似有误，同样是《光绪顺天府志》，其中《国朝州县表二下》便记有，嘉庆十二年正月，新任房山县县令、浙江余姚人邵元忻已走马上任。也就是说，黎德符的房山县县令，只做到嘉庆十一年为止。再看《民国房山县志》的记载，内容则略多些："嘉庆癸卯（此处有误，嘉庆没有癸卯年，嘉庆十一年为丙寅年）知县黎德符以庶常宰斯邑，见其土宇荒芜，荆榛满地，慨焉兴叹，遂与邑进士徐梦陈等倡捐修举，起盖土房五间，东西厢房六间，大门及照房共七间，余资作为月课修脯之用，文教赖以振兴。"③

与黎德符合作，首倡捐款修建云峰书院的徐梦陈，应是当地

---

① 《民国房山县志》卷三，古迹，成文出版社据1928年铅印本影印，1968年8月版。
② 《光绪顺天府志》经政志九，学校下，第7册，第2199页。
③ 《民国房山县志》卷四，政治。

的官宦。根据《民国房山县志》的介绍："徐梦陈，号竹崖，邑之北郑村人，博学能文，倡修云峰书院，文教赖以振兴。举乾隆甲寅（五十九年，1794）科，乡荐，嘉庆辛酉（六年，1801）成进士，授四川盐源令，以才堪繁剧，迁广元令，卓有政声。卒于官。"[①]他们造福于云峰书院的，还不仅仅是捐了些钱，盖了几间房，而是制定了《云峰书院条例》，并规定了相应的"学额"，奠定了云峰书院可持续发展的基础，至少是生存的基础。黎德符有一篇《云峰书院条例序》，特录于此：

为酌定条例，以垂久远事，照得本邑云峰书院应有房屋无人修理，以致久圮，旧有公顷存当生息，亦被前任侵亏，肄业诸生无所栖身，又无膏火，莫之或励，此其所以就废也。本县自下车以来，急与同志诸绅后先经营重建学舍，以资栖托，备具学租，以给膏火，颇费心力，期以振作人文，以为永久。诚恐日久弊生，又为废弃，因思交本邑公正绅士公同管理，必为可久。又恐私管亦有废弛侵吞之弊，特为酌定定式以便遵行，庶本县苦心不致湮没，而将来学者亦有所永赖也。著即实贴云峰书院遵照无违：

一、掌院在院朝夕攻磋，所以便于玉成也。诸生务宜奋勉，以副本县栽培之心。现在教益良多，亦以请业，请益，在得所亲炙也。将来掌院或当选补，本县或有迁转，务必照此办理，不可瞻循情面，请不入院之掌院，斋长亦可执此禀，恳以山僻地方，不可以有名无实也。

[①]《房山民国县志》卷六，人物，第27页。

一、旧书院地基一块，捐地四顷七十七亩，契纸四张，存房，每年共租钱一百八十九吊。

一、书院经理一切旧举，斋长刘玉衡、王万庆、徐士恺、吕恂四人，今酌增李心莲一人，共斋长五人，以便轮管。

一、每年三人管理，递年二新一旧，轮流执事，周而复始，勿得推诿。

一、租钱收交盐店，执事人支应膏火外有余，仍归盐店存贮，以为增置地亩，修理书院之费。

一、书院悉肄业之所，勿许闲杂人居住，及为往来公舍，执事人勿得徇情专擅。

一、士绅义捐地亩，系专为士人膏火之资，勿得指名挪用。

一、书院房屋地亩租倘有侵亏损坏，惟经理人是问。

嘉庆十一年十一月二十五日[①]

黎德符的深谋远虑给了云峰书院近三十年衣食无忧的日子。乃至道光十三年（1833）十一月，杨钜源自涿州知州回任房山县县令时，他所看到的云峰书院，依然是"堂庑斋舍，规模轩峻"[②]，并未显出败落之象，只是缺少一座像样的讲堂，于是考虑为它新造一座。恰在此时，曾任云峰书院斋长的李心莲给他写了一封信，提出一些修建云峰书院的建议，与他的想法不谋而合。李心莲是

---

① 《房山民国县志》卷八，艺文，第14页。

② 杨钜源《重修云峰书院讲堂碑记》，《光绪顺天府志》经政志九，学校下，第7册，第2199页。

房山本地人，字净斋，嘉庆丁卯（十二年，1807），由廪膳生乡试中举，曾历任山东历城、乐陵、章丘县县令，由于政绩突出，调任潍县、嘉祥县县令，最终卒于任上。杨钜源有一篇《重修云峰书院讲堂碑记》，详细记载了他们之间的合作：

> 盖闻致治之道，风教为先，风教之兴，学校为重。书院则择学校之秀而养之、教之者也。粤自鴛（鹅）湖、鹿洞肇立，条规遵行罔替，至我朝稽古右文，书院之建，遍逮郡县，钦惟皇上御极以来，屡降谕旨，申训大吏，勿以讲席为情面之局，勿以斋粮为收恤之资，在在循名核实。况房山密迩京师，书院之设，敢视为故事乎？余于癸巳（道光十三年，1833）冬，简授兹土，得云峰书院于城东南隅，览其堂庑斋舍，规模轩峻，而讲堂阙焉，若有待也。寻思所以式焕新型者，而未得所发端。适邑绅李君心莲驰介致书于余，具道敝邑亲炙首善，而斯文不振，可造者有人，就学者无地，因指云峰书院谓曾读书于此，创造维艰，秉（廪）饩已薄，诚得父师修废举坠而作兴之，邑中虽羸，必有慕义而好施者，当已三百金为首倡。余欣然喜合千里同心，不谋而合，洵及今之要务也，亦捐三百金，以风示四境。曰：此李君之义，吾与诸君子其善成之。遂有马君成玉、常君泰、李君咸一，率先踊跃，逾年甲午（道光十四年，1834），益加敦劝，于是捐金币者，捐膏腴者，争先恐后，未匝月酿三千金，吾房亦尚义哉！材木既庀，资用既赡，偕绅董悉心规划，讲堂筹备，脯饩酌其丰俭，计其长久，视从前经营旧制，则建造无多，而深注于膏火经费，爰拟章程，申之军制，请旨于朝，重蒙天恩，以捐银三百以上之知县李心莲纪录一次，绅士常滋李桢等各赏八品衔，而

钜源亦滥叨议叙加一级，余听有司给匾，旌奖有差。仰见皇上嘉惠士林，风励臣庶，虽微必录。凡以为培养士子者劝耳。又逾年乙未（道光十五年，1835），兴役落成，立讲堂三楹，器用咸具，实实枚枚，不雕不绘，羡租并入旧租，胥归膏火，定生童额凡二十人，有缺勿滥。在院肄业者，日有功，月有课，使之师师友友，敬业而乐群，吾知伟器有成，而科名鼎盛者将在斯乎！且广文，余旧职也，主讲，余旧席也，今日一切经制，俱从阅历有得者准之人地，而竭其愚诚，后有君子，更光大之，则吾房之厚幸也！时当勒碑，乃纪李君之首先倡导，与诸君子之乐善景从者，使刻石焉。[①]

从杨钜源的这篇记述中，我们不难体会到，这也是一位坚信书院对移风易俗具有不可替代之作用的彬彬儒者，并把为学生创造良好的读书环境视为自己不可推卸的责任。他与李心莲带头捐资，很快筹集了三千金。这些钱没有全部用于土木建设，有相当一部分被他留作维持书院生存的基金。在这点上，他与黎德符的做法是有异曲同工之妙的，都是从经济、制度入手，考虑书院的长治久安。这恐怕也是云峰书院自嘉庆十一年黎德符与徐梦陈重修后，未因经费困难而陷入衰败的重要原因。杨钜源把剩余的捐资与书院原有存款合并一处，用于购置地亩，资产规模已相当可观。《房山民国县志》对云峰书院的资产有较为具体的记载："云峰书院于道光己未（道光未有己未，应为乙未，即道光十五年，

[①]《重修云峰书院讲堂碑记》，《光绪顺天府志》经政志九，学校下，第7册，第2199—2200页。

山邑深秀，振作人文 | 记云峰书院 / 259

1835）由邑绅李心莲倡捐置买地亩，嗣后陆续劝捐，增至地亩至十七顷九十八亩，以粮租收入作为书院经费。其后乡民之种无粮黑地者，恐人告发，皆投入书院纳租，借为护符，前后投入者至九十二顷七十一亩六分三厘，约共收大洋千元左右。后改学校，此项亦经费之大宗也。"①

较为充裕的经费使得云峰书院在道光至光绪这数十年中还能勉力维持，不仅诸生的膏火有所保障，优秀者还有奖励。这期间，常绮、常履一父子先后主持书院二三十年，为书院的生存劳心劳力，可谓鞠躬尽瘁。据《民国房山县志》记载："常绮，号霞轩，一字仲文，周口店人，清道光己酉科（二十九年，1849）拔贡，性刚毅，敢任事，充本县云峰书院斋长者十数年，未有一毫私。有子八人，皆入庠，惟履一、履道二子最知名。"②常绮60岁时出任山西洪洞县知县，其子常履一接任云峰书院斋长一职。此时大约已是光绪八年（1882），后来书院添置一批经史典籍，据说还是常家出资购买的。

光绪二十一年（1895），先是甲午败于日本蕞尔小国，签订《马关条约》，割地赔款，被读书人视为奇耻大辱，康、梁在北京发动公车上书，变法维新的风潮亦影响到学生。书院顺应潮流，特意添购了新书，以满足学生寻求新知的愿望。这时，陆续有人发出了改革科举制度的呼声，以为非如此不能挽救危机、救国家于水火，书院遂被推到风口浪尖上。戊戌变法期间，光绪皇帝颁

---

① 《民国房山县志》卷四，政治，第19页。
② 《民国房山县志》卷六，人物。

发上谕，要求各省府厅州县的大小书院一律改为兼修中学西学的学校。但由于变法很快便失败了，不久又闹起了义和团，八国联军占了北京，法军进驻房山县县城，城乡陷于一片混乱，云峰书院的改制一直拖延到光绪三十一年（1905）才得以完成。据《民国房山县志》记载，先是"清光绪二十九年（1903），本县立高等小学校。先生（常履一）首先提倡以书院旧款不敷，邀同志邑绅筹划基金，日夜奔驰，不遗余力，卒筹定长沟峪后山等窑煤斤加价，先生之力居多。由是学校规模渐备，造就日多。"①关于这次书院改为学校的情形，《民国房山县志》亦有记述：

> 光绪末年，倡言变法，饬立学堂，而书院遂无存在之必要矣。三十一年，学董赵连城、陈智、赵宗瀛等倡议开办学堂，招生授课，因借书院改组为房山县高等小学校。以生徒众多，无法容纳，于过厅前东西建宿室六间，于厅西建教员室二间，复将西邻文昌官一所圈入学堂，前殿作为模范小学校讲室，西北角增建厨房五间，大门外隙地二亩余，亦筑围墙圈入，作为体操场用，规模阔大，较先年已顿改旧观矣。②

由于有云峰书院资金的支持，这次改制不仅搞得轰轰烈烈，扩大了学校规模，而且进行得相当顺利、圆满，使书院旧貌换了新颜。

---

① 《民国房山县志》卷六，人物，第32页。
② 《民国房山县志》卷四，政治，第19页。

欲萃其英而迪之

——记冠山书院（附缙山书院）

延庆州地处北京之北，出居庸关北行五十五里，便是州的治所。该州隶属宣化府，是中原直通草原大漠的咽喉要道，故有"锁钥"之称。《延庆州志》亦曰："南拱神京，北耸冠帽，东迎熊耳，永宁为之藩，西望螺山，怀来为之背。"①历史上，这里从来都是北方的军事战略要地。太行山迤西，燕山迤东，两山交会于此，数十座关隘城堡就散落在崇山峻岭之间，星罗棋布，拱卫京都，是京师的一道天然屏障。而于文教方面，就显得比较薄弱。北宋的历史地理名著《元丰九域志》称此地为"化外之地"，意为此地是未经教化的。知州芮泰元作《重修延庆州冠山书院碑》开篇亦指出："京畿千里之内，其形势扼要而最称天险者，莫如居庸，层峦叠嶂，壁立千仞，古以为北门之锁钥也。出关则宣郡之延庆。一州在焉。州当内外郡之交，如有闼然。延庆与京兆毗连，宜其得声教之先者，而前代为边防之区，斥堠棋布，戍卒云屯，甚且徙

---

① 屠秉鲺等修，张惇德等纂，《光绪延庆州志》卷一，疆域，光绪七年刊本。

其民而墟其野，其于戎焉，而谈诗书吾知其难也。"①

芮泰元乾隆十九年（1753）冬来延庆摄州事，他说的应属实情。延庆早称"龙庆"，亦称"隆庆"，后为避明代穆宗隆庆皇帝之讳，遂改称"延庆"。据说，为了对付蒙古军队的侵扰，朱元璋曾将这里的居民内迁到京东和京南，这里只留下驻守的军人，所以说是"斥堠棋布，戍卒云屯"。直到永乐十二年（1414），复置隆庆州，"知州陆震权为草舍以莅事，宣德九年（1434）知州杨宾始易以瓦"②。于此可见官府财政于一斑。而陆续返回此地的民众，生活就更加困苦了，由于战争经常光顾这片土地，正常的生产、生活都难以为继。"故旧志云：学士家以治生为亟，甘抛笔砚，科第寥寥，后虽含噢休养，而太和之气终亏。"③这就是说，当人们不得不为衣食温饱而奔波的时候，读书就是一件可望而不可即的奢侈之事。

清王朝的建立逐步结束了多年的战乱，特别是来自北方的威胁。到了芮泰元知延庆州的时候，"百余年来，民间不见兵戈之扰，休养而生息之，既富而教，道日以昌"④。乾隆七年（1742）的《乾隆延庆州志》也有所表示，认为："我朝定鼎以来，仁渐义摩，教养并隆，人文蔚起，若鼓励化行，弦歌益盛，是在秉铎加之意

---

① 芮泰元《重修延庆州冠山书院碑》，《光绪延庆州志》卷四，学校。
②《光绪延庆州志》卷一，公署。
③《乾隆延庆州志》卷二，学校，李钟俾等修纂，乾隆七年刊本。
④《重修延庆州冠山书院碑》，《光绪延庆州志》卷四，学校。

耳。"①当初有一位太守李公，热衷办学，在各乡办了很多社学、义学，但七十多年过去了，势随时变，李公所办的社学、义学，也都不在了。乡间子弟有希望读书者，却少有学校和老师。芮泰元倡办冠山书院的初衷，或许就与这种情形有关。他讲到初来延庆州的感受："见其山川之美，士民之秀，欲萃其英而迪之。"②

芮泰元是冠山书院的创建人，应该没有争议。查乾隆七年（1742）修订的《乾隆延庆州志》，尚未有关于冠山书院的记载。可惜我们对这个人知之甚少，只知道他于乾隆二十三年（1758）改知昌平州，又在那里建了燕平书院。按照芮泰元在《重修延庆州冠山书院碑》中所记，冠山书院初建应在乾隆十九年，地点是在学官的后面，他说："乾隆十九年（1754）甲戌冬，余来摄州篆（应为掾），见其山川之美，士民之秀，欲萃其英而迪之。于学官之后有东西斋房，为舍十二，去其蔽壤，庭宇豁然，以旧为秀之地，又近圣之居也。首出俸钱，又劝捐得五百金，付之商人，权其利息为修脯膏火之资。"③应当说，芮泰元本人的这段记述是很清楚的，但看到《光绪延庆州志》和《乾隆宣化府志》中的一些记载，与此却略有出入。

《光绪延庆州志》卷四，学校·书院："冠山书院在州治东北崇文街，旧在学官后。乾隆二十年（1755），知州芮泰元因旧斋房改建后，移建今地。道光六年（1826）知州周起（启）瑶，九年

---

① 《乾隆延庆州志》卷二，学校。
② 《重修延庆州冠山书院碑》，《光绪延庆州志》卷四，学校。
③ 同上书。

(1829)知州吴增嘉,相继修葺,添置地亩,劝捐钱文,发商生息,以资膏火经费。"

《光绪延庆州志》卷十一,古迹·废署舍:"延庆儒学训导署在州学宫西,后移东北隅崇文街,久废,今改冠山书院。"

《乾隆宣化府志》卷十二,学校·义学书院附:"冠山书院,乾隆二十年(1755)知州芮泰元就明伦堂之东西斋房十二间改建,以朝天宫三清观公产及余空地亩,详拨入院,以为膏火之资,有记。"

从这些只言片语中,我们大约可以得到这样一些印象,即冠山书院的创建应该经历了乾隆十九年和二十年两个阶段。十九年为初建,院址选在州的东南,也就是学宫之后,明伦堂便建在这里,有东西斋房十二间(一说十间),东边为崇圣祠,所以说"近圣之居也"。《乾隆宣化府志》所说,应该不是二十年之事,而是十九年之事,公产及余空地亩被详拨入院的朝天宫三清观,就在学宫附近。二十年,书院迁至州治东北崇文街,原因或是旧斋房改建。当初建在学宫西边的延庆儒学训导署,后来移至东北隅崇文街,但很快就被废了,冠山书院恰好用了训导署的旧址。芮泰元说:"二十年乙亥,蒙恩俾牧斯土,计所入不足以供用,复劝捐各输财如前数。"这笔钱,估计也是为了修缮房舍吧。

芮泰元将冠山书院的创建视为他的得意之作,他在《重修延庆州冠山书院碑》中不无欣喜地写道:"山城无事,尝至院与诸生讲论,开拓心胸,扩充闻见,其有日异而月不同者,窃喜此都人士之能发山川之秀也,表之曰:冠山书院。是州山川之秀,甲于一郡,而冠山之又甲于诸山也。稽之州志,居庸与冠山,同为州之镇,又同在数十里之内,居庸险而壮,冠山秀而文,地灵也,而人杰在其中矣。督学部院少宗伯钱塘徐公闻而嘉之，言于宣化府台利津张公。宣郡百余年来书院之举亦缺焉，郡伯乃合所属，于府城立柳川书院，规模之远大，见人才之济济，比于畿辅诸大郡。然则，冠山者，又为柳川之根荄。"[1]在这里，他希望传达一种积极乐观的情绪。首先，他很享受与书院士子一起读书论道的快乐。而他将书院命名为冠山，是因为在他看来，州城之外的冠帽山甲于诸山，且有地灵人杰之寓也。再有，冠山书院的创建，改变了宣化府百余年来没有书院的现状，实现了零的突破。它的出现，甚至影响到府城的官绅，不久，他们便在府城办起了柳川书院。

通常，地方官员办学，最看重两个方面：一是移风易俗，教化民众；一是明经取士，为国选才，孟子所谓"得天下英才而教育之"。而说到底，二者在儒家的教育理念中又是一回事，或曰一事而两面。前者讲的是，受到"明伦"教育的士君子，以德化人，通过自身的表率作用，推己及人，造福乡里。这是一个长期的潜移默化、濡染熏陶的过程，难收立竿见影之效。而后者讲的就是如何造就士君子，养成其明义理、修其德、心系天下苍生、先忧后乐的使命感和责任感。而最直接的成果，似乎还是要看有多少作为社会精英的代表，即进士和举人脱颖而出。查《光绪延庆州志》，雍正、乾隆、嘉庆、道光四朝合计百余年，恰在冠山书院创建之后的数十年间，该州涌现出一批进士和举人。进士有三位，分别是：

乾隆六十年（1795）乙卯会试，李德淦进士及第。

---

[1]《重修延庆州冠山书院碑》，《光绪延庆州志》卷四，学校。

嘉庆二十二年（1817）丁丑会试，李廷辅进士及第。

道光二年（1822）壬午会试，胡先达进士及第。

至于举人，冠山书院创办前，只有乾隆十五年（1750）胡宗舜一位。冠山书院创办后的乾隆三十五年（1770），便有解元章、孟人文、徐文基三人中举。随后：

三十六年（1771）有胡念祖；

三十九年（1774）有解佺；

五十一年（1786）有张学濂；

五十九年（1794）有解侨；

六十年（1795）有胡培祖。

综上所述，在乾隆中晚期短短二十余年间，延庆州便收获了一位进士、八位举人，这在江淮、浙赣、闽粤、两湖，乃至山陕等历史上人文荟萃、钟灵毓秀的昌明隆盛之邦，诗礼簪缨之族，也许不算什么事，但对曾被视为"化外之地"的延庆州来说，能有这样的盛举，却不能不被刮目相看。我不知道这些进士和举人是否都曾就读于冠山书院，《乾隆延庆州志》中似乎也未记载他们与冠山书院的渊源，但此事还是让我很感慨："敢谓草野之中无秀民乎！"①或用芮泰元的话说："与先民有言，德教所被，山川不自为，其风气，延庆南度居庸数十里而即觐天子之光，诗书弦诵，使昔也介胄而今章缝，争自濯磨，以勉副偃武修文之至意，将北方之学日进于南国之化，将人林蔚起，又不徒甲于一州一郡而已矣。"②

---

①《乾隆延庆州志》卷二，学校。

②《重修延庆州冠山书院碑》，《光绪延庆州志》卷四，学校。

冠山书院在乾隆时期尚得以维持。乾隆朝号称盛世，文治武功学术都称极致，而衰弱的征兆也已见端倪。所谓"日中而昃"，没有例外。因而，嘉庆接手时，大清就有气数将尽的征兆，虽不至于立时萧条，却也是民穷财尽，国运渐衰。而下面的州府县乡，财政上亦难免捉襟见肘，漏洞百出。延庆州要维持冠山书院的运转就很不容易，劝捐无门，经费常常没有着落。据说，嘉庆二十一年（1816），知州王芝田曾打算复兴书院，他是陕西长安人，名百龄，字介眉，一字芝田。他父亲早亡，母亲王筠将他抚养成人。嘉庆七年（1802）他考中进士，入选翰林院庶吉士，散馆改直隶知县，后迁延庆州知州。此人诗写得好，时有吟哦，嘉庆十四年（1809）曾将外祖父王元常和母亲王筠的诗作编为《西园瓣香集》三卷，他的诗亦附于其后。他和外祖父都有过在书院讲学的经历，看到冠山书院如此破败的样子，他不能无所作为，便带头捐资，筹集了千金，但不到五年，仅剩下半数而已。"接任诸君有志复古，铢积寸累，究之不敷于用。故十余年来难以举发。"①

又过了十年，即道光六年（1826），周启瑶由保安调任延庆知州。他是江西瑞昌人，中举的时间不详。根据其自述，他从前曾在四川代为管理过邛都、笮都这两个西南夷杂居的地区，而且"乐与都人士讲学以明道，使侨野故习似亦稍变"②。来延庆州之前，"又任保安三年，捐廉奖励，常以补肄业诸生膏火之不足，于

---

① 周启瑶《重修冠山书院并原设经费记》，《光绪延庆州志》卷四，学校。
② 同上书。

是来学云集"①。这些都说明，他对书院是有情怀亦有治理经验的。来到延庆，"甫下车，住冠山书院，虽规模可观而颓败零落不可一朝居"。书院的现状让他着实吃了一惊，但他一下子就看到了病根："今观延庆书院，规模不减保安，所以一发而难再举者，经费缺耳。"他又是一位很有责任心的官员，是"以端士习，励民风为己任"②的。他表示："莅斯土而坐视不为区画，此心何能一日安哉？"③于是他召集"州中向来急公首事董其役，捐资若干，因其旧制修葺之，丹垩之，堂楹廊庑，焕然一新，而书院于是落成"④。继而又对书院原有财产加以整顿，与董事们一起，"清查地亩，生息勒石，详其出入数目，厘定课程，永垂久远"⑤。他为书院的将来考虑，希望继任的官员和士绅，应尽其所能地为书院开辟财源，甚至不妨"益其羡余"。何谓羡余？简而言之，即盈余或剩余。但又不是一般的盈余或剩余。在清代，州县官员于正赋之外往往还可加征附加税，这部分收入除去实际耗费和可供地方官员支配的部分外，剩余的需解送上司，称为羡余。他想着，如果能用"羡余"以资助书院，不是很好吗？这样的话，书院也许"百世而下亦可不坠"⑥。回到现实，他更关心院里诸生能否在今年朝廷举办的会试

---

① 《重修冠山书院并原设经费记》，《光绪延庆州志》卷四，学校。

② 《光绪延庆州志》，卷六，职官。

③ 《重修冠山书院并原设经费记》，《光绪延庆州志》卷四，学校。

④ 同上书。

⑤ 《光绪延庆州志》，卷六，职官。

⑥ 《重修冠山书院并原设经费记》，《光绪延庆州志》卷四，学校。

大典中有所收获。他曾表示："余既得一课艺，而公暇复偕诸生讲明砥砺，如执礼典书故事。今岁为我朝宾兴大典，诸生其各勉旃以期上达，余将拭目俟之矣。"[①]可惜，这一年延庆考生未能在大典中争得一个席位。

尽管如此，继周启瑶而知延庆州事的吴增嘉，仍对前任的做法表示赞许。他在《冠山书院复立经费碑》中写道："前知州事江西德化周君既葺冠山书院而新之，复设经费各款，立石以谋永久，诚盛举也。"继而他又写道："惟冠山书院之建于今，七十余年矣。其间官斯土者岂无留意斯文，以作育人材为己任者？顾以经费不设，或举或废，迄无成规。周君独能为之绸缪计划，以垂永久，虽为数无多，俾后来者，得有所藉手而润泽之，则周君爱士之心不亦勤且挚哉。"[②]这是后任对前任由衷的褒扬。有了前任奠定的基础，后任就少了许多后顾之忧。他言道："余乃继周君视事兹土，既延诸生而课以文，纾徐卓荦，斐然可观。喜人文之蔚起，未尝不于此为惓惓焉。道光丁亥（七年，1827）戊子（八年，1828），山长无人，积有修脯余资，院中诸生、董事，请以置王秉经等地四顷四亩有零，岁又可得秋租制延钱四十余千。"[③]山长缺席，固然不利于诸生的学习，而以节余的山长束脩添置地产，收入虽微薄，也是为书院的财政添砖加瓦，"书院为培养人材之地，安可不加之意乎？今置斯地，岁之入项稍加，于旧若扩充而增益之，待

---

① 《重修冠山书院并原设经费记》，《光绪延庆州志》卷四，学校。

② 吴增嘉《冠山书院复立经费碑》，《光绪延庆州志》卷四，学校。

③ 《冠山书院复立经费碑》，《光绪延庆州志》卷四，学校。

于异日，诸董事请并各前项，均勒诸石，爰记其大略如此"[1]。诚哉斯言。

一般说来，地方官员都对兴办书院抱有很大的热情，他们也会拿出自己的俸禄来推动这件事。因为这不仅是他们的职责，也能给他们带来荣誉。同治十二年（1873）冬，由怀安奉调来知延庆州的李葆贞，就是这样的一位官员。他是湖北荆州府松滋县人，字廉夫，应为进士出身，曾供职于翰林院，同治十一年（1872）外迁于怀安县。据说他曾有"五上公车"的经历，可见考中进士很不容易。因此，对于求学士子，他便有一种惺惺相惜的感情，特别想为他们创造更好的学习环境。他在《重修延庆州冠山书院碑记》中讲到当时的情景："余以癸酉（同治十二年，1873）冬杪由怀安奉调来兹。越明年，月试童生，见夫墙宇倾欹，脯薪支绌，思有以振兴之。暇日与山长梁君瑞卿悉心商榷，旋集绅董，广谕乡民，解囊相助。于是敛资庀材，百废俱举，东西置书室讲堂，内外焕然聿新，并以余资补入膏火，事虽近而功实难于创矣。计余官畿辅，历凡数区，其他愧无善政，而于文教靡不留意，良以化民善俗莫先于士行修，士行修莫大于师道立。"[2]他的这番夫子自道，看上去像是一种自我表白，其实，他所要表达的，主要还是一个官员的职守，以及一个儒家士大夫的教育理念。他也感叹自己的能力有限："特年来愧俨一官，浑无定辙，今欲大为储聚，非但势有不济，抑亦时有难周，然则将如何而后安平，日尽吾心竭

---

[1]《冠山书院复立经费碑》，《光绪延庆州志》卷四，学校。

[2] 李葆贞《重修延庆州冠山书院碑记》，《光绪延庆州志》卷四，学校。

吾力，与此邦人士共勉于经（）而已。若夫扩而充之，俾臻尽善，是在后之君子。"[1]这就是说，他已经竭尽心力，做了他能做的，至于冠山书院的未来，就留给后来之君子了。

李葆贞知延庆州的时间不长，光绪元年（1875），他又回到了怀安。离开延庆之前，即同治十三年（1874）五月，他在冠山书院立了一块碑，作了一篇碑记，并将书院经费款项的账目载于碑阴，具体内容如下：

——书院旧存延钱一千五百吊。

——同治十三年捐修书院余资延钱五百吊。

——署任李公（印）葆贞捐延钱一千吊。

——李公提桥工余资归入书院延钱一千吊。

——现任支公（印）镛捐延钱三百吊。

——光绪元年书院用賸（剩）延钱三百吊。

前六宗共延钱肆仟陆佰吊，发商按月一分生息，无闰之年共计息钱伍佰五十二吊，有闰之年，息钱伍佰玖拾捌吊，每年二八月初五日两次交进，州署随时由监院绅董具领，取领粘卷备查。

——仓房旧设斗拾贰只，每年斗租延钱肆佰捌拾吊。

——工房新设斗肆只，每年斗租延钱贰佰吊。

前二宗分四季呈交州署，随时由监院绅董具领，取领粘卷备查。

——礼房额征地租大钱捌拾捌吊捌佰壹拾贰文，合延钱贰佰陆拾陆吊肆佰叁拾陆文。

---

[1]《重修延庆州冠山书院碑记》，《光绪延庆州志》卷四，学校。

——户南房额征地租大钱贰拾吊零壹佰柒拾叁文，合延钱陆拾吊零伍百壹拾玖文。

——仓房额征学田穀贰拾壹石肆斗捌升肆合，合延钱玖拾吊零陆佰文。

前三宗每年上下忙各房征起由监院绅董具领，取领粘卷备查。

以上通共租息无闰之年延钱壹仟佰肆拾玖吊贰佰伍拾伍文，有闰之年，壹仟陆佰玖拾伍吊贰佰伍拾伍文。按照条规核实支销，余资存公，积有成数，照章发商生息，随时续载，以备稽考。[1]

这份枯燥的账单放在这里，是想留给读者一个具体的印象，维持一所书院，需要耗费很多财力、物力和人的心力。光绪元年（1875）制定备案的《冠山书院章程》，对相关人员的职责权利和财务的支用，都有更翔实、具体、严格的规定。这里不妨选录几条：

——书院向无董事，未免经理乏人，以致斋房坍塌，生童荒疏，查有本年监修书院之绅董杜诗、陈永清、王世昌、王肇麟等，正直悫诚，即派为书院董事，所有生童课试各房征收一切岁修及收发银钱等事，悉归经理，每年准于经费项下酌提延钱二十吊作纸笔费，每于年终将一岁出入账目，开具细数清单二分，一送州署备查，一贴书院照壁，俾得公见共喻，以昭公允而免口舌。

——书院每月初三官课一次，十三、二十三两日，由山长斋课二次。每年于二月甄别起，十一月底止，凡十阅月无论官、斋各课

---

[1]《重修延庆州冠山书院碑记》，《光绪延庆州志》卷四，学校。

必须扃门考试，不准领题外作。届期董事　名轮流经管，每次由官送四便饭二棹与董事，以免远离，其生童每名由官酌给点心一份，以昭体恤。

——生童膏火旧额无多，兹拟量为增益。官课各生超等三名，特等五名，除录旧草率不列等外，余皆列为一等。超等第一奖赏三吊，膏火九吊，第二、三名，每名奖赏二吊，膏火八吊。特等五名，每名奖赏一吊，其膏火与一等前八名均各六吊。以上奖赏膏火数目系住院肄业之资，如在外赴课者，仅按三分之一给领，以示区别。文童第一、二吊，第二一吊五百文，第三一吊，第四以次各五百文。本州课试一年，文童仅有一二名，间有缺无者，是以未列等第，容俟人文蔚起，再分上中次等名目，所有膏火钱文即归书院经费项下，由董事于每月两次斋课分给奖赏，由本官自行捐发，倘是取定生童斋课无故不到，即将膏火扣除，以免取巧。

——生童膏火既已添设，而山长修膳亦宜酌加。查出山长修膳旧设仅止七百二十吊，未免较少，现有续捐经费三千三百余吊，每岁加增延钱八十吊，以资用度。

——延请山长必须外州县及外省甲榜乙榜出身，品学优长者，不准官亲、幕友兼充，亦不准本籍绅士主讲。每岁以十一月十五日由绅董禀商州牧，以订来年之局。其関（关）书由官出名聘敬，十吊即在经费项下支送。如先年关书聘未送而山长尚未迁移，次年修膳自应停止，其斋课试卷由董事收齐，送署笔削，俟新山长到馆，仍照旧章办理。

——书院新旧应征各项银钱租谷及生息等款，系本州与各绅董竭力筹办，培养士习之意实关书院要需，嗣后阃州无论何项事作，不准挪用此款，倘有借公动用情事，该董事率领生童当面阻止。

——书院斋夫仍照旧额充当，必须饬令当居住院礼房，每逢课期赴院照料工房，每于岁修赴院（ ）理，现俟每年酌给两房纸张延钱各十吊，斋夫工食每月延钱三吊。倘该书役等有意息情，及各房向征地租斗租生息等项或稍有侵吞并挪移情事，准董事及肄业生童禀官究革。

——住院诸生务须安分攻读，不准别贪嗜好，干讼逞凶及无故外出，倘有要事，必须告假，方准出院。董事亦宜不时稽查，若有前项情弊，即行禀州，责逐，勿稍徇隐。

——书院生童遇岁科试及科场年，间有停课，则膏火不无余存，嗣后如有急公好义，慷慨捐输者，犹可集腋成裘，共凑成款，或发商生息，或另置田产，以便加广课额，增添膏火，俾各士子得以专务举业，将来科第连绵，鹏程远大，不胜厚望焉。[1]

从这些条款中我们可以体会，这些董事、山长、助捐的乡绅，乃至书院的斋夫，都为书院付出了大量的心血，承担着很大的责任，书院的繁荣是和他们的辛劳甘苦息息相关的。其中对生童的管理，从日常生活、学习习惯的养成，到每月的考核、奖励，膏火的发放，也有很严格、很具体的规定，由此也能看出冠山书院在管理上是有板有眼、有章有法、绝不懈怠的。这或是冠山书院百余年来虽惨淡经营而终于不坠的原因之一。

和北京所有书院的命运一样，冠山书院在清末也遇到了教育

---

[1]《冠山书院章程》，《光绪延庆州志》卷四，学校。

改革的浪潮，这是不可阻挡的大趋势。光绪二十八年（1902），清廷发布了由官学大臣张百熙拟定的《钦定学堂章程》，拉开了各地"废科举，兴学堂"的大幕。这一年的冬天，知州周文藻将学务交给了永宁镇世家子弟池光宾，并邀请举人袁华林协助，筹办学堂。恰逢戊戌政变后去日本留学的延庆子弟高撰春回国，遂在光绪二十九年（1903），将冠山书院改为延庆高等小学堂。冠山书院给小学堂留下一笔不算丰厚的财产，终于完成了自己的历史使命。

附　缙山书院

延庆州治东四十里，有一座永宁城，明永乐十一年（1413）建城置县，属隆庆州。永乐十五年（1417）又在此置永宁卫，属宣府镇。清顺治八年（1651），设都司驻守，顺治十六年（1659），并县入卫，康熙三十三年（1693），又并卫入州。乾隆初年设巡检司，至道光年间已被裁撤。

在延庆州统辖的各镇中，永宁镇是最大的一个。缙山书院就建在永宁城内，不久前刚刚裁撤的巡检司旧址，恰好为其所用，改为院舍。根据《光绪延庆州志》的记载："巡检司署在永宁，即左卫署基，乾隆三年（1738）建，后于道光十四年（1834）改缙山书院，大门三间，大堂三间，二堂三间，后住宅正房三间，东厢房二间。"[①]

缙山书院的创办，凝聚着胡先达与其子胡铺两代人的心血。

[①]《光绪延庆州志》卷十一，古迹，废署舍。

先有《光绪延庆州志》的记载:"缙山书院在永宁城,道光十四年(1834)邑人胡先达等捐建。"[①]后又有梅曾亮在《缙山书院碑记》中所言:"永宁胡太守彝轩,余同年友也。道光辛卯(十一年,1831)间致仕家居,慨然有振兴文教之志,乃立义塾,俾寒子闲肄业焉。萧山汤敦甫相国为记其事。逾数年,复恢而扩之,因大府入奏,改为书院,事将上而君卒,其子镛继厥志,卒成斯举,且复求余文以记之。"[②]

关于胡先达,我们所知很有限,仅从汤金钊所作《永宁缙山书院碑》与梅曾亮所作《缙山书院碑记》中了解一二。他是永宁镇人,与梅曾亮同为道光二年(1822)进士,汤金钊是他们的座师。大约是在道光十年(1830),胡先达出守贵州松桃厅。行前,他去拜谒老师,与之告别,老师对他有过一番教诲。汤金钊曾记其事:"当胡生出守黔省来谒,余尝以爱民泽士勖之,闻其权篆松桃厅,创建书院,大吏入奏,上嘉其急公好义,特与晋阶,今又于其乡率同人襄盛举,以勉乡之绅士,居乡者法若徒以仕,官至将相,富贵归故乡,为乡人荣焉,犹非余所以告胡生与胡生望乡人之意也。"[③]从上述几段文字中我们得知,胡先达是在道光十年出守贵州松桃厅的,而且,他曾在此创建崧高书院,还受到皇帝的嘉奖,但不知什么原因,是年老体衰还是如何,他在贵州为官仅

---

① 《光绪延庆州志》卷四,学校,书院。
② 梅曾亮《柏枧山房诗文集》(增补本)文集补遗,第429页,上海古籍出版社2020年5月版。
③ 汤金钊《永宁缙山书院碑》,《光绪延庆州志》卷四,学校,书院。

一年有余。道光十一年，他便退休回到了家乡。家居期间，他看到，由于永宁离州城路途遥远，生徒去州里读书，非常辛苦，便与乡里士绅们商议，捐资办起了义学，永宁的士子可以就近入学了。两三年后，他又筹划着要将义学扩建为书院，宣化府知府赞赏他的举动，奏明朝廷，同意将义学改为书院。因永宁城北十里有一座缙阳山，书院遂命名为"缙山书院"。相传，缙山书院的命名还曾得到道光皇帝御批认可，因此，乡人又把缙山书院称作"御学"。可惜的是，胡先达恰于此时过世，没有看到书院的落成。其子胡镛最终实现了父亲的遗愿。

细想起来，胡先达的经历中有些空白，还是我们不了解的。他在道光二年中进士后，直到道光十年才被任命为贵州松桃厅的同知，其间有八年之久，竟没留下些许生命的印记。经查阅《光绪延庆州志》，发现一篇胡先达写于道光八年（1828）的《请查永宁学宫旧基碑记》，这似乎说明，他在赴贵州松桃为官之前，已在考虑家乡士子的读书问题。碑记是这样写的：

> 学宫不可不修葺也。而经费尤宜预筹。自圣庙移于县署，旧址荒芜，民之挕于其间，筑场造宇，每岁仅输租五六金，不敷学官岁修花费。故数经倾圮，赖前辈诸君子倡募修建，幸不至于废坠也。进士廷辅李君与家兄先振偕先达尝为学官忧之，私相窃计，县治及旧学官，宁自东门至县胡同北，自仓巷东城马道，延长数十亩，筑场屋数十家，以吾邑按亩纳租计之，所入岂止五六金乎？得毋有隐匿影射者乎？岁在嘉庆十年（1805）丙子（应为乙丑）仲秋，圣庙祭祀瞻礼，商于同人，咸毅然谓不可以不稽。因相与考查永宁邑志，

履亩勘丈，矢慎矢公，任劳任怨，界址由是分明，岁可得钱百余缗焉。爰白于本城分司巡检王君锡绅，又详于州尊宋公，以为自有此举，学官历年膳修之费，不烦公帑，不需民力，而即可就理。所关非轻，第恐积久弊生，知无有侵吞干没而归此项于空空者乎，则防微杜渐，当立石以纪，始终绘图，以分畛域，庶几永久弗替。后之士子，轮流经管稽查，亦知此事之缘起，因不辞弇陋，遂援笔而为之记。道光八年六月。①

看得出来，胡先达是个热心公益事业的人，一直都在为家乡的文教事业操劳，说他"慨然有振兴文教之志"是写实，不是谀辞。他的恩师汤金钊在《永宁缙山书院碑》中也有所表示："永宁本前明县治，风俗甚淳朴，士民好施与，其地去州四十里，州固有讲院，永之士人艰于就，不获朝夕肄业其中。一时乡之辈思有以造就之，相与规划区置，而义学之议以兴。会州长黄春波、喻星槎、童春海先后来守是邦，均以建学为急务，并捐廉俸，遍劝部民，乡之人皆乐输，不吝资。有人董其事，因裁汰巡检遗署，估置而拓其基，鸠工相度，葺治一新。由是列帐有堂，横经有室，刍米之俸有给，弟子修膳之仪有供，延海内之名士主其席，择同社之老成董其事，经画详且悉，工既竣，始议其事之胡太守名先达，请记于余，即余道光壬午（二年，1822）科礼闱所取士也，余闻而善之。"②

---

① 胡先达《请查永宁学官旧基碑记》，《光绪延庆州志》卷四，学校。

② 汤金钊《永宁缙山书院碑》，《光绪延庆州志》卷四，学校。

欲萃其英而迪之 | 记冠山书院（附缙山书院） / 279

因为有胡先达之子胡镛的维持，至少在道光末年，缙山书院还显示出一定的活力，这可从道光二十一年（1841）《缙山书院章程》的制定，与道光二十六年（1846）梅曾亮作《缙山书院碑记》得到证明。但咸、同两朝的情形如何，已不得而知。据说，缙山书院很早就开启了改制的进程，光绪三年（1877），率先改为单级学堂；光绪三十三年（1907），由地方官员主导，更名为"永宁高级小学堂"，并由官府出资，对原有旧学舍进行修缮，扩充地基，增盖校舍，学生也有所增加。民国八年（1919），改名为"永宁高级小学校"，现为延庆区永宁小学。

景仰前规,争自琢磨

——记燕平书院(原谏议书院)

清代,昌平有过一所燕平书院。据穆彰阿主持编著的《嘉庆大清一统志》记载:"燕平书院,在昌平州城内,本朝乾隆二十三年建,四十五年修。"[1]《光绪顺天府志》的记载则提到了它的前世今生:"燕平书院,在昌平州,本名谏议书院,元泰定(1324—1328)间,为唐谏议大夫刘蕡建。明景泰(三年,1452)中即废。乾隆二十三年(1758),知州芮泰元重建,改名燕平。四十五年(1780),知州归景照重修。"[2]

一

昌平地处京北,以居庸关为界,外为延庆州,内为昌平州,其军事、政治、文化地位都非同小可。明蒋一葵所著《长安客话》

---

[1] 穆彰阿《嘉庆大清一统志》卷六,学校上,上海商务印书馆1934年影印本。转引自《北京书院史》,第88页。
[2] 《光绪顺天府志》卷六十二,经政志九,学校下,第7册,第2197页。

对昌平州有较为充分的介绍：

> 昌平州，初为县，（明）正德间议是根本重地，升为州，割密云、怀柔、顺义三县隶焉。
>
> 昌平，汉军都县也，以境内有军都山得名。元魏置东燕州及昌平郡县，后郡废而县存。五代唐改燕平县，石晋复昌平旧名，至今沿之。
>
> 昌平地接神京，天开雄镇，升自县治，甲视诸州。近之则陵寝奠安，远之则畿辅控制。语云："国之大事，在祀与戎。"祀莫重于陵寝，戎莫重于畿辅。故圣驾所经，百司秉礼，王师所寓，诸镇宣威，不加之意，何以示中外而尊朝廷乎？①

作者的意思很明白，昌平的地位之所以不一般，就因为它承载着国家的两件大事：军事上，它是拱卫京城的天然屏障；政治上，这里还是皇家的陵寝，明代皇帝自成祖以下都葬于此地。故历来为朝廷所重视。清代有别于明代的，是来自北方的威胁基本上消失了，康乾两朝都很看重文教的作用。昌平近在畿辅，重文兴教更是为官者首要的职责。乾隆四十五年知昌平州事的归景照作过一篇《重修燕平书院碑记》，其中写道：

> 昌平列服畿甸，山川雄秀，风物朴懋，沐泽钟灵，贤才辈出。当今圣天子右文向道，乐育贤才，而岁时丰登，民气安乐，士生其

---

① 蒋一葵《长安客话》，第111页，北京出版社1960年4月版。

间，从容于诗书名义，自能昌文敦行，交相砥砺，为首善光矣。而因势善导，鼓舞而作兴之，则守土者司其则焉。州有书院，置于元泰定二年，祀唐贤秘书郎赠右谏议大夫刘蕡其中，因以谏议名之。至明景泰三年，徙治于故县东八里谏议祠，随县徙于儒学，而书院遂废。夫书院为储养人材之地，本古者党有庠，术有序遗意，顾听其或存或亡，致资秉秀异者亦末由观感，因朴茂而安于椎鲁，是谁之咎欤？余不敏，承乏兹土，下车伊始，访求故实，知前者知州事芮君尝建燕平书院，旋就倾圮。余曰：是不可不亟为兴复，并广而大之，以竟芮君之志者也。乃营度院制，得爽垲地于学宫西，为旧校士馆废址，其居广大，其象高明，其旁黉宫为甚迩，其居城邑为适中，改置书院，佥曰：宜哉！余首捐廉俸为倡，好义者踵相接，诹吉兴作，次第修举，其中为讲堂，堂左右为二亭，右亭有井，因其自然，堂之前，依门为东西房，外为门者二，各有荣翼，堂之内为室，缀以连穖，居业有所，厨湢廊槛毕具，甄（砖）级丹雘，务固且整，由是有志之士诵习其中，景仰前规，争自琢磨，以仰副圣朝作人之雅化，无烦不佞之丁宁告语矣。惟书院成而书院之名，论者犹龂龂也。或曰：是宜仍以谏议名，复古制而新士气，于是乎在。余曰：是固宜。虽然，犹有说焉。夫谏议事迹具唐书，其对策则学士大夫恒乐诵读而称述之，名在天壤，炳若日星，宁藉一书院为标著？而芮君复兴书院于既废三百余年之后，其用意之勤，图始之不易，有百倍于元泰定间建置出于朝命者矣。芮君燕平书院旧额尚在，自当葺而新之，榜诸门，无俾湮没弗彰，当亦邦人士所乐闻也。众皆曰：善。遂书其辞于石。是役也，经始于己亥（乾隆四十四年，1779）之冬，落成庚子（乾隆四十五年，1780）春二月，董其事者，王君宽功最多，备书以告夫来者。[①]

这篇碑记自然不缺少这类文章固有的文人习气，大言不惭，虚张声势，夸大其词，但毕竟提供了一些燕平书院的宝贵信息。首先，归景照告诉我们，燕平书院的创建者是前任知州芮泰元。这个人我们并不陌生。他在知昌平州事之前，曾在延庆州知州事，延庆州的冠山书院就是他创办的。他自延庆州迁昌平州，仍以创办书院为职责所系，只是不知什么原因，书院"旋就倾圮"。仅仅过去二十年，新任知州归景照面对残破的书院遗迹，便不得不发出"是不可不亟为兴复，并广而大之，以竟芮君之志者也"的慨叹。

归景照承担了重建燕平书院的任务。他为书院选了新址，在学宫之西，过去是童生考试的校士馆，现已废弃。这里地势高而干燥，距黉宫即文庙又很近，且位居城中，改置书院是很适宜的。他带头捐资，州里急公好义之士接踵而至，很快便择取吉日开工。"是役也，经始于己亥（乾隆四十四年，1779）之冬，落成庚子（乾隆四十五年，1780）春二月"。建成的书院，"其中为讲堂，堂左右为二亭，右亭有井，因其自然，堂之前，依门为东西房，外为门者二，各有荣翼，堂之内为室，缀以连簃，居业有所，厨湢廊槛毕具，甄（砖）级丹雘，务固且整，由是有志之士诵习其中，景仰前规，争自琢磨，以仰副圣朝作人之雅化，无烦不佞之丁宁告语矣"。书院落成后，对于书院的命名，有人提议恢复"谏议书

[①]《光绪顺天府志》卷六十二，经政志九，学校下，第7册，第2197页。

院"的旧名,"复古制而新士气"也。归景照认为,谏议书院之废弃距今已有三百余年,当初是为祭祀唐朝谏议大夫刘蕡而建。刘蕡的事迹载于唐书,"其对策则学士大夫恒乐诵读而称述之,名在天壤,炳若日星,宁藉一书院为标著"? 芮泰元复兴书院之时,没有再用"谏议"之名,"其用意之勤,图始之不易,有百倍于元泰定间建置出于朝命者矣"。而且,芮君泰元书写的"燕平书院"旧额尚在,自当葺而新之,又何必舍近求远呢。

二

书院的命名问题虽然解决了,却也留下了一个悬念,即谏议书院是怎么回事?这位"谏议"又是何许人?元代的昌平,为何要建祠、建书院,纪念这位唐代的古人?说起来,谏议书院和刘蕡的大名,我们在元、明、清的文献中会时有发现。《元史·泰定帝本纪》便记载着,泰定二年五月,"置谏议书院于昌平县,祀唐刘蕡"[1]。而

---

[1]《元史》卷二十九,本纪第二十九,泰定帝一,第3册,第656页。

另据元代诗人果啰罗纳延①的说法，最初奏议建书院，纪念刘蕡的，是元朝明宗（或文宗）天历年间的昌平驿官宫祺。泰定二年是1325年，而1328—1330年为天历年间，其间相距不过四五年，故《日下旧闻考》的编纂者于敏中等人认为，谏议书院的创建，初创或在元泰定时期，后天历年间因宫祺的奏议而最终落成。

不过，这里仍有个问题困扰着我。查《中国历史纪年表》，天历年即1328—1330年，为元文宗年号，但幼主亦标为1328年，又有明宗天历二年，标为1329年，到底是怎么回事呢？读《元史》诸本纪和《元史纪事本末》可知，此事要追溯到元武帝昔日的一个决策，他传位于弟弟，是为仁宗。他的两个儿子，被封为周王和怀王，一南一北，远离京师。仁宗死后，没有按照承诺传位于侄子，而是传给了自己的儿子，是为英宗。后英宗被弑，而周王在北，怀王在南，有人便乘机拥戴晋王入继大统，是为泰定帝。由于其正当性一直存有很大的争议，故泰定帝死后，便有三方盯

---

① 果啰罗纳延，字易之，以诗歌闻名于世，有《金台集》二卷，收录其诗一百八十余首。据称，《四库全书总目》提要标明原本作者名为迺贤，此时改为纳新，沿用至今。而迺贤，有时也作乃贤。陈垣先生对他很推崇，在《元西域人华化考》中曾简短地介绍了他的身世和经历："迺贤字易之，《元史》无传。元人著述称合鲁易之，或称葛逻禄迺贤。合鲁，元译，葛逻禄，唐以前译，汉言马也，故又称马易之。世居金山之西，元兴，西北诸部仕中国者，随便居住，故迺贤称南阳人。后随其兄塔海仲良官江浙，遂卜居于鄞。《甬上耆旧诗传》卷三谓其师事鄞人郑以道，以道集有《赠门人马易之序》。迺贤善歌诗，一再游京师，尽交其名士，有《金台集》。"（中华书局2016年6月版，第39—40页）纳新游京师，应在元顺帝至正年间，此时距刘蕡祠与谏议书院的创建已过去二三十年，所以，他的《刘蕡祠》才有"鞠躬荒祠下，低徊想遗直"的诗句。

住了帝位。泰定帝的拥护者欲立其子为帝，因其年纪小，只有九岁，故称为"幼主"，而周王、怀王兄弟相争的结果，哥哥胜出，是为明宗，即以致和元年为天历元年。不久，明宗暴亡，其弟即位，是为文宗，年号即为天历三年。

如果上面所说无误，那么我想，宫祺奏议建书院以纪念刘蕡，最有可能发生在文宗天历三年（1330）或至顺初年，而不会发生在动荡不安、战火纷飞的幼主和明宗时期。而接下来的问题应该就是宫祺这个人物了。查阅《昌平外志》、纳新的《金台集》、蒋一葵的《长安客话》、顾炎武的《昌平山水记》，以及《日下旧闻考》，都提到过这个人物，但语焉不详。按照黄溍在《乡学记》[①]中的记载，宫祺是"霸州之益津人"，他曾以家乡"所居作学舍，合诸庄子弟俾肄业其中，且为庙像先圣、先贤，以春秋旦望奠谒，如学宫法"[②]。黄溍称赞他"不自耀其材，以取显仕，而主昌平之候馆，固非有长民者之责，乃能汲汲焉图所以私淑其人如此，可谓有志于古矣。昔者鲁修泮宫，而《春秋》不书，说者类曰：此有国之常事尔。君琪之为，盖礼之以义起而出于常事之外者也，可无书乎！凡庙学，总为屋若干楹，费钱若干缗，经始于至顺二年春二月，而落成于秋八月"[③]。黄溍另有一文《昌平县石桥

[①] 黄溍《乡学记》，王颋点校《黄溍全集》，上册，第310页，天津古籍出版社2008年3月版。《日下旧闻考》题名为《宣圣庙学记》。

[②] 同上书。

[③] 同上书。

记》①，记述知县毕文质修桥而不扰民的善政，其中提到宫君琪。因他致信黄溍，表示知县所为，须有文章，以贻永久，故请黄溍撰文。黄溍收到信，固不能辞，遂欣然命笔。这样看来，宫君琪与黄溍或因乡学一事而有了交往。而且我怀疑，宫君琪提出创办谏议书院的奏章，就是通过黄溍转交代奏的。因为，一个"止受部札，行九品印"②的驿传提领，是不能直接上书给皇帝的。而从黄溍的为官经历来看，恰在文宗至顺二年（1331），他因荐入为应奉翰林文字、同知制诰兼国史院编修。这时，他不仅有能力，也有机会，帮到宫君琪。

至此，对宫君琪这个名字还要多说几句。从黄溍与宫君琪的关系来看，他的记述应该是准确的，而上面提到的那些文献，除了《长安客话》与黄溍相同，其他都称之为"宫祺"。我猜测其中的原因，大概是纳新误将"宫君琪"中的"君"字理解为尊称而忽略了，遂导致后来者以讹传讹，变成了"宫祺"。

三

接下来就要说说宫君琪提议创办的谏议书院和刘蕡了。刘蕡，字去华，昌平人，唐敬宗宝历二年（826）进士，《新唐书》说他"明《春秋》，能言古兴亡之事，沈健于谋，浩然有救世意，擢进士第。元和（唐宪宗年号，806—820）后，权纲弛迁，神策中尉

---

① 《昌平县石桥记》，《黄溍全集》，上册，第299页。
② 《元史》卷一百一，志第四十九，兵四，第9册，第2591页。

王守澄负弑逆罪，更二帝不能讨，天下愤之。文宗即位（827），思洗元和宿耻，将剪落支党。方宦人握兵，横制海内，号曰'北司'，凶丑朋挺，外胁群臣，内掣天子。蕡常痛疾"①。大和二年（828），文宗以举贤良方正的名义，召集百余位儒生于朝堂之上，请大家畅所欲言，为朝廷建言献策。刘蕡的长篇发言震惊四座，他言辞激切，痛陈己见，对朝堂之上宦官干政危害的分析，更是切中时弊，士林为之所感动，以为汉代的晁错、董仲舒不过如此，却为宦官们所嫉恨。大太监仇士良就曾找到刘蕡的老师杨嗣复，责备他："奈何以国家科第放此风汉耶？"②因此，主持甄选的几位官员虽然都对刘蕡的发言赞叹嗟服，但是，由于畏惧宦官的权势，入选贤良方正的二十三人中便没有刘蕡，遂引起朝野的极大愤慨。入选者中有一位叫李郃的，愤而提出："刘蕡不第，我辈登科实厚颜矣。"③请求皇帝把他的名额让给刘蕡，而皇帝并未同意。刘蕡后来入了令狐楚和牛僧孺的幕府，授秘书郎，获得老师一样的礼遇。但宦官对他仍然不肯轻易放过，大约在会昌元年（武宗年号，841），刘蕡被人诬陷，贬为柳州司户参军。直到宣宗大中元年（847），才从贬所放还。李商隐就是在令狐楚的幕府与刘蕡结识的。大中二年（848）初春，李商隐在由江陵返回桂林郑亚

---

① 《新唐书》卷一百七十八，列传第一百三，第17册，第5293页，中华书局1975年2月版。

② 无名氏《玉泉子》，车吉心主编《中华野史》唐朝卷，第629页。

③ 《旧唐书》卷一百九十下，列传一百四十下，文苑下，第15册，第5077页，中华书局1975年5月版。

幕府的途中，恰与自贬所放还的刘蕡在湖南相遇。李商隐曾有诗相赠："万里相逢欢复泣，凤巢西隔九重门。"两人旋即在黄陵（今湖南湘阴县靠近湘江入洞庭湖处）分别。第二年秋天，刘蕡客死于浔阳。当时，李商隐正在长安，听到噩耗，他一连写了四首诗，哭悼刘蕡。其中便有那一联名句："平生风义兼师友，不敢同君哭寝门。"[1]

刘蕡去世近六十年时，左拾遗罗衮上疏唐昭宗，请褒赠刘蕡。疏略言："窃见故秘书郎责授柳州司户臣刘蕡，当太和年对直言策，是时宦官方炽，朝政已侵，人谁敢言，蕡独指斥，遂遭退黜，实负冤欺。其后竟陷侵诬，终罹谴逐，沉沦绝世，六十余年。前岁东内幽辱，西州播迁。陛下德胜妖孽，义感勋贤，克返尘銮，再安宝位。向使蕡策得用，蕡才得施，则杜渐防萌，寻消逆节。岂殷忧多难远及圣躬？以此追维，诚堪轸悼。乞宣付中书门下，显加褒赠，不独慰九泉之骨，庶亦励四海之心。"唐昭宗深为感悟，遂赠刘蕡左谏议大夫。谏议书院的名字即源于此。[2]而宫君琪提议建书院，目的也是祭祀刘蕡。一方面，刘蕡是昌平的乡贤，儒家文化有为乡贤中的著名人物建祠祭祀的传统；另一方面，刘蕡的敢言的确让士大夫由衷感佩，毕竟，皇权专制下的政治生态，敢言是需要勇气和胆识的，尤其是在万喙息响，鸦雀无声的时候，

---

[1] 李商隐为刘蕡写的诗分别是《赠刘司户蕡》《吊刘蕡》《哭刘司户蕡》《哭刘司户二首》，分别见于张采田《玉谿生年谱会笺》《光绪昌平州志》《唐诗鉴赏辞典》等。

[2] 引文见《文苑英华》，《日下旧闻考》卷一百三十五，京畿昌平二，第7册，第2179页。

冒死发声，就更加难得。

自谏议书院暨谏议祠建成后，前来凭吊的文人墨客、士子官员，络绎不绝。据说，刘蕡祠和谏议书院是建在一起的，也可以说，书院即祠，祠即书院，二者并未分开。但如何经营的，具体情况如何，因未见相关材料，则不得而知。蒋一葵曾在《长安客话》中提到："许参政有壬为之记并吊以诗。"[1]不过，查《许有壬集》《昌平州志》《昌平外志》《日下旧闻考》等，都未找到这篇关于谏议书院或刘蕡祠的"记"，《许有壬集》倒是收录了他的七律《题昌平刘谏议祠》：

> 一卷春秋两鬓蟠，丹诚贯日口悬河。策能匡世时不用，天实厌唐人奈何！自古大材多薄命，而今我辈亦登科。可怜薰腐俱尘土，得似高名永不磨。[2]

四

实际上，到了清代乾隆年间芮泰元知昌平州的时候，谏议书院只剩下一个名字和供人凭吊的遗迹了。芮泰元和归景照选择用"燕平书院"这个名字取代"谏议书院"这个名字，是明智的。乾隆时期，思想定于一尊，朝政不准妄议，文字狱愈演愈烈，"一人

---

[1] 蒋一葵《长安客话》，第114页。
[2] 傅英、雷近芳校点《许有壬集》第16卷，律诗，七言，第197页，中州古籍出版社1998年7月版。

犯颜，株连九族；只字不敬，殃及枯骨"①，此时再提倡刘蕡的"敢言"，就显得不合时宜了。我们看凭吊刘蕡的诗作，基本出自元、明两代诗人的笔下，清代诗人的作品几乎未见。这多少可以说明一点问题。其实，燕平这个称谓也是有来历的。据《旧五代史·郡县志》记载，五代后唐明宗长兴三年（932）八月，幽州北平县改为燕平县。对此，《昌平外志》曾提出过疑问："北平（完县）汉县，迄晋属冀州中山，魏属定州，隋属博陵，唐属定州，从未来幽州属也。五代唐时，幽州之南尚有涿州、易州、莫州、瀛洲、泰州。北平在泰州之西北，隔涿、易，焉能为幽州北平县也。后唐献祖讳曰国昌，昌平改名燕平，乃避庙讳昌，误刻北确乎无疑。《旧五代史》世袭《新五代史》南平世家曰：高季兴，本名季昌。后唐庄宗即位，避献祖讳，更名，此可证也。"②总之，聊备一说。不过，燕平叫的时间不长，据说，石敬瑭出卖燕云十六州时，便恢复了昌平的旧名。

这些且不去管它。乾隆四十五年（1780），燕平书院经归景照重修，呈现出一派欣欣向荣的景象。有志成才的士子在此读书，师生之间交相砥砺，教学相长，诵读弦歌之声不绝，似乎使人看到了儒家心目中文教昌兴的盛世。我们不知道这种盛况延续了多久，总之，半个多世纪后，即道光二十二年（1842），张云藻任霸昌道时，燕平书院的景象已今非昔比。《光绪昌平州志》就表示，

---

① 萧一山《清代史》，第5页，辽宁教育出版社1997年3月版。
②《昌平外志》卷一，沿革，第11页，光绪壬辰春榆阴堂藏本。

它已"废弛多年"①。看到这种情形，张云藻便与知昌平州的雷敦亨商议，准备重修燕平书院。雷敦亨曾写道：

> 州旧有燕平书院，废弛多年，道光二十二年（1842）冬，道宪张莅任后，亟欲修复，查书院有思赏地亩租息，已积三年，尚未动用，即督率本州于二十三年春，动支此款修建，未两月工竣。复延请院长，招致生童，按月课试，所有一切章程，俱经再四斟酌，然后定议。务期行之久远，俾不致有名无实，盖于此间文风士习，期望之意，至无穷也。②

这里所说"道宪张"，即张云藻，江苏仪征人，字伯陶，号劢庵。道光元年（1821）举于乡，道光十五年（1835）进士及第。道光二十二年（1842）由御史改任霸昌道。道光二十五年（1845）正月，擢升安徽按察使。道光二十八年（1848），升任广西布政使。道光三十年（1850），回归乡里，原因不详。有人说是因病解任，也有人说因被人弹劾而罢官。张集馨在《道咸宦海见闻录》中写到这个堂侄凄凉的晚景，时为咸丰六年（1856）正月二日，书中写道："路过藻侄村庄，时已将午，尚未起榻，入房视之，黝黑如漆，靠门有小窗一扇，亦令遮盖严密，不透天光，终日燃烛孤坐，并不看书，日用饮食，俭啬过于贫士。"③而十几年前的张云藻却不曾如

---

① 《光绪昌平州志》卷一二，学校，第568页，1939年铅字重印本。
② 同上书。
③ 张集馨《道咸宦海见闻录》，第166页，中华书局1981年11月版。

此落魄、悲凉，那些年正是他春风得意的时候。莅任霸昌道，下车伊始，看到废弛多年的燕平书院，马上与知州雷敦亨商议如何修复，不到两个月便使书院焕然一新，士子生童重新回归课堂。他们还为书院制定了详尽的、切实可行的章程，从资金的落实，到课程的安排，以及奖惩制度、衣食住行，都有具体的规定，目的就是希望书院能够持之以恒，长久不衰。此"章程"是一份十分难得的文献，虽然略长，还是恭录于此，以俟有兴趣的读者考察。

燕平书院章程

——道光二十年（1840），西沙屯药王庙入官地五十三顷五十五亩三分六厘，所有地亩租息，蒙尹宪奏奉谕旨，以一半赏给京城金台书院等处，添补经费，以一半赏给昌平州本处书院，为修脯膏火之资，每年除扣纳民粮外，实收一半租息大钱四百一十千九百零四文，遇闰之年，除扣纳民粮外，实收一半租息大钱四百零九千五百四十文。自二十三年起，所收一半租息，即以为书院修脯膏火之资。此项由州经管，每季将收支及实存钱数列清单，张贴书院，仍于年终造册呈道署备查。如不足用，道州捐廉垫办，如有盈余，归下年支销。

——书院旧存地四百九十九亩，地基十五段，房一所，每年共收租大钱一百二十一千四百六十五文。又旧设小书院一所，亦出赁取租。此项房地，本系绅士捐置，所有收租事宜，仍归董事经理，每季将实存钱数，开列清单，张贴书院，仍于年终造具二册，送州盖印，一存州署，一交董事，永远备查。此项地每年有应纳粮银，自道光二十三年起，按年由州照数捐廉代为完纳，已禀明道宪批示立案，永远遵行。

——院长由州延请附近文行兼优科甲出身之绅士，务期馆政克勤，士民翕服，其有他处推荐者，概不得延入主讲，致开冒滥之端。查支取干俸，并不到馆之弊，道光二年钦奉谕旨，永行禁止。况本州书院经费，出自朝廷恩赏，地方官忝任父师之责，更宜实心经理，敬谨遵行。傥或本州瞻徇情面，以乾食束脩及旷误馆政之人，滥充讲席，即属有违定制，辜负皇仁，许绅衿就近禀请本道核办。

——院长每年束脩大钱二百千，火食大钱六十千，按月致送，遇闰火食加增。节敬大钱十二千，分三节送。到馆路费，近者大钱二千，远者以六千为率。年终回家路费仿此。

——每月课期二次，初三日为官课①，十八日为斋课②。官课由道州按月轮流扃试，生员分超等、特等、一等，童生分优取、上取、次取，榜示书院。举贡监应试者，归于生员内。斋课由院长扃试，亦照官课分等第录取，仍由州榜示。

——每年初次开课，由本道甄别，超等给予正课③膏火，每名大钱一千二百；特等给予副课④膏火，每名大钱六百；一等为外课⑤，

---

① 官课：由地方官出题、主持并评阅的考课，以其主持衙门的不同，又分县课、州课、府课、学院课等不同名目。

② 斋课：又作师课、馆课。由书院山长（院长）主持、命题并阅卷的考课。

③ 正课：书院生童名称之一。此处指考试成绩最优秀的生童。正课生童，又有内、外、推广等名目之分。正课亦作书院考课名称。

④ 副课：书院生童名称之一，指成绩属于第二等的生童。

⑤ 外课：书院生童名称之一。一般指成绩属于第三等的生童。有时也指未参加录取考试而获准参加书院考课的生童。晚清亦有指专学中学不习西学者。

优取给予正课膏火，大钱六百，上取给予副课膏火，大钱三百，次取为外课。副课生员，官斋课连三次考列超等，即升为正课。外课连三次考列特等，即升为副课。如三次内间有考列超等一二次者，亦升为副课。至升副课后，绩又考列超等，合前并计连考列超等三次，即准升为正课。其降罚等第，亦照此递降。童生升降，悉与此例同。

——生员正副课各八名，童生正副课各五名，如果文风日起，即可随时酌增，否则姑缺。至外籍生童，一概不得与考。

——每岁甄别①一次，至期，恐士子远出未归，不及与考，准于每逢月课时，赴州报名补考，列于外课。

——斋课超等优奖，首名大钱六百，二名以下，俱大钱四百，童生优取，首名大钱四百，二名以下，俱大钱三百。

——每月膏火优奖，俱归于下月官课点名时随卷散给。

——每年除正、腊两月不课外，按十个月发给膏火。如遇乡试②，给与两个月膏火，院试③给与一个月膏火，会试④照乡试例给与。

---

① 甄别：书院考课名称。一般指每年年初录取生徒的考试，根据成绩好坏，将生童分成正、副、外课等级别。晚清时期，一些书院将其结业考课，亦称作"甄别"。

② 乡试：明清两代每三年一次在各省省城（包括京城）举行的考试，凡属本省生员、监生、贡生均得应试，中式者称"举人"，第一名叫解元。乡试中举亦称"乙榜""乙科"。

③ 院试：清代由各省学政主持的考试，为科举考试"童试"阶段的最高级考试，合格者录取为生员，俗称"秀才"，可以进入府、州、县各级官学学习。

④ 会试：明清两代每三年一次在京城举行的考试，由礼部主持，各省举人及国子监监生皆可应试，中式者称"贡士"，第一名叫"会元"。

——课期生童饭食,每人给大钱一百。茶水令斋夫妥办,每课发大钱二百。

——正副生童有愿住院肄业者,由监院知会本州,禀明本道,酌留肄业。每人每月除膏火外,再给薪水大钱一千八百。

——肄业生童遇岁科考试,取第一名者,给花红大钱四千,乡试中式者,给旗扁大钱二十千,拔贡给旗扁大钱十二千。

——肄业举人中进士,由地方官致送贺仪银二十两,馆选致送贺仪三十两,鼎甲致送贺仪五十两,榜下外用者不与。此款非岁所常有,由道州捐廉致送,不得于书院经费内开销。

——每年禀请本道,酌委学师一员监院,岁支薪水大钱十二千。岁首开课甄别,由学师预派门斗传知生童,官斋两课及散放膏火优奖,时责成在院稽查,仍督率董事,妥为经理,屋宇毋得任人作践,书籍器具无任残缺散失。倘有不遵,随即移州或禀本道核办。

——董事二人,由本州于在城绅衿内选派老成殷实者,一年一换,每年送薪水大钱十二千,于旧存房地租息内动支,年终将经理簿册交次年接办之人。

——仲春祭祀及岁修糊窗,共大钱十千,由董事核实经理,在旧存房地租息内动支。

——每月两课,俱令州礼房[①]伺值,俟诸生交卷毕,始准散去,每课给饭钱一百文。课卷由礼房备办,每本酌定工价钱二十文,不得以粗劣纸塞责。其名册榜示等项,每年酌给纸笔费大钱四千,均

[①] 礼房:地方政府办事机构名称,与中央政府礼部为对口单位,所管为祀典、庆典、军礼、丧礼、接待外宾与学校科举等事。

由州给发。

——书院设斋夫二名,一管门户器具,并供洒扫,一伺应院长,并执爨,每名每月给工食大钱两千,在旧存房地租息内动支。

——旧存房地租息,令斋夫催取,每岁给大钱五千,下乡时,其管门差使,该役自觅妥人代充,不得贻误。

——买置书籍器具,除造册报销外,另缮清册一本,盖用州印,付交董事,责成经理稽查,官绅士人,一概不得借出。每年六月,将书籍抖晾一次。倘书残器缺,不随时修理,甚或听其散失,查出令董事认赔。若有人私行携去,董事查出禀州,除追回外,官绅士人,照原价罚钱,以充经费,使役人等,立予责惩,仍追回原物。若董事斋夫私借与人者,分别加倍罚责。

——凡非肄业之人,无论官幕绅士,一概不准在院居住,如违,罚大钱十千,以充经费,仍责令即刻迁出。地方过往差事,尤不准藉作公馆,况昌平为西北口通衢,客官驰驿往来,岁无虚月,如本州失于查察,一经借用,被道宪查出,罚本州大钱一百千,以充经费,仍用州另觅公馆,即日迁移。

——见定章程,奉道宪指示,已属周详,但规模草创,仍恐未臻完备,不妨随时增订。总之,养士不嫌于过厚,杜弊不厌其过严,而尤在行之以实,持之以恒,使士习文风,蒸蒸日上,用以抑副圣天子振兴教化之至意,是则官斯土者之所厚望也。

道光二十四年知昌平州事雷敦亨谨识。[1]

---

[1] 该章程见于《光绪昌平州志》卷十二,学校。亦见于邓洪波编著《中国书院章程》,第5—9页,湖南大学出版社2000年10月版。

五

该章程告诉我们,燕平书院的性质是官办民营,有很深的官方背景,甚至得到过皇帝恩赏的地亩。由于资金得以保障,书院的经营在咸、同、光三朝还是较为平稳的,顺天府尹也对所属各州县的书院负有一定的责任。同治初年,顺天府尹是江苏仪征人卞颂臣,亦称"卞宝第"。他是咸丰元年(1851)举人,五年(1855)调任河南司主事,十一年(1861)擢升浙江道监察御史,同治二年(1863)升任顺天府尹。他与翁同龢是很好的朋友,经常走动。同治三年(1864),翁在京丁父忧,文安县县令曹大俊与文安人黄东序邀他担任广陵书院主讲,他常把阅好的文安课卷托卞颂臣转送文安。同治三年六月廿日《翁同龢日记》提到:"以文安课卷托颂臣大京兆专递。蒋和叔有昌平书院一席,今和叔选奉天治中,而此席荐一陆孝廉作替矣。"[①] 这是翁同龢第一次提到昌平书院,同时他还提到,当时主讲昌平书院的蒋和叔,因有新的差遣,将离开北京,空出的席位有人推荐了一位陆孝廉。蒋和叔即蒋大镛,江苏无锡人,字和叔,号九山,道光二十四年(1844)进士,咸丰三年(1853)做过通州知州,何时担任昌平书院主讲则不详。同年九月十六日,翁同龢在《日记》中再次提到:"范楣生观察来,云昌平书院一席拟延余主讲,分束脩之半以予陆君。"[②]

---

① 翁万戈编《翁同龢日记》第一卷,第364页,上海辞书出版社2019年12月版。
② 同上书,第379页。

几天后，九月廿三日，他在《日记》中又提到此事，表示不欲夺人之席，他说："夏子松来，云陆孝廉（登瀛，号柳圃）者，浙人，曾在敏斋先生家教读，与余相识，今昌平书院山长即其人也。余曰：余向不欲夺人之席，况故人哉。"①直到十一月初三日，京兆尹卞颂臣亲自登门，此事才有了眉目。他在当天的《日记》中写道："卞颂臣京尹来，以燕平书院关书面送。每季制钱五十千，每月膳金五千，又聘金四两。余与陆柳圃孝廉分主是席，约以脩金之半畀之。"②过了两天，他又与卞颂臣长谈一次，此事才算定了下来。不久，陆柳圃来访。此人是在翁同龢丈人家做过教师的，他们算是老熟人，因而，翁同龢一再为接受燕平书院的聘请表示歉意，并答应将全年束脩二百千中的一百三十千分给陆柳圃。

燕平书院延请翁同龢为主讲，聘期约定一年。同治四年（1865）二月十七日，燕平书院开课。他在当天的《日记》中写下了对燕平书院的观感："赴昌平书院开课。日出行，申初抵墓次，伏谒良久。下春时到州，住燕山书院，在南门内东街，有门，有讲堂，有两翼，有后堂，有翼。庭树一碑，乃乾隆四十五年庚子知州虞山归景照撰文，称书院创自元泰定二年，祀秘书郎刘蕡，故名"谏议书院"，明景泰三年改州治于故县东八里，书院遂废，前数年芮君重修，易今名，至是乃仍之云云。计庚子至今八十六年矣，芮君一碑卧外墙下，仅见碑阴姓名，不知年月。今书院道光二十三年霸昌道张公所修也。访知州毛芷卿同年（庆麟，己酉

---

① 《翁同龢日记》第一卷，第381页。
② 同上书，第387页。

拔)。学师夏孟庵先生(腾蛟,丙子年伯,年八十一,尚健)。任右山(秉钺,玉田岁贡)。访德仁山观察(林),以赴南口阅兵未见。拜书院董事赵积功、徐先传。德观察送菜,芷卿送席并薪米灯烛,意甚厚。送膳金十五千。月出松桧上,风景殊胜,院近学宫也。"①

翁同龢在书院住了三天。第二天,"黎明起,巳正毛芷卿、夏、任两学师始到,同诣外堂谒文昌帝君,三跪九叩礼,升堂,与知州行交拜礼,一跪三叩,先宾后主。诸生谒见,四拜,余不答拜,仅六人耳,无童生。出题,'君子喻于义'两章,'一报郊原浩荡春'。访两学师。敬诣大成殿瞻仰。有元至正二年碣在阶下,时犹昌平县也"。②睡前还审阅学生作文四篇。第三天早晨考卷才收齐,"定甲乙,超等吴佐昌、刘徵、徐先传,特等赵积功、吴炽昌、孙福成"③。翁同龢并未如《章程》所规定的那样,住在书院,只是按月审阅书院送来的学生课卷,评出等级。有一次,他还把侄子翁曾源同治二年考中状元的文稿送给燕平书院的学生,作为范文学习。总之,虽不在书院,他对学生还是很用心的,生病期间,亦不曾耽误阅读学生的课卷。先是这年的十月十三日,有旨给两宫皇太后宣讲《治平宝鉴》;十一月十一日,又奉旨在弘德殿行走,负责同治皇帝的学习。这样一来,主讲燕平书院一事,也就告一段落了。

---

① 《翁同龢日记》第一卷,第403—404页。
② 同上书,第404页。
③ 同上书。

翁同龢之后，谁来接任燕平书院主讲一职，我们亦不得而知。光绪二十九年（1903），在书院改制的大潮中，燕平书院亦被昌平县高等小学堂取而代之，终于走完了它的生命历程。

沟水汇文澜，盘峰环讲席

——记近光书院（又名渔阳书院）

一

平谷在北京东北一百五十里。最初，这里并无城池。直到明永乐二年（1404），塞北营州中屯卫迁入此地，才修建平谷县城。草创时期，一切都很简陋，后经几次增修翻建，才初具规模。清乾隆三十三年（1768）再次兴修，其间乾隆皇帝曾亲临此地，并留下七言绝句《平谷道中作》三首：

> 背指冈峦谷就平，烟郊霭霭畅新晴。
> 村民知我重农意，叱犊扶犁不辍耕。
> 春日迟迟喜载阳，脱轻毳欲换锦裳。
> 六朝来往于何异，麦陇绿深苗且长。
> 老幼扶携出县城，相亲到处爱民情。
> 图其安乐无多巧，政简还教官吏清。[1]

---

[1]《日下旧闻考》卷一百四十二，京畿，平谷县（侨治附），第八册，第2278页。

诗不怎么样，只是表达皇帝的一点心愿而已。这里四面群山环绕，中间为平地，平谷即得名于此，和延庆、密云的处境有些相似。有明以来，平谷即面临着来自北方蒙古铁骑的滋扰，以及明中晚期兴起于东北的女真人的挑衅。明成化三年（1467），兵部尚书淳安商辂所作《平谷县新城记》便写道："平谷县在蓟州治西北八十里，西连密云古北口，东接山海，道经辽东，北临极边诸山。永乐初，置营州中屯卫，盖重镇也。"[1]后嘉靖四十二年（1563），翰林院编修蒲坂张四维作《平谷县修城记》亦指出："平谷，古渔阳地，北临大漠。城郭沟池所以为防御计者，视内地为急。"[2]可见，长久以来，这里首先是一座军事重镇，尤其在明代，常有战乱侵扰此地。抗倭名将戚继光就曾奉旨"总理蓟、昌、辽、保练兵事务，节制四镇，与总督同"[3]。现在，平谷四周的山里还有戚继光抗敌的遗迹。因此，文教在此就有些逊色。元代自文宗至顺帝期间，曾有一些官员在金代所建儒学的旧址上修建了明伦堂及学官居舍，并陆续增设学田、祭奠用具和经史书籍。顺帝至正七年（1347）三月，一位洵阳逸士名纳怜不花的，曾在其所作《平谷明伦堂记》中表示："微元皓不能明数君子之功，微数君子不能伸元皓之志，可谓克尽其行所当为者矣，予故欣然笔之，以纪坚

---

[1]《日下旧闻考》卷一百四十二，京畿，平谷县（侨治附），第八册，第2279页。
[2] 同上书。
[3]《戚少保年谱耆编》卷之七，第211页，中华书局2003年6月版。

珉，非特叙二三子之功，抑亦可为来今之劝。"①

明清两代，平谷县学得到过多次增拓重修。清代以异族入主中原，因此，如何才能长治久安更是一篇必做的大文章。因而，清代的皇帝都把文教事业看得很重，对于书院，基本上采取了程度不同的支持态度。毕竟，民众知学知义，才易收安定人心之效，且为朝廷培养治国安邦的人才。尽管如此，和顺天府其他州县的书院相比，平谷的近光书院却是很晚才成立的。道光二十二年（1842），曹濯新知平谷县，看到此地向无书院，遂倡议建近光书院于城内。《光绪顺天府志》有一段记载：

> 曹濯（此处无新字），字蓉舫，陕西人，进士。道光二十二年知平谷县，不留狱，不烦刑，弭盗诘奸，或干以私，治之。向无书院，濯于城内东南创建之，劝士大夫银地并输，以息与税为诸生膏火资。二十四年，调东安，卒于官。②

二

书院建成后，曹濯新写信给三千里外的老友兼老乡路德，请他为书院做一篇文章，以记其事。路德是位名士，字闰生，号鹭洲，陕西盩厔县终南镇人，"由监生中式嘉庆十二年丁卯科举人，十四年己巳科进士，改翰林院庶吉士，散馆改户部湖广司主事，

---

① 《民国平谷县志》卷六上，艺文志，文类，1934年铅印本。
② 《光绪顺天府志》官师志三，传三，第8册，第2749页。

考补军机章京，年三十余以目疾告归，主讲陕西关中、宏道、象峰、对峰各书院，卒年六十八岁"[1]。《陕西盩厔县绅耆呈请入祀乡贤祠事实清册》对路德的生平事迹记述甚详，倍加赞赏，说他事亲事兄，出于赤诚；家教严肃，训子有方；为官淡泊，职事必勤；严于操守，克己功深；所作所为，乡里视为圣贤。至于他的教授生涯，目虽盲而心甚明，对生徒严格要求，勤于考察，"尝谓读书，为作好人，非求富贵，文艺为后，行谊为先，孝弟忠信，尤人之所以为人"[2]。他的学问根底，汉宋兼修，不事偏倚，亦不标榜门户之见。讲学则"以经训传注为宗，力挽剽窃空疏之习"[3]，主张学以致用，"尝谓读书不知致用，何异不读。贯通经史，证明时务，以为康济"[4]。

路德中年病退回乡，教书育人，据说门人登科者数百人，任京外各种职位的，亦有百数十人，遍及农田、水利、盐漕、河海、牧令、政事各个领域，不知曹濬新是否为他的学生，不过，他们的关系很不一般。有一次，曹濬新送给他一柄云南玉尺，他特意以五古《酬曹蓉舫大令惠滇玉尺》作答：

高天孰可忖，躔度能推详。
大地孰可算，章亥穷遐荒。

---

[1]《陕西盩厔县绅耆呈请入祀乡贤祠事实清册》，《柽华馆全集》杂录，附录。
[2] 同上书。
[3] 同上书。
[4] 同上书。

手提金粟尺,万象森在旁。

但愁天下人,熟视心茫茫。

蜀龙互伸屈,龟蛇争短长。

短长讵有定,伸屈原无常。

爱憎一颠倒,孰分否与臧。

君昔宰百里,远在天南乡。

岗溪少犷悍,燠爨消诪张。

此心自有尺,妙用精毫芒。

胡为召巧匠,斫玉如裁肪。

度之不盈咫,摩拭生辉光。

念我诲多士,雅具充文房。

感君语郑重,对此增彷徨。

量才岂容易,分寸先自量。[1]

二人既如此相知相惜,曹濯新求他一文,他自然不会拒绝,且表示:"余方抱沉疴,感兹盛举,踊跃不自禁,爰力疾记之。"于是写了《平谷县创建渔阳书院记》。也许是不在现场的原因,他不知道大宗伯龚公已将书院命名为"近光",而协办大学士卓公还为书院题写了匾额。他称书院为"渔阳",或是因为平谷古属渔阳,他因此妄断;或是曹濯新创办之初亦称"渔阳",而官场大佬有了新的命名,他未及时通报路德,遂造成如此误会。不过,他的这篇"记"和我们看过的许多记书院的文章的确很不一样,文章

---

[1] 路德《酬曹蓉舫大令惠滇玉尺》,《柽华馆全集》诗集,卷四。

几乎没有具体描述新落成的书院有哪些设施，讲堂几何，房舍又几何，都未涉及；书院的建设过程、资金来源也少有笔墨，倒是用了很大篇幅介绍曹瀔新，想象他办书院可能会遭遇的种种非议："人之议之者或曰迂，或曰好名，或曰文人尚文，结习难忘也。"他说，以他对曹瀔新的了解，这些议论都是"流俗人之见，不足以知尹心也"。在他看来，曹"尹"之"心"是"迂儒"所不能比拟的。他讲到曹瀔新的能力和见识，并指出："尹谒选时，逆夷势力猖獗，踞我江海，尹手撰平夷方略，上尚书龚公，未几夷就抚，犹逼处粤东，与士民构衅，尹谓时不可失，当乘机谋贼，上书总督伊公，此岂迂儒所为，岂好名、尚文者所能梦及耶！"这是说他有应对危机的能力，不只是会念几句子曰诗云而已。他很认同曹瀔新的教育理念、办学主张，他说："曩与尹论及此，尹与余有同心，余因以是知之。"因而，他的这篇"记"重点在于讨论教育的理想、教育的目的："余主讲五书院，历二十载，及门掇巍科，膺华选者，百数十人，客或以是誉余，余俯而惭，仰而叹，神恧形茹，不知所答。何也？余所望于诸生者，为真儒，为良吏，生有益于人，死有闻于世，如古所称三不朽者，斯幸矣。科名仕宦，特一身一家，数年之富贵耳。乡邑中增此数人，吾不见其益，更深抱隐忧焉。且今之黠商驵侩，其智力足以致富，宦途孔多，能梯荣阶进者，类足以致通显，奚待师儒培植哉！殚二十载之力，而品学修饬者不多觏，斯可慨矣。记曰：官先事，士先志。士之事不可见（而志可见），志道德者为仁贤，志功名者为英俊，志富贵者鄙夫而已。古昔治平之业，仁贤倡之，英俊成之，鄙夫病之，鄙夫为守令，则郡邑病，为封疆，则一省病，为公孤卿贰，则天下病,为将帅,则懈军心,张敌焰,损国威,其病且不可救疗。以兴贤育材之地,乃使几辈鄙夫窗卷伧囊,奋然兴起乎其中,诚不如无书院之为愈矣。书院者,所以化未成之鄙夫,驱之于仁贤英俊之路者也。"

首先,他在这篇宏论中提出了自己的人才观,即所谓"余所望于诸生者,为真儒,为良吏,生有益于人,死有闻于世,如古所称三不朽者"。何为"三不朽"?即立德、立功、立言。能达到这个标准,就是真儒、良吏。但二十年来,他主讲五所书院,门人士子中获得功名的百数十人,而真儒、良吏并不多见,这很让他感到惭愧,也很感慨。他认为,如果科举为官只是为了求一人一家的富贵,那是无须师儒栽培的,因为升官发财的途径很多,用不着在读书明道上下功夫。他很看重立志,还为书院大厅提名"办志堂"。但他所谓志,却并非一般的志向,而是通常所说"修身齐家治国平天下的大志"。因此,他把士子所立之志分为三种:志道德者为仁贤,志功名者为英俊,志富贵者为鄙夫。治国平天下的事业,则有仁贤倡导之,英俊成就之,而鄙夫只能伤害它。可见,鄙夫是不可救药的,为守令,害郡邑;为封疆,害一省;为公卿,害天下;为将帅,则害军心,削弱军队的战斗力,一旦遇到外敌侵犯,国家就危险了。甚至如果书院也为鄙夫所掌控,那还不如没有书院更好一点。书院是干吗的?书院不是造就鄙夫的,而是要把还未成为鄙夫的人,培养成仁贤、英俊之人。

最后,他对书院的教学和管理提出了一些必要的建议。毕竟,他有过主讲五家书院的经历,特别是关中书院,是明清之际陕西"关学"承启、传播的重镇。而关学的核心,用关中书院创办人冯从吾的话说："不过要大家做好人，存好心，行好事，三句尽之矣。"①由此可见，他在此提出的主张也贯穿了以育人为先的理念，即："先德行，后文艺，课诵读，勤讲贯，谨礼仪，杜骄慢，省勤惰，察静躁，厘真伪，辨廉贪，荣之以优等，而戒其近名，赡之以月饩，而防其趋利。趋利者，重抑之，抑之而不知愧，则薄惩之；惩之而不能悛，则斥逐之。明其教者，院长也；赞其成者，监院也；操激励之权，而鼓之舞之者，尹也。尹之鼓舞也神，而后院长之教行，诸生之志定，俾人人不自菲薄，知方寸为至宝，外物皆垢尘，富贵不入于心，各殚精竭力，以求所谓不朽之三者，如行旅之遵康庄，镞矢之赴正鹄，虽有不至者，鲜矣。"②

三

显而易见，路德关于近光书院的描述，仍是应然的，应该如此，理想化的，而非事实上的。实际情况如何，因材料的稀缺，真相已很难了解。好在还有《民国平谷县志》的编纂者所作《平谷县近光书院兴废考》一文，内容固嫌简略，但聊胜于无。文章不长，录以备考：

昔唐玄宗置丽正书院以集四方贤才为建设书院之始。宋元

---

① 冯从吾《谕俗》，《中国历代书院学记》，第153页。
② 路德《平谷县创建渔阳书院记》，《光绪顺天府志》经政志九，学校下，第7册，第2204—2205页。此文亦见于路德《柽华馆全集》文集卷四。

以迄，明清日益增多，府州咸设书院，士君子讲学其间，作育人才，砥砺名节，甚盛事也。考从前平谷志乘，无书院之记载，可见有清中叶以前，尚未建置。道光壬寅（二十二年），关中曹公擢新，以名进士来尹兹邑，弭盗诘奸，兴利剔弊，而尤以振兴文教为己任。逾年癸卯（二十三年），请于列宪，择县治东南隅朝阳观旧址，创修书院，计建尊经阁三楹，中庭三楹，左右耳房各二间，东西配房各三楹，龙门一座，大门三楹，地势崇高，栋宇宏敞，工既竣，当时之名卿宿儒提额书联蔚成伟观。大宗伯龚公名其院曰近光，协办大学士卓公榜书近光书院匾额以重其地，廉访陆公书楹云：即此日精心果力，刱未有之规模，居然鹿洞鹅湖相望千古；愿诸生取友尊师，振难兴之志气，要与碣山洵水并立两间。司成花公书楹云：洵水汇文澜，愿此邦俗美化行，分光太液；盘峰环讲席，与多士敦诗说礼，修业名山。盩厔（今陕西周至）名宿路德题"办志堂"额，以名其厅。平邑之有书院自此始矣。好义者，踊跃输将，原籍津门，流寓平谷，任晋省汾州太守牛镇输白金二百，发典肆月得息分余；又邑绅捐地百余亩，按亩纳租，均为课士奖金及岁脩之需，酌定自二月至十一月，每月课士一次，皆邑长主试，择优奖给诸生膏火费，以资鼓励。如是者五十余载，迨光绪辛丑（二十七年，1901），始延山左籍蔡太史曾源为山长，历三载，岁甲辰（三十年，1904），蔡公擢为闽中太守，赴任去时，值清廷变政，邑之书院亦于是岁改建高等小学堂矣。此平谷近光书院兴废之大略也，志之以备考征云耳。[1]

---

[1]《民国平谷县志》卷二上，书院，第15—16页。

从这篇"兴废考"中我们了解到创建近光书院的一些具体情况。书院建在县治东南隅朝阳观的旧址上，这里地势比较高，视野开阔，建好的书院有尊经阁、中庭、左右耳房、东西配房、龙门、大门等，读书环境应该是不错的。当地士绅中的好义者为建书院慷慨解囊，踊跃捐输，原籍津门，曾流寓此地，正在山西汾州为官的太守牛镇亦捐银二百两，银子可以生息，地有租子可收，书院的生存便有了经济上的支持和保障，并维持了五十多年，满足了课士奖金及岁修之需。直到光绪二十七年，书院还延请到太史蔡曾源任山长。太史是俗称，其实就是翰林。他主持书院三年，光绪三十年，他被擢升为闽中太守，上任去了，而清政府恰在此时颁布了书院改制的章程，近光书院遂顺势改建为平谷县高等小学堂。

四

就在这个新旧交替的时刻，关中张继信被任命为平谷县县令。按照朝廷的钦命，他要将昔日的近光书院改建为高等小学堂。可是，经过庚子年的动乱，近光书院已经破败得不成样子了。他在《创建平谷县高等小学堂记》中写道："自庚子变乱以来，庭宇颓倾，前后院落亦多圮缺不完，盖兵燹余生，久已无力修葺矣。夫三代之学，不外砥节砺行，今则万国交通，非穷天地古今事务之变，综中外政治艺术之全，不足以宏济艰难，而挽回夫世运。癸卯（1903，光绪二十九年）冬，予奉檄来，权斯邑，下车伊始，即以兴学堂为首务。幸各绅富踊跃输捐，共集成款二千八百余金，于是，鸠工庀材，就原日固有之书院，葺而新之。自藏书楼而讲堂而左右两舍榱桷欹倚者更之，瓴甓剥落者易之，复于讲堂后西隅隙地拓之补之垣之屋之，悉遵钦定小学堂规制，次第而经营之，工既竣，乃考取合格学生，秉派教员，择日开学课士，以本地之财力，培养本地之子弟，尤愿文行交修，讲求实用，一洗从前空疏孤陋之耻，是则鄙人所深望者耳。是役也，倡捐修造始终身总其事者，徐绅越也，司纳出入督察工匠则王生泰元、王生铭、王生坤、王生铃、安生学海，亦与有力焉。"[1]他在这里特别强调了新的时代，需要新的知识，而旧式书院教育已无力满足这种需求，因而，书院改学堂，不仅具有合理性，而且势在必行。而学堂的新式教育能否不负张县令之深望，我们只能拭目以待。

---

[1]《民国平谷县志》卷六上，文类，第43—44页。

图书在版编目 (CIP) 数据

隐藏的文脉：北京书院述微 / 解玺璋著. —— 北京：北京十月文艺出版社, 2024.4
ISBN 978-7-5302-2333-8

Ⅰ. ①隐⋯ Ⅱ. ①解⋯ Ⅲ. ①书院—介绍—北京 Ⅳ. ① G649.299.1

中国国家版本馆 CIP 数据核字 (2024) 第 015403 号

隐藏的文脉
北京书院述微
YINCANG DE WENMAI
解玺璋 著

出　版	北 京 出 版 集 团
	北京十月文艺出版社
地　址	北京北三环中路 6 号
邮　编	100120
网　址	www.bph.com.cn
发　行	新经典发行有限公司
	电话 010-68423599
经　销	新华书店
印　刷	河北鹏润印刷有限公司
版　次	2024 年 4 月第 1 版
印　次	2024 年 4 月第 1 次印刷
开　本	850 毫米 × 1168 毫米 1/32
印　张	10
字　数	220 千字
书　号	ISBN 978-7-5302-2333-8
定　价	48.00 元

如有印装质量问题，由本社负责调换
质量监督电话　010-58572393

版权所有，未经书面许可，不得转载、复制、翻印，违者必究。